기독교 윤리

CHRISTIAN ETHICS

〔7판〕

김효성
Hyosung Kim
Th.M., Ph.D.

옛신앙
oldfaith
2023

머리말

성경의 내용은 요약하면 교리와 윤리이다. 교리는 믿어야 할 내용들이며 윤리는 행해야 할 내용들이다. 성경에 계시된 바 우리가 믿어야 할 하나님의 진리들의 체계적 지식이 조직신학이며, 성경에 계시된 바 우리가 행해야 할 하나님의 진리들 곧 하나님께서 주신 생활 교훈들의 체계적 지식이 기독교 윤리학이다.

저자는 이 책이 예수님을 믿고 구원 얻은 성도들이 하나님의 모든 뜻을 깨닫고 온전함에 이르는 일에 도움이 되기를 원한다. 하나님을 사모하며 성경을 사랑하는 사람들이 이 책을 통하여 성경에 계시된 바른 생활 교훈을 확실히 이해하고 힘써 실천하게 되기를 기도한다.

우리의 우리된 것은 오직 하나님의 전적인 은혜이다. 그러므로 우리는 우리의 모든 삶이 오직 하나님의 영광을 위하고 그 뜻을 이루는 일에 온전히 바쳐지기를 소원한다.

심히 부족한 종에게 지혜와 분별력과 간절함과 건강을 주시고 또 약한 남편을 위해 일평생 헌신한 아내를 주시고 또 많은 기도와 물질로 후원한 성도들과 합정동 교회를 주신 하나님께만 영광을 돌린다.

제목 차례

서론 ··· 7
기독교 윤리의 개념 ··· 7
기독교 윤리의 기준 ··· 8
아디아포라 ·· 10
기독교 윤리의 목적 ··· 11

도덕법의 요구와 유익 ·· 13
도덕법의 요구--순종 ··· 13
도덕법의 유익 ·· 15
십계명 이해를 위해 참고할 점들 ···························· 16

제1-4계명의 요약 ·· 17
하나님을 사랑함 ·· 17
사람의 삶의 첫 번째 목적 ······································· 18
경건 ··· 20

제1계명 ·· 24
1계명에서 요구된 의무와 금지된 죄 ······················ 24
공예배(公禮拜) ··· 25
열린 예배 비평 ·· 29
찬송 ··· 34
CCM 비평 ·· 40

제2계명 ·· 44
제2계명에서 요구된 의무와 금지된 죄 ·················· 44
제사, 차례, 조상숭배 ··· 45
우상 제물 문제 ·· 46
타종교인들에 대한 태도 ··· 47
마리아 숭배 ··· 48
오늘날의 우상들 ·· 50

제3계명 ·· 51
제3계명에서 요구된 의무와 금지된 죄 ·················· 51
합법적 맹세와 서약 ··· 52

제4계명 ······················· 56
제4계명에서 요구된 의무와 금지된 죄 ············ 56
성수주일(聖守主日) ······················· 58
의식법--절기 ························· 67
십일조 ····························· 69

제5-10계명의 요약 ············· 74
형제 사랑, 이웃 사랑, 원수 사랑 ············ 74
용서 ····························· 79
친구 ····························· 83

제5계명 ······················· 88
제5계명에서 요구된 의무와 금지된 죄 ············ 88
효도 ····························· 89
자녀 교육 ·························· 96
윗사람 공경 ·························· 104
성도의 사회적 책임 ······················ 108

제6계명 ······················· 113
제6계명에서 요구된 의무와 금지된 죄 ············ 113
술과 담배 ·························· 114
낙태 ····························· 118
안락사(Euthanasia) ······················ 122
자살 ····························· 126
사형 ····························· 130
전쟁 ····························· 134
혁명 ····························· 139

제7계명 ······················· 143
제7계명에서 요구된 의무와 금지된 죄 ············ 143
결혼 ····························· 144
부부의 의무, 성 관계 ······················ 150
이혼, 별거, 재혼 ······················ 156
동성애 ····························· 160
산아제한과 피임, 생물의학적 문제들 ············ 166
참 아름다움, 변질된 아름다움 ············ 171

제8계명 176
제8계명에서 요구된 의무와 금지된 죄 176
성도의 직업, 근면 177
구제 181
경제 제도 186

제9계명 191
제9계명에서 요구된 의무와 금지된 죄 191
거짓말 192

제10계명 196
제10계명에서 요구된 의무와 금지된 죄 196
탐심, 자족, 절제, 자기 부정 197
고난과 인내 202
금욕주의, 취미와 오락 207
질병 212
기쁨과 감사 217

윤리적 삶의 요약 222
거룩, 의와 선과 진실, 겸손 222
윤리적인 말 227

결론 231
기독교 윤리의 원동력 231
헌신 235
성화와 상 237

복습 문제 239

서론

성경의 내용은 요약하면 교리와 윤리이다. 웨스트민스터 소요리문답 제3문답은 "성경은 무엇을 주로 가르치는가?"라는 질문에 대해 "성경은 사람이 하나님에 관해 믿어야 할 바와 하나님께서 사람에게 요구하시는 의무를 주로 가르친다"고 대답하였다. 성경 창세기부터 요한계시록까지 각 책과 각 구절들을 해석한 후에 그 모든 교훈들을 주제별로 정리한다면 교리와 윤리로 정리할 수 있을 것이다.

교리는 믿어야 할 내용들이며 윤리는 행해야 할 내용들이다. 교리와 윤리는 곧 하나님의 진리이다. 교리는 믿어야 할 하나님의 진리를 말로 표현한 것이며, 윤리는 행해야 할 하나님의 진리, 즉 하나님께서 주신 생활 교훈을 정리한 것이다. 성경에 계시된 바 우리가 믿어야 할 하나님의 진리들의 체계적 지식이 조직신학이며, 성경에 계시된 바 우리가 행해야 할 하나님의 진리들 곧 하나님께서 주신 생활 교훈들의 체계적 지식이 기독교 윤리학이다. 성경의 모든 말씀들을 주제별로 정리하면 조직신학과 기독교 윤리학으로 정리될 수 있다.

기독교 윤리의 개념

일반적으로, 윤리 혹은 도덕이란 사람의 올바른 행동 원리들을 말한다. '윤리'라는 영어 에식 ethic은 헬라어 에도스 $\check{\epsilon}\theta o s$에서 나왔는데, 그 말은 습관이나 관습을 가리킨다. 윤리학 혹은 도덕 철학이란 사람의 올바른 행동 원리들을 연구하는 학문을 말한다.

윤리는 옛부터 철학의 주요한 세 가지 주제인 존재, 지식, 선 중의 하나인 선(善)의 문제로 논해져왔다. 역사상, 윤리에 대한 여러 견해가 있었다. 예를 들어, 에피큐러스 학파는 개인에게 감각적 즐거움을 주는 것을 선이라 보았고, 공리주의(功利主義 utilitarianism)는 많은 사람들에게 유익과 즐거움이 되는 것을 선이라고 보았다. 한편, 근세에 칸트는 양심의 명령을 따라 행하는 것을 선이라고 보았다. 현대에 와서, 실존주의는 사람이 스스로 선택하는 모든 것을 선이라고 보고, 실용주의는 사람의 욕구를 만족시키는 것을 선이라고 본다.

일반 윤리의 다양한 개념과 달리, 기독교 윤리란 단순히 하나님께서 성경을 통해 계시하여 주신 올바른 생활 원리들을 가리킨다. 하나님의 뜻과 그의 말씀은 윤리의 근거이므로 하나님 안에서만 참 윤리를 말할 수 있고 그가 주신 성경을 통해서만 참 윤리를 논할 수 있다. 그러므로 기독교 윤리학이란 하나님의 특별계시들의 기록인 성경에 교훈되어 있는 사람의 올바른 행동 원리들에 대한 체계적 지식이라고 정의할 수 있고, 참된 선이란 하나님의 계명에 순종하는 것이다.

기독교 윤리의 기준

기독교 윤리, 즉 사람의 올바른 행동 원리의 기준은 성경이며 오직 성경뿐이다. 성경은 기록된 하나님의 말씀으로서 모든 사람들에게, 그리고 특히 성도들에게, 최종적, 절대적 권위이다. 일반 윤리의 개념과 같이, 사람의 전통이나 관습이, 개인이나 사회의 유익과 즐거움과 행복이, 심지어 사회의 여론이 윤리의 기준이나 최종적 권위가 될 수 없다. 오직 하나님의 말씀인 성경만 최종적이다. 웨스트민스터 신앙고백 1:2, "성경 즉 기록된 하나님의 말씀의 명칭 아래 현재 구약성경과 신약성경의 모든 책들이 포함되어 있는데 . . . . 이 모든 책들은 하나님의 감동으로 된 것으로 믿음과 생활의 법칙이다."

하나님의 말씀이 우리의 믿음과 행위에 절대 권위를 가진다는 것은 에덴 동산에서 하나님께서 아담에게 처음 명령을 주셨을 때부터 분명하였다. 하나님의 명령은 온전하게 지켜져야 했다. 그러나 아담은 하나님의 명령을 어김으로 범죄했고 에덴 동산에서 쫓겨났다.

하나님께서 이스라엘 백성에게 율법을 주셨을 때에도 그의 율법이 사람들의 행위 규범이라는 것은 분명하였다. 신명기 4:39-40, "너는 오늘날 상천하지에 오직 여호와는 하나님이시요 다른 신이 없는 줄을 알아 명심하고 오늘 내가 네게 명하는 여호와의 규례와 명령을 지키라." 신명기 5:32-33, "너희 하나님 여호와께서 너희에게 명령하신 대로 너희는 삼가 행하여 좌로나 우로나 치우치지 말고 너희 하나님 여호와께서 너희에게 명하신 모든 도(道)를 행하라."

주께서도 성경의 절대적 권위를 처음부터 증거하셨다. 그는 성경 말씀으로 마귀의 시험을 물리치셨고(마 4:4) 유대 지도자들이 장로들의 유전으로 하나님의 계명을 범하는 것을 지적하셨다(마 15:2-3). 또 그는 "성경은 폐하지 못한다"고 친히 증거하셨다(요 10:35).

사도 바울도 구약성경의 신적 영감과 신적 권위를 증거했다. 디모데후서 3:16-17, "모든 성경은 하나님의 감동으로 된 것으로 교훈과 책망과 바르게 함과 의로 교육하기에 유익하니, 이는 하나님의 사람으로 온전케 하며." 또 그는 사도들의 교훈의 불변적, 영속적 권위도 증거하였다. 데살로니가후서 2:15, "형제들아, 굳게 서서 말로나 우리 편지로 가르침을 받은 유전(遺傳)[전해들은 내용]을 지키라."

근래에 세속사회의 윤리적 상대주의 혹은 상황주의의 영향을 받은 신학자들은 성경을 절대적 윤리 규범으로 인정하지 않았다(예컨대, 죠셉 플레처, 에밀 부룬너, 라인홀드 니이버, 죤 로빈손 등). 또 어떤 이들은 윤리적 절대주의를 표방하면서도 특수 상황에서 윤리적 규범들이 서로 충돌할 경우 더 작은 악이나 더 나은 선을 택할 수밖에 없다고 주장하였다.

그러나 우리는 하나님께서 모든 상황에서의 성도들의 행동 원리를 성경에 밝히 계시하셨다고 믿는다. 우리는 성경의 생활 교훈과 행위 규범이 결코 애매모호하지 않다고 믿는다. 시편 119:105, "주의 말씀은 내 발에 등이요 내 길에 빛이니이다." 디모데후서 3:16-17, "모든 성경은 하나님의 감동으로 된 것으로 교훈과 책망과 바르게 함과 의로 교육하기에 유익하니 이는 하나님의 사람으로 온전케 하며."

그러나 여기에 성경 해석의 문제가 뒤따른다. 하나님의 '감추인 뜻'은 불변적이지만(말 3:6; 약 1:17), 하나님의 '드러난 뜻'은 구약시대와 신약시대에 변경되었다. 구약시대의 율법들 중에는 신약시대에 그대로 적용될 수 없는 것들이 있다. 그러므로 우리는 성경을 잘 해석하고 잘 적용해야 한다. 우리는 성경을 문법적으로 해석하고 역사적으로 해석하고 또 성경 전체의 빛 아래서 해석해야 한다고 본다.

아디아포라

도덕적으로 선하지도 않고 악하지도 않은 중립적 행위들이나 의식들을 아디아포라(ἀδιάφορα indifferent things)라고 한다. 교회 역사상, 성경에 명확히 명령되거나 금지되지 않은 어떤 것들에 대해 그것이 아디아포라인지에 대한 논쟁이 있었다.

우리는 성경이 아디아포라를 인정한다고 본다. 예를 들어, 포도주나 술을 마시는 문제에 대해 성경은 그 행위 자체를 정죄하지 않는다. 그러나 술을 과도하게 마셔서 술 취하는 것은 방탕한 것이요(엡 5:18) 천국에 들어갈 수 없는 큰 죄로 간주된다(고전 6:10; 갈 5:21).

구약의 의식법도 이런 차원에서 이해해야 한다. 신약성경은 그것이 신약 아래서는 폐지되었으므로 다른 이들에게 강요될 것은 아니나 하나님을 위해 그것을 행하는 자들을 정죄하지도 말라고 가르친다. 사도 바울은 골로새서 2장에서 말하기를, "그러므로 먹고 마시는 것과 절기나 월삭이나 안식일을 인하여 누구든지 너희를 폄론[판단]하지 못하게 하라. 이것들은 장래 일의 그림자이나 몸은 그리스도의 것이니라"고 하였다(골 2:16-17).

사도행전 15장에 나오는 예루살렘 총회의 결정은 바로 이런 문제이었다고 본다. 즉 예루살렘 총회는 교회 안에 이방인들과 유대인들이 섞여 있었던 당시의 형편을 고려하여 일시적으로 우상의 제물과 피와 목매어 죽인 것과 음행을 멀리하라는 덕스러운 규정을 만들었던 것이라고 본다(행 15:19-20, 28-29).

그러나 우리는 성경에 밝히 교훈된 도덕법에 대해서는 선악 구별을 분명히 해야 한다. 예컨대, 부모를 공경함이나 살인을 금하고 간음을 금하고 도적질을 금하고 거짓말을 금하고 탐심을 금한 것은 분명한 규정들이다. 우리는 삶의 어떤 부분에 아디아포라 즉 선도 아니고 악도 아닌 것들이 있으며 그런 문제에 대해서는 지나치거나 치우친 규정과 법을 만들지 않는 것이 옳다고 보지만, 성경 교훈이 분명한 문제들에 대해서는 핑계나 구실을 찾지 말아야 하고 오직 바른 지식과 믿음을 가지고 주저함 없이 온전히 순종하며 살아야 한다.

기독교 윤리의 목적

기독교 윤리의 목적은 무엇인가? 예수 그리스도를 구주와 주님으로 믿는 자는 이미 의롭다 하심을 얻었다. 그것은 은혜로 얻은 법적 의이다. 그러나 하나님께서는 또한 우리가 실제적으로도 거룩하고 의로운 생활을 하기를 원하신다. 그것이 성화의 과정이며 그 목표는 온전함이다. 하나님께서 성경을 주신 목적은 예수 그리스도를 믿고 구원 얻는 것 뿐만 아니라(딤후 3:15), 또한 온전케 하는 것이다. 디모데후서 3:16-17, "모든 성경은 하나님의 감동으로 된 것으로 교훈과 책망과 바르게 함과 의로 교육하기에 유익하니 이는 하나님의 사람으로 온전케 하며 모든 선한 일을 행하기에 온전케 하려 함이니라."

우리가 율법을 지키는 것은 어떤 의를 이루기 위해서가 아니다. 주 예수께서는 우리를 위해 의를 이루셨고(롬 10:4) 우리의 의가 되셨다

(고전 1:30). 우리가 율법을 지키는 것은 단지 주 예수께서 법적으로 이루신 의를 실제로 우리의 삶 속에서 나타내는 것뿐이다. 즉 의의 실천이다. 도덕법은 하나님의 도덕적 속성에 근거하고 그것을 반영하는 것이므로 영속적이며 신약 아래서도 지켜져야 한다.

믿음과 행위는 밀접히 연관되어 있다. 사람이 의롭다 하심을 얻는 것은 율법을 행함에 있지 않고 오직 예수 그리스도를 믿음으로 되지만(롬 3:28) 의롭다 하심을 얻은 성도는 죄를 버려야 하고 의와 선을 행해야 한다. 우리는 회개에 합당한 열매를 맺어야 한다(마 3:8). 우리는 은혜 아래 있다고 죄를 지어서는 안 된다(롬 6:15). 불의한 자들은 하나님의 나라를 유업으로 얻을 수 없다(고전 6:9). 의를 행치 않는 자나 형제를 사랑치 않는 자는 하나님께로서 난 자가 아닐 것이다(요일 3:10). 행함이 없는 믿음은 그 자체가 죽은 것이다(약 2:17, 26). 또 그 믿음이 죽은 것이라면 그의 구원의 확신은 헛될 것이다. 이와 같이, 구원은 구주 예수 그리스도를 믿음으로만 얻지만, 하나님의 계명 즉 도덕법을 지키는 것은 그 구원의 증거이며 열매이다.

물론 구원 얻은 자의 행위는 하나님의 도덕적 표준이나 예수 그리스도께서 십자가에 죽으심으로 이루신 완전한 의에 비교하면 보잘 것이 없다. 그러므로 우리의 행위는 결코 예수 그리스도의 대속 사역에 무엇을 첨가하는 행위가 되지 못한다. 우리는 주 예수 그리스도를 믿음으로 이미 그로 말미암아 의롭다 하심을 얻었고 그 의는 완전한 의이다. 거기에는 아무것도 더해질 것이 없다. 찬송가 가사처럼 우리의 의는 이것뿐 예수님의 피밖에 없다. 우리는 사도 바울과 함께 우리의 자랑은 예수 그리스도의 십자가뿐임을 고백한다(갈 6:14). 우리의 거룩하고 선한 생활은 하나님께서 이미 주신 의에 합당하게 살아드리는 것에 불과하다. 하나님께서는 우리에게 이런 삶을 요구하신다. 또 이런 삶은 하나님께 영광이 되고 세상에 작은 빛이 될 것이다.

도덕법의 요구와 유익

도덕법의 요구—순종

하나님께서 사람에게 요구하시는 본분은 그의 뜻을 순종하는 것이다. 하나님께서 사람에게 순종의 법으로 주신 것이 도덕법이다. 그것은 십계명에 간략히 포함되어 있다. 십계명의 요점은 우리의 마음을 다하고 성품을 다하고 뜻을 다하고 힘을 다하여 주 우리 하나님을 사랑하고 또 이웃 사랑하기를 자기 몸과 같이 하라 하신 것이다. 마태복음 22:37-40, "예수께서 가라사대 네 마음을 다하고 목숨을 다하고 뜻을 다하여 주 너의 하나님을 사랑하라 하셨으니 이것이 크고 첫째 되는 계명이요 둘째는 그와 같으니 네 이웃을 네 몸과 같이 사랑하라 하셨으니 이 두 계명이 온 율법과 선지자의 강령이니라."

도덕법의 요구는 순종이다. 신명기 10:12-13, "이스라엘아, 네 하나님 여호와께서 네게 요구하시는 것이 무엇이냐? 곧 네 하나님 여호와를 경외하여 그 모든 도를 행하고 그를 사랑하며 마음을 다하고 성품을 다하여 네 하나님 여호와를 섬기고 내가 오늘날 네 행복을 위하여 네게 명하는 여호와의 명령과 규례를 지킬 것이 아니냐?" 미가 6:8, "사람아, 주께서 선한 것이 무엇임을 네게 보이셨나니 여호와께서 네게 구하시는 것이 오직 공의를 행하며 인자(仁慈)를 사랑하며 겸손히 네 하나님과 함께 행하는 것이 아니냐?" 전도서 12:13, "일의 결국을 다 들었으니 하나님을 경외하고 그 명령을 지킬지어다. 이것이 사람의 본분[모든 것]이니라." 로마서 6:22, "이제는 너희가 죄에게서 해방되고 하나님께 종이 되어 거룩함에 이르는 열매를 얻었으니 이 마지막은 영생이라." 구원은 하나님께 순종하는 삶의 회복이다.

첫 사람 아담은 하나님의 명령을 불순종함으로 타락하였고 그로 인해 아담의 후손된 인류는 다 불순종의 상태에 있었다. 선민(選民)

도덕법의 요구와 유익

 이스라엘 백성의 역사도 결국 불순종의 역사이었다. 민수기에 기록된 광야 생활의 역사, 사사기에 증거된 반복된 실패의 역사, 열왕기와 역대기에 기록된 이스라엘 왕국과 유다 왕국의 멸망의 역사, 에스라와 느헤미야에 증거된 포로 귀환 후 부패의 역사가 그러하였다. 인류의 역사는 한마디로 죄와 불순종의 역사이다.

 죄인들이 하나님께 순종치 않는 까닭은 무지와 교만과 전적 부패성 때문이다. 죄인들은 하나님께 대한 바른 지식도 없고 깨달음도 없다(롬 3:11). 그들의 마음은 교만하고 완고하다. 그들은 하나님 대신 자기 자신을 신뢰한다. 그들의 본성은 심히 부패되어 구제 불능이다.

 그러나 구약시대에 믿음의 사람들은 다 순종의 사람이었다. 예를 들어, 노아는 하나님의 명령대로 방주를 지었다. 창세기 6:22, "노아가 그와 같이 하되 하나님께서 자기에게 명하신 대로 다 준행하였더라." 아브라함은 독자 이삭을 번제물로 드리라는 하나님의 명령을 그대로 지키려 하였다. 창세기 22:12, "[하나님의] 사자가 가라사대 그 아이에게 네 손을 대지 말라 아무 일도 그에게 하지 말라. 네가 네 아들 네 독자라도 내게 아끼지 아니하였으니 내가 이제야 네가 하나님을 경외하는 줄을 아노라." 갈렙은 하나님의 약속을 온전히 좇았다. 민수기 14:24, "내 종 갈렙은 그 마음이 그들과 달라서 나를 온전히 좇았은즉." 그들은 다 하나님께 대한 바른 지식을 가지고 온유하고 겸손한 마음으로 하나님을 믿고 따르며 온전히 순종한 자들이었다.

 특히, 주 예수께서는 우리에게 순종의 본이 되신다. 로마서 5:19, "한 사람의 순종치 아니함으로 많은 사람이 죄인된 것같이 한 사람의 순종하심으로 많은 사람이 의인이 되리라." 빌립보서 2:7-8, "오히려 자기를 비어 종의 형체를 가져 사람들과 같이 되었고 사람의 모양으로 나타나셨으매 자기를 낮추시고 죽기까지 복종하셨으니 곧 십자가에 죽으심이라." 우리는 그의 순종을 본받아야 한다.

하나님의 계명 순종의 결과는 평안이다. 이사야 48:18, "슬프다, 네가 나의 명령을 듣지 아니하였도다. 만일 들었더면 네 평안이 강과 같았겠고." 또 순종은 영생의 정로이다. 로마서 6:22, ". . . 하나님께 종이 되어 거룩함에 이르는 열매를 얻었으니 이 마지막은 영생이라."

도덕법의 유익

　도덕법은 모든 사람에게 유익하다. 비록 사람이 도덕법으로 의와 생명에 이를 수 없으나(갈 2:16), 도덕법은 사람의 본분 즉 그의 기본적 의무를 알게 하며 자신의 죄인인 신분과 죄성(罪性)을 깨닫게 하며(롬 3:20; 7:7) 죄의 결과가 하나님의 진노와 저주와 불행과 죽음임을 깨닫고 겸손케 하며(롬 3:23; 6:23) 예수 그리스도의 완전한 순종과 의의 필요성을 깨우쳐 알게 한다(롬 10:4). 갈라디아서 3:24, "율법이 우리를 그리스도에게로 인도하는 몽학선생이 되어 우리로 하여금 믿음으로 말미암아 의롭다 함을 얻게 하려 함이니라."

　도덕법은 구원 얻은 성도들에게도 유익하다. 특히 구원 얻은 우리는 그리스도의 대속 사역이 얼마나 필요했는지 깨닫고 그리스도만 의지하고 더 많이 감사하게 하고 "나의 의는 이것뿐 예수님의 피밖에 없다"고 고백하게 하며 하나님께 헌신하며 경건하고 거룩하고 의롭고 선하게 살기를 결심하게 한다. 로마서 12:1, 2, "그러므로 형제들아 내가 하나님의 모든 자비하심으로 너희를 권하노니 너희 몸을 하나님께서 기뻐하시는 거룩한 산 제사로 드리라. 이는 너희의 드릴 영적 예배니라. 너희는 이 세대를 본받지 말고 오직 마음을 새롭게 함으로 변화를 받아 하나님의 선하시고 기뻐하시고 온전하신 뜻이 무엇인지 분별하도록 하라." 디도서 2:11-14, "모든 사람에게 구원을 주시는 하나님의 은혜가 나타나 우리를 양육하시되 경건치 않은 것과 이 세상 정욕을 다 버리고 근신함과 의로움과 경건함으로 이 세상에 살고 복스러운 소망과 우리의 크신 하나님 구주 예수 그리스도의 영광이 나타나심을 기다리게 하셨으니 그가 우리를 대신하여 자신을 주심은 모든 불법에서 우리를 구속(救贖)하시고 우리를 깨끗하게 하사 선한 일에 열심하는 친 백성이 되게 하려 하심이니라."

십계명 이해를 위해 참고할 점들

하나님께서 주신 도덕법의 요약인 십계명을 이해하기 위해 참고할 점들은 다음과 같다(웨스트민스터 대요리문답 99문답).

1. 도덕법은 전인적(全人的)으로, 완전하게, 영원히, 전적으로 순종되어야 한다. 사람은 각 계명의 의무를 최대한 완수해야 하고 가장 작은 죄라도 금해야 한다(약 2:10).

2. 도덕법은 말과 행위뿐 아니라 생각과 감정과 의지에도 미친다. 특히 "탐내지 말라"는 제10계명이 그것을 잘 보인다. 미움은 살인으로(요일 3:15), 음욕을 품는 것은 간음으로(마 5:28) 간주된다.

3. 의무가 명령된 곳에는 그것을 어기는 죄가 금지되고, 죄가 금지된 곳에는 의무가 명령되며, 약속이 첨가된 곳에는 그 반대되는 경고가 포함되고, 경고가 첨가된 곳에는 그 반대되는 약속이 포함된다.

4. 한가지 죄 또는 의무 밑에 같은 종류의 모든 것이 금지되거나 명령되며, 그것의 모든 원인들과 수단들과 기회들과 모양들, 그리고 그것을 자극하는 것들도 포함된다. 우리는 하나님께서 우리의 일상생활의 모든 의무와 모든 죄를 십계명으로 표현하셨다고 본다.

5. 우리 자신에게 금지되거나 명령된 것은, 다른 사람들이 그들의 직위의 의무에 따라 피하거나 행하도록, 우리가 우리의 직위에 따라 힘써야 한다. 또 다른 사람들에게 명령된 것들에 있어서, 우리는 우리의 지위와 소명에 따라 그들에게 도움이 되어야 하며, 다른 사람들에게 금지된 것들에 있어서는 그들과 함께 피하도록 주의해야 한다.

제1-4계명의 요약

성경에 계시된 사람의 행위 원리들, 즉 하나님께서 주신 생활 교훈이 십계명에 가장 간단하게 표현되어 있기 때문에, 하나님께서 성경에 주신 모든 생활 교훈들은 십계명의 순서대로 가장 잘 정리될 수 있다. 십계명에 계시된 하나님의 뜻은, 주께서 말씀하신 대로, 첫째로 우리가 마음을 다하고 목숨을 다하고 뜻을 다하여 하나님을 사랑하고, 둘째로 이웃을 우리의 몸과 같이 사랑하는 것이다(마 22:37-40).

하나님을 사랑함

먼저, 십계명의 제1계명부터 제4계명까지는 하나님께 대한 사람의 의무를 보이며, 그 내용은 한마디로 하나님을 사랑하라는 말씀으로 표현될 수 있다. 주 예수께서는 하나님의 계명들 가운데 가장 첫째 되는 것은 사람이 마음과 목숨과 성품을 다해 하나님을 사랑하는 것이라고 말씀하셨다(마 22:37). 그것은 신명기 6:5에 근거한다. 대요리문답 제102문답, "하나님께 대한 우리의 의무를 담은 처음 네 계명의 요지는 우리의 마음을 다하고 우리의 영혼을 다하고 우리의 힘을 다하고 우리의 생각을 다하여 주 우리 하나님을 사랑하라는 것입니다."

마음과 영혼(네페쉬 נֶפֶשׁ--영혼, 목숨)과 힘을 다해 하나님을 사랑한다는 말은 지식과 감정과 의지를 다해 즉 전인격적으로 사랑한다는 뜻이다. 실상, 우리는 하나님을 이렇게 사랑하지 못하고 있다. 그러므로 우리는 하나님의 가장 큰 계명을 지키지 못하고 있는 큰 죄인들이다. 모든 사람은 하나님 앞에서 큰 죄인들이다. 그러나 하나님의 요구하시는 바는 여전히 우리가 우리의 지식과 감정과 의지를 다해 전인격적으로, 최선으로 하나님을 사랑하는 것이다. 이것은 사람의 삶의 첫 번째 목표와도 통한다.

제1-4계명의 요약

사람의 삶의 첫 번째 목표

사람의 삶의 목표는 무엇인가? 또 무엇이어야 하는가? 우리의 삶의 목표는 우리 자신이 적당히 정하면 되는 것이 아니고, 하나님께서 사람을 창조하실 때 정해주셨다. 그것은 하나님의 영광을 위해 사는 것이다. 그것이 사람의 삶의 첫 번째 목표이다. 이사야 43:7, "무릇 내 이름으로 일컫는 자 곧 내가 내 영광을 위하여 창조한 자를 오게 하라. 그를 내가 지었고 만들었느니라." 이사야 43:21, "이 백성은 내가 나를 위하여 지었나니 나의 찬송을 부르게 하려 함이니라."

이것은 십계명의 제1-4계명의 요약인 하나님을 전심으로 사랑하는 것과도 통한다. 모세는 "이스라엘아, 들으라. 우리 하나님 여호와는 오직 하나인 여호와시니 너는 마음을 다하고 성품을 다하고 힘을 다하여 네 하나님 여호와를 사랑하라"고 교훈하였다(신 6:4-5).

웨스트민스터 대요리문답 제1문답은, 사람의 삶의 첫 번째 목표가 "하나님을 영화롭게 하고 영원토록 그를 충만하게 즐거워하는 것"이라고 대답하였다. 하나님을 영화롭게 하는 삶이란 하나님께서 성경에 계시하시고 교훈하신 모든 말씀을 다 믿고 그 말씀대로 사는 삶, 즉 하나님 중심, 말씀 중심으로 순종하며 사는 삶을 가리킨다.

신명기 10:12-13, "네 하나님 여호와께서 네게 요구하시는 것이 무엇이냐? 곧 네 하나님 여호와를 경외하여 그 모든 도를 행하고 그를 사랑하며 마음을 다하고 성품을 다하여 네 하나님 여호와를 섬기고 내가 오늘날 네 행복을 위하여 네게 명하는 여호와의 명령과 규례를 지킬 것이 아니냐?" 전도서 12:13은 세상의 모든 일들이 헛되며 하나님을 경외하고 그의 명령을 따르는 것이 인생의 본분이라고 말했다. 미가 6:8은 하나님의 요구하시는 삶을 공의를 행하며 자비를 사랑하며 겸손히 하나님과 동행하는 것이라고 말했다. 시편 73:25는 땅 위에서 하나님밖에 사모할 자가 없다고 고백하였고, 하박국 3:17-18은

사람의 삶의 첫번째 목적

"비록 무화과나무가 무성치 못하며 포도나무에 열매가 없으며 감람나무에 소출이 없으며 밭에 식물이 없으며 우리에 양이 없으며 외양간에 소가 없을지라도 나는 여호와를 인하여 즐거워하며 나의 구원의 하나님을 인하여 기뻐하리로다"고 말했다.

예수께서도 "아비나 어미를 나보다 더 사랑하는 자는 내게 합당치 아니하고 아들이나 딸을 나보다 더 사랑하는 자도 내게 합당치 아니하고 또 자기 십자가를 지고 나를 좇지 않는 자도 내게 합당치 아니하니라. 자기 목숨을 얻는 자는 잃을 것이요 나를 위하여 자기 목숨을 잃는 자는 얻으리라"고 말씀하셨고(마 10:37-39), 또 땅의 일들이 다 썩을 양식을 위하는 것이며 우리가 썩지 않을 양식을 위해 살아야 하고 하나님께서 보내신 자를 믿는 것이 하나님의 일이라고 말씀하셨다(요 6:27, 29). 이와 같이, 창조자, 섭리자 하나님과 구주 예수 그리스도를 가장 사랑하며 따르는 것이 인생의 첫 번째 목표이다.

이 진리는 예수님의 대속의 은혜를 통해 더욱 분명해진다. 로마서 12:1, "[그러므로] 너희 몸을 하나님께서 기뻐하시는 거룩한 산 제사로 드리라." 로마서 14:7-8, "우리 중에 누구든지 자기를 위하여 사는 자가 없고 자기를 위하여 죽는 자도 없도다. 우리가 살아도 주를 위하여 살고 죽어도 주를 위하여 죽나니 그러므로 사나 죽으나 우리가 주의 것이로라." 고린도전서 6:19-20, "너희 몸은 너희가 하나님께로부터 받은 바 너희 가운데 계신 성령의 전인 줄을 알지 못하느냐? 너희는 너희의 것이 아니라 값으로 산 것이 되었으니 그런즉 너희 몸으로 하나님께 영광을 돌리라." 고린도전서 10:31, "너희가 먹든지 마시든지 무엇을 하든지 다 하나님의 영광을 위하여 하라." 고린도후서 5:15, "저가 모든 사람을 대신하여 죽으심은 산 자들로 하여금 다시는 저희 자신을 위하여 살지 않고 오직 저희를 대신하여 죽었다가 다시 사신 자를 위하여 살게 하려 함이니라."

제1-4계명의 요약

경건

사람이 하나님께 대해 가져야 할 기본적 태도는 경건이라는 말로 표현된다. 경건은 윤리의 기초요 근거이다. 사람이 하나님을 경외함 없이는 결코 도덕법을 지키거나 윤리적 삶을 살 수 없다. 잠언 16:6은 "여호와를 경외함으로 인하여 악에서 떠나게 되느니라"고 말한다.

경건은 하나님 앞에서 사는 것을 말한다. 이것은 하나님을 경외하며 섬기는 예배의 태도이며 행위이다. 잠언 1:7, "여호와를 경외하는 것이 지식의 근본이어늘." 전도서 12:13, "일의 결국을 다 들었으니 하나님을 경외하고 그 명령을 지킬지어다. 이것이 사람의 본분(כֹּל 콜, '모든 것')이니라." 디모데전서 4:7, "망령되고 허탄한 신화를 버리고 오직 경건에 이르기를 연습[훈련]하라."

이스라엘과 유다의 열왕들의 역사를 보면, 그들은 여러 가지 우상숭배에 떨어져 하나님의 큰 진노를 일으켰다. 우상숭배의 죄는 이스라엘 역사에서 가장 대표적인 죄이다. 그러나 의인들은 경건하였다. 창세기 4:26, "셋도 아들을 낳고 그 이름을 에노스라 하였으며 그때에 사람들이 비로소 여호와의 이름을 불렀더라." 창세기 5:22, "[에녹은] 므두셀라를 낳은 후 300년을 하나님과 동행하며 자녀를 낳았으며." 창세기 6:9, "[노아는] 하나님과 동행하였으며," 8:20, "노아가 [방주에서 나온 후] 여호와를 위하여 단을 쌓고." 창세기 12:8, "[아브라함은] 그 곳에서 여호와를 위하여 단을 쌓고 여호와의 이름을 부르더니," 21:33, "거기서 영생하시는 하나님 여호와의 이름을 불렀으며."

말씀 묵상

경건 혹은 개인적 예배의 한 요소는 성경말씀을 읽고 묵상하는 것이다. 옛날부터 경건한 성도들은 하나님의 말씀 묵상하기를 힘썼다. 욥기 23:12, "일정한 음식보다 그 입의 말씀을 귀히 여겼구나." 시편

1:2, "[복 있는 자는 악한 자들과 동류가 되지 않으며] 오직 여호와의 율법을 즐거워하여 그 율법을 주야로 묵상하는 자로다." 시편 119:97, 103, 127, 147-148, "내가 주의 법을 어찌 그리 사랑하는지요. 내가 그것을 종일 묵상하나이다," "주의 말씀의 맛이 내게 어찌 그리 단지요. 내 입에 꿀보다 더하니이다," "내가 주의 계명을 금 곧 정금보다 더 사랑하나이다," "내가 새벽 전에 부르짖으며 주의 말씀을 바랐사오며 주의 말씀을 묵상하려고 내 눈이 야경이 깊기 전에 깨었나이다." 누가복음 10:42, "그러나 한가지[말씀 듣기]가 필요하다"(전통본문).

우리는 하나님의 말씀을 통하여 믿음과 온전함을 얻는다. 로마서 10:17, "그러므로 믿음은 들음에서 나며 들음은 그리스도의[하나님의](전통사본) 말씀으로 말미암았느니라." 누가복음 1:4, "이는 각하로 그 배운 바의 확실함을 알게 하려 함이로라." 디모데후서 3:16-17, "모든 성경은 하나님의 감동으로 된 것으로 교훈과 책망과 바르게 함과 의로 교육하기에 유익하니 이는 하나님의 사람으로 온전케 하며."

기도

경건의 다른 한 요소는 기도이다. 데살로니가전서 5:17, "쉬지 말고 기도하라." 경건한 성도는 늘 하나님께 기도한다. 우리의 기도 대상은 삼위일체 하나님이시다. 그러나 우리는 일반적으로 성부 하나님께 성자 예수 그리스도의 이름으로 성령의 도우심으로 기도한다.

기도의 내용은 감사와 찬양, 죄의 고백, 간구이다. 우리의 간구의 내용은 먼저 영적인 것이어야 하고 그 다음에 육신적인 것, 물질적인 것이어야 한다. 또 먼저 자신의 영적 생활을 위해 기도하고 그 후에 남을 위해 기도하는 것이 좋을 것이다.

주께서는 기도의 주요 내용을 가르쳐 주셨다(마 6:9-13): ① "주의 이름이 거룩히 여김을 받으시옵소서." ② "주의 나라가 임하옵소서." 이것은 은혜의 나라, 즉 하나님의 복음이 힘있게 전파되어 택한 백성

제1-4계명의 요약

들이 다 회개하고 주께로 돌아오는 일, 즉 전도와 구원, 교회의 설립과 확장, 그리고 성화를 구하는 것이며(에베소서 6:19, "나를 위하여 구할 것은 내게 말씀을 주사 나로 입을 벌려 복음의 비밀을 담대히 알리게 하옵소서 할 것이니." 데살로니가전서 5:25, "형제들아, 우리를 위하여 기도하라"), 또 영광의 나라, 즉 주의 재림으로 말미암은 영광의 천국이 오기를 구하는 것이다. ③ "주의 뜻이 하늘에서 이룬 것같이 땅에서도 이루어지이다." 하나님의 뜻은 우리 개인과 온 인류의 구원에 관한 것이다. 요한복음 6:39-40, "나를 보내신 이의 뜻은 내게 주신 자 중에 내가 하나도 잃어버리지 아니하고 마지막 날에 다시 살리는 이것이니라. 내 아버지의 뜻은 아들을 보고 믿는 자마다 영생을 얻는 이것이니 마지막 날에 내가 이를 다시 살리리라." ④ "오늘날 우리에게 일용할 양식을 주옵소서." ⑤ "우리가 우리에게 죄 지은 자를 사하여 준 것같이 우리 죄를 사하여 주옵소서." ⑥ "우리를 시험에 들게 하지 마옵시고 다만 악에서 구하옵소서."

기도의 방법에 관하여는, 우선 개인적 경건 시간을 구별하는 것이 필요하다. 이것이 안식일 계명과 절기 규례를 주신 근본적 이유들 중의 하나이다. 사람은 어리석은 짐승과 같아서 경건의 시간을 구별하지 않으면 세속적 일들에 분주하여 하나님을 잊어버리는 경향이 있다. 한국 교회의 전통인 새벽기도회는 규칙적 경건 생활과 기도 생활을 위해 유익이 많다.

기도의 장소는 어느 특정한 장소(산이나 예배당)에 국한시킬 것이 없다. 어디서든지 조용한 장소는 기도의 골방이 될 수 있다. 기도의 소리에 관하여는 소리내어 기도하는 것이 좋다. 묵상 기도는 졸음이나 잡념의 침해를 받을 수 있다. 그러나 공예배 시에는 남에게 피해를 주지 않도록 자신만 들을 수 있는 정도의 작은 소리로 해야 한다.

성경에서 기도 생활에 힘쓴 대표적인 한 예는 다니엘이다. 다니엘

6:10, "다니엘이 이 조서에 어인이 찍힌 것을 알고도 자기 집에 돌아가서는 그 방의 예루살렘으로 향하여 열린 창에서 전에 행하던 대로 하루 세 번씩 무릎을 꿇고 기도하며 그 하나님께 감사하였더라." 주 예수 그리스도께서는 친히 기도의 본을 우리에게 보이셨다. 마가복음 1:35, "새벽 오히려 미명에 예수께서 일어나 나가 한적한 곳으로 가사 거기서 기도하시더니"(새벽 기도). 마태복음 14:23, "무리를 보내신 후에 기도하러 따로 산에 올라가시다. 저물매 거기 혼자 계시더니"(밤 기도). 누가복음 6:12, "이때에 예수께서 기도하시러 산으로 가사 밤이 맞도록[밤새도록] 하나님께 기도하시고"(철야 기도).

기도는 성도에게 큰 복이다. 역대하 16:9, "여호와의 눈은 온 땅을 두루 감찰하사 전심으로 자기에게 향하는 자를 위하여 능력을 베푸시나니." 마태복음 7:7, "구하라 그러면 너희에게 주실 것이요, 찾으라 그러면 찾을 것이요, 문을 두드리라 그러면 너희에게 열릴 것이라."

경건의 유익

경건한 삶 즉 성경말씀을 읽고 기도하는 삶은 성도에게 영적으로 유익하며 육신 생활에도 유익하다. 시편 37:25, "내가 어려서부터 늙기까지 의인이 버림을 당하거나 그 자손이 걸식함을 보지 못하였도다." 시편 119:165, "주의 법을 사랑하는 자에게는 큰 평안이 있으니 저희에게 장애물이 없으리이다." 잠언 3:7-8, "여호와를 경외하며 악을 떠날지어다. 이것이 네 몸에 양약(리프웃 רִפְאוּת)[건강, 치료]이 되어 네 골수로 윤택하게 하리라." 마태복음 6:33, "너희는 먼저 그의 [하나님의] 나라와 그의 의를 구하라. 그리하면 이 모든 것[먹는 것과 입는 것, 의식주의 필요물들]을 너희에게 더하시리라." 디모데전서 4:7-8, "경건에 이르기를 연습하라. 육체의 연습은 약간의 유익이 있으나 경건은 범사에 유익하니 금생과 내생에 약속이 있느니라." 금생과 내생의 약속은 건강과 경제적 안정과 천국과 영생의 약속이다.

제1계명

출애굽기 20:3, "너는 나 외에는[내 앞에](KJV, NASB, NIV) 다른 신들을 네게 있게 말지니라."

1계명에서 요구된 의무와 금지된 죄

[소요리문답 제46문] 제1계명이 요구하는 것이 무엇인가?
[답] 제1계명이 우리에게 요구하는 것은 하나님께서 유일하신 참 하나님이시며 우리의 하나님이심을 알고 인정하며 그에게 합당하게 그를 경배하며 영화롭게 해야 한다는 것이다(사 43:10; 마 4:10).
이사야 43:10, "너희는 나의 증인, 나의 종으로 택함을 입었나니 이는 너희로 나를 알고 믿으며 내가 그인 줄 깨닫게 하려 함이라. 나의 전에 지음을 받은 신이 없었느니라. 나의 후에도 없으리라."
마태복음 4:10, "예수께서 말씀하시되 사단아 물러가라. 기록되었으되 주 너의 하나님께 경배하고 다만 그를 섬기라 하였느니라."

[제47문] 제1계명이 금하는 것이 무엇인가?
[답] 제1계명이 금하는 것은 참 하나님께서 하나님이시며 우리의 하나님이심을 부인하거나, 경배하고 영화롭게 하지 않는 것과, 그에게만 합당한 경배와 영광을 다른 것에게 드리는 것이다(시 14:1; 롬 1:20-21; 렘 2:27-28; 단 5:23; 신 8:11-20).
로마서 1:20-21, "창세로부터 그의 보이지 아니하는 것들 곧 그의 영원하신 능력과 신성이 그 만드신 만물에 분명히 보여 알게 되나니 그러므로 저희가 핑계치 못할지니라. 하나님을 알되 하나님으로 영화롭게도 아니하며 감사치도 아니하고 오히려 그 생각이 허망하여지며 미련한 마음이 어두워졌나니."

[제48문] 제1계명 중에 "나 외에"라는 말씀이 우리에게 특별히 교훈하는 것이 무엇인가?
[답[제1계명 중에 "나 외에"라는 말씀은 모든 것들을 보시는 하나님께서 다른 신을 가지는 죄를 주목하시고 매우 싫어하신다는 것을 가르친다(신 30:17-18; 대상 28:9; 시 44:20-21).

공예배(公禮拜)

공예배(公禮拜)는 구원 얻은 성도들의 기본적 의무이다.

예배의 대상

공예배의 대상은 삼위일체 하나님이시다. 출애굽기 20:3, "너는 나 외에는[내 앞에] 다른 신들을 네게 있게 말지니라." 신명기 6:4, "이스라엘아, 들으라. 우리 하나님 여호와는[여호와께서는] 오직 하나인 여호와시니." 시편 96:5, "만방의 모든 신은 헛것이요 여호와께서는 하늘을 지으셨음이로다." 이사야 44:6, "이스라엘의 왕인 여호와, 이스라엘의 구속자(救贖者)인 만군의 여호와가 말하노라. 나는 처음이요 나는 마지막이라. 나 외에 다른 신이 없느니라." 이사야 45:5-7, "나는 여호와라. 나 외에 다른 이가 없나니 나밖에 신이 없느니라. . . . 해 뜨는 곳에서든지 지는 곳에서든지 나밖에 다른 이가 없는 줄을 무리로 알게 하리라. 나는 여호와라. 다른 이가 없느니라. 나는 빛도 짓고 어두움도 창조하며 나는 평안도 짓고 환난도 창조하나니 나는 여호와라. 이 모든 일을 행하는 자니라 하였노라." 예레미야 10:10, "오직 여호와는[여호와께서는] 참 하나님이시요 사시는 하나님이시요 영원한 왕이시라." 요한계시록 5:12-13, "(천사들이) 큰 음성으로 가로되 죽임을 당하신 어린양이[어린양께서] 능력과 부(富)와 지혜와 힘과 존귀와 영광과 찬송을 받으시기에 합당하도다 하더라. . . . 모든 만물이 가로되 보좌에 앉으신 이와 어린양에게 찬송과 존귀와 영광과 능력을 세세토록 돌릴지어다."

예배의 요소

신약성경은 공예배의 순서를 규정하지 않으나, 찬송, 기도, 설교(혹은 성경 강론), 헌금, 성찬 등의 요소들을 계시한다. 고린도전서 14:26,

제1계명

"너희가 모일 때에 각각 찬송시도 있으며 가르치는 말씀도 있으며 계시도 있으며 방언도 있으며 통역함도 있나니." 계시와 방언과 방언 통역은 사도시대의 현상이었고 신약성경이 완성된 후에는 중단되었다고 본다. 사도행전 2:42, "저희가 사도의 가르침을 받아 서로 교제하며 떡을 떼며 기도하기를 전혀 힘쓰니라." 히브리서 13:15, "우리가 예수로[예수님으로] 말미암아 항상 찬미의 제사를 하나님께 드리자." 고린도전서 16:2, "매 주일 첫날에 너희 각 사람이 이(利)[이익]를 얻은 대로 저축하여 두어서." 빌립보서 4:18, "에바브로디도편에 너희의 준 것을 받으므로 내가 풍족하니 이는 받으실 만한 향기로운 제물이요 하나님을 기쁘시게 한 것이라."

공예배에서 가장 중요한 순서는 설교이다. 하나님의 뜻은 우리가 단지 예배 의식을 행하는 것이 아니고 하나님을 진심으로 경외하고 하나님의 뜻을 깨닫고 악을 버리고 의와 선을 행하는 것이다. 사무엘상 15:22-23, "사무엘이 가로되 여호와께서 번제와 다른 제사를 그 목소리 순종하는 것을 좋아하심같이 좋아하시겠나이까? 순종이 제사보다 낫고 듣는 것이 숫양의 기름보다 나으니 이는 거역하는 것은 사술(邪術)의 죄와 같고 완고한 것은 사신(邪神) 우상에게 절하는 죄와 같음이라." 전도서 5:1, "너는 하나님의 전에 들어갈 때에 네 발을 삼갈지어다. 가까이 하여 말씀을 듣는 것이 우매자의 제사 드리는 것보다 나으니 저희는 악을 행하면서도 깨닫지 못함이니라." 호세아 6:6, "나는 인애를 원하고 제사를 원치 아니하며 번제보다 하나님을 아는 것을 원하노라." 누가복음 10:41-42, "주께서 대답하여 가라사대 마르다야, 마르다야, 네가 많은 일로 염려하고 근심하나 그러나 한가지가 필요하다(전통본문). 마리아는 이 좋은 편을 택하였으니 빼앗기지 아니하리라 하시니라." 하나님께서는 예배의 어떤 순서보다 성경말씀을 읽고 해석하고 전하고 듣는 것을 기뻐하신다.

공예배(公禮拜)

예배의 목표

예배의 목표는 하나님께 영광 돌리는 것이다. 공예배가 성도들에게 영적 유익을 주는 것은 부수적일 뿐이다. 찬송과 기도도 그렇다. 우리는 예배 의식을 사람들의 기분에 맞추려 하거나 회중을 즐겁게 하도록 조정하려 해서는 안 된다. 공예배에서 가장 요긴한 것은, 장로교 예배 모범의 표현대로, '가장 높으신 하나님께 향하여 단체적 경의를 표하는 것'이다. 그러므로 예배 시 설교까지도 목사는 두렵고 떨림으로 먼저 하나님의 영광을 생각하며 하나님의 뜻을 충실히 선포하려 해야 하고 회중은 하나님의 말씀을 성심으로 받으려 해야 한다. 그럴 때 그것은 전하는 자나 받는 자들에게 은혜와 유익이 될 것이다.

예배의 방식

예배의 바른 방식은, 첫째로, 예수 그리스도의 이름으로 드려지는 것이다. 예수 그리스도께서는 우리의 유일한 중보자요 제사장이시다. 그를 통해서만 죄인들이 구원을 얻고 그를 통해서만 성도들이 하나님께 담대히 나아가 그를 섬기며 예배할 수 있다(히 10:19). 히브리서 13:15, "우리가 예수로[예수님으로] 말미암아 항상 찬미의 제사를 하나님께 드리자. 이는 그 이름을 증거하는 입술의 열매니라." 에베소서 5:20, "범사에 우리 주 예수 그리스도의 이름으로 항상 아버지 하나님께 감사하며." 골로새서 3:17, "무엇을 하든지 말에나 일에나 다 주 예수의 이름으로 하고 그를 힘입어 하나님 아버지께 감사하라." 예수 그리스도의 십자가 대속 사역과 그의 의(義)를 힘입지 않고서 드려지는 예배는 다 인본주의요, 윤리 종교에 불과하다.

둘째로, 예배는 신령과 진정으로 드려져야 한다. 요한복음 4:23, "아버지께 참으로 예배하는 자들은 신령(프뉴마 πνεῦμα)[성령 혹은 심령]과 진정(알레데이아 ἀλήθεια)[진리 혹은 진심]으로 예배할 때가 오나니 곧 이때라. 아버지께서는 이렇게 자기에게 예배하는 자들을 찾으시느니라." '신령과 진정으로'라는 말씀은 '성령과 진리 안에서'라는 뜻과 함께 '진실한 심령으로'라는 뜻이라고 본다. 신약시대의 예배는 성령의 감동 속에 또 진리에 근거하여 또 진리의 교훈 안에서 드려져야 하며, 어떤 장소나 시간에 구속되지 않고 어떤 외형적 형식에도 얽매이지 않고, 개인적으로나 두세 사람 이상이 주 예수 그리스도의 이름으로 모여 어디에서나 또 언제나 진실한 심령으로 하나님께 드려질 수 있다. 사람의 부패성은 종교를 형식화하고 의식화(儀式化)하려는 경향이 있으나 우리는 그러한 잘못을 경계해야 한다.

예배와 제사

신약시대의 공예배는 구약시대의 성전 제사의 대치물인가? 그렇지 않다. 구약시대의 성전 제사는 일차적으로 주 예수 그리스도의 속죄 사역의 예표이었고 또 성도들의 신앙생활의 상징이었다. 물론 넓은 의미에서 공예배도 하나의 제사이지만, 예배만 제사라는 생각은 옳지 않다. 신약시대에는 그리스도인의 헌신과 봉사의 삶 전체가 제사이며 그런 의미에서 예배도 제사일 뿐이다. 로마서 12:1, "그러므로 너희 몸을 하나님께서 기뻐하시는 거룩한 산 제사로 드리라. 이는 너희의 드릴 영적 예배니라." 히브리서 13:15-16, "이러므로 우리가 예수로[예수님으로] 말미암아 항상 찬미의 제사를 하나님께 드리자. 이는 그 이름을 증거하는 입술의 열매니라. 오직 선을 행함과 서로 나눠주기를 잊지 말라. 이 같은 제사는 하나님이[하나님께서] 기뻐하시느니라." 그러므로 신약시대에는 공예배들 뿐만 아니라, 구원 얻은 성도 개인이나 가정의 찬송들, 선행들, 구제의 행위들을 포함하여, 그들의 헌신과 봉사의 삶 전체가 하나님께서 기뻐 받으시는 제사인 것이다. 그러므로 우리는 공예배들만 예배라는 생각을 가지지 말고 우리의 헌신과 봉사의 삶 전체가 예배라는 생각을 가져야 할 것이다.

열린 예배 비평

오늘날 교회들 안의 중요한 윤리적 문제들 중 하나는 열린 예배의 문제이다. 적지 않은 교회들이 전통적인 예배 형식을 버리고 세속적 형식의 성가와 밴드, 멀티비전, 무용 등을 도입하려는 경향이 있다. 대형교회가 목회의 성공이라는 인식 속에, 목사들은 '여하튼 교회가 수적으로 커지고 봐야 한다'는 사고방식을 가지고 이러한 세속적인 방식으로 많은 청중을 모으는 데 어느 정도 성공하는 것 같다.

'열린 예배'는 미국의 윌로우크릭 교회의 빌 하이벨스 목사에 의해 처음 구상되었고 새들백 교회의 릭 워런 목사에 의해 인기를 얻었던 예배 형식으로 구도자들(seekers)을 위해 밴드와 현대음악, 멀티미디어와 드라마 등을 사용한 예배이다(기독교연합신문, 1999. 11. 7). 1988년에 하이벨스 목사는 대예배의 하나로 토요예배를 추가하여 드리기 시작하였고 현재 그의 교회는 똑같은 형식으로 토요일과 주일에 각각 두 차례씩 네 번 예배를 드리고 있다고 한다. 미국의 윌로우크릭 교회, 새들백 교회, 월드하비스트 교회, 갈보리 채플 등과, 우리나라의 온누리교회, 사랑의 교회, 소망교회, 만나교회 등이 이런 예배를 드린다고 한다. 열린 예배의 한 특징은 시청각적 효과와 축제적 분위기이다(위의 글; 기독신문, 1999. 8. 11, 17쪽; 조영엽, 왜 열린 예배는 잘못되었는가? (미스바, 2001), 19-114쪽).

열린 예배를 주장하는 이들은 교회의 외형적 구조 변경을 강조한다. 예를 들면, 강단을 무대로 전환하여 노래나 춤이나 연극을 할 수 있도록 요란스런 조명 세트를 장치하고, 강대상을 큰 강대상 대신에 작은 이동식 탁자로 대치하고, 조화 또는 생화로 강대상 좌우를 가득 채우고, 대형 전광판을 세우고 고도의 방송용 음향 장비를 설치한다.

에드 답슨(Ed Dobson)은 열린 예배가 ① 형식에 매이지 말 것, ② 현대적일 것, ③ 강요하지 말 것, ④ 편안하게 해줄 것 등을 주장했다.

그에 의하면, 형식에 매이지 않기 위하여 목사나 안내 위원이나 성가 대원은 모두 청바지나 가벼운 옷들을 입으며, 현대적이기 위해 전자기타, 드럼, 심벌즈, 키보드 등을 사용해 기독교적 락 음악을 연주한다. 또 강요하지 않기 위해 공개적으로 초청하거나 앞으로 나오도록 하는 부담을 주지 않는다. 또 편안하게 해주기 위하여 강대상 주변을 단장해 교회강단처럼 보이지 않게 한다(*Seeker Sensitive Service*).

릭 워런은 1998년 한 세미나에서 전통적 교회를 극적으로 성장하는 교회로 변형시키려면 다음과 같은 일이 일어나야 한다고 말했다: (1) 현대적 스타일의, 비위협적 '구도자 집회'가 전통적 일요일 예배를 대체해야 한다. (2) 복장은 평상복이어야 한다. (3) 음악은 현대적이어야 한다. (4) 설교는 구원 얻은 자들과 구원 얻지 못한 자들이 똑같이 자신들에 대해 좀더 기분 좋게 생각할 수 있도록, 종종 심리학과 격려적 성경본문을 섞는 설교와 더불어, 오직 긍정적 내용이어야 한다. (5) 교회의 사역들은 대중의 필요를 충족시키도록, 우울증, 무절제한 식사, 불임, 동성애자들의 가족이나 친구, 낙태 후의 일, 별거 등을 위한 후원 그룹들을 가지고 준비되어야 한다. (6) 교리적 교훈은 일요일들에 교회 전체에게 주지 말고, 예배 시간과 별도로 소그룹에서 받을 수 있도록 한다(*Foundation*, March-April 1998, pp. 4-5).

열린 예배를 보는 교회들은 찬송 대신 현대기독교음악(CCM), 곧 기독교 락 음악을 부른다. 릭 워런은 크리스챤 락 음악을 새 노래라고 말하며 새 노래를 부르라고 강조하면서 "음악은 현대적이어야 한다. 음악의 가사가 더 근래의 것이어야 할 뿐 아니라, 음악의 스타일도 구원 얻지 못한 사람들이 날마다 듣는 것이어야 한다"고 말했다. 새들백 교회의 음향시설, 밴드, 노래하는 이들과 연주 등 오락구성물은 어떤 세속적 락 연주회의 것과도 경쟁할 만하다고 한다. 릭 워런은 교회가 해야 할 첫 번째 일 중의 하나가 오르간을 밴드로 대체하는 것이며, 교회 찬양대는 독창 연주자를 배경 음악으로 후원하는 것이어야 한다고 말한다. 또 그는, 몰아대는 비트를 가진 큰 소리의, 쉰 목소리의 음악이 그의 회중이 듣는 종류의 음악이라고 말했다. 또 그는, "우리는 주말 집회 때 정말, 정말 소리가 크다. . . . 나는 말한다, '우리는 그것을 낮추지 않을 것이다.' 자, 그 이유는, 어린아이 같은 대중은 음악을 느끼기를 원하지, 단지 그것을 듣기를 원하는 것이 아니기 때문이다"라고 말한다. 그는 심지어 전통적 음악의 사용을 주장하는 것을 우상숭배의 죄와 동일시하였다(Ibid., pp. 8-9).

릭 워런은 "여러분은 여러분의 음악을 하나님께서 여러분의 교회가 전도하기를 원하시는 종류의 사람들에게 맞춰야 한다"고 말하며 "우리는 클래식, 칸츄리, 재즈, 락, . . . 심지어 랩 음악을 사용했다"고 한다(Rick Warren, *The Purpose Driven Church*, p. 280). 또 그는, "우리는 우리 교인(people)의 96퍼센트가 자기들이 중도적 성인 현대 음악을 듣는다고 말하는 것을 발견했다. . . . 우리는 우리가 전도하고 있는 자들을 설문조사한 후 우리의 구도자 집회들에서 찬송가를 부르지 않기로 전략적 결정을 내렸다"고 말한다(Ibid., p. 285). 이와 같이, 열린 예배는 기독교 역사에 일찍이 없었고 지금까지의 전통적 예배 의식과 전혀 다른 예배이며 현대의 세속적 문화와 표현 방법을 도입한 새로운 예배 형태이다(조영엽, 왜 열린 예배는 잘못되었는가?, 19쪽).

그러나, 열린 예배를 주장하는 자들의 말이 옳은가? 열린 예배가 과연 오늘 시대에 바람직한 예배 형식인가?

우선, 열린 예배가 정말 오늘날에 바람직한 예배 형식이라면, 목사들과 장로들은 임직서약 때 하나님 앞에서 수락하였던 예배모범을 먼저 고쳐야 할 것이다. 장로교 예배모범 제2장 2항에는 "예배 시간에는 모든 사람이 엄숙한 태도와 공경하는 마음으로 예배하고 . . . . 귓속말이나 출입하는 자에게 인사나 곁눈질이나 졸음이나 웃거나 그밖에 모든 합당치 못한 행동을 일체 하지 말 것이요"라고 되어 있다. 또 대한예수교장로회 총회는 예배당에서 연극이나 유희를 하는 것이 합당치 않다고 결의한 바도 있다(1923년 제12회 총회록, 35쪽; 1953년 제33회 총회록, 235쪽). 목사들과 장로들이 하나님 앞에서 받아들인다고 말했던 예배모범과 역행하는 예배 형식을, 신앙 양심의 거리낌 없이 받아들이고 허용하고 사용하는 것은 임직서약 위반이며 죄이다.

실상, 열린 예배는 성경적인 예배 방식이 아니다. 하나님께 올리는 예배는 하나님을 경외하며 섬기는 행위이며 따라서 공예배는 마땅히 엄숙하고 질서 있게 드려야 하고 예배 찬송과 음악은 경건하고 아름답고 안정되어야 한다. 시편 96:9, "아름답고 거룩한 것으로 여호와께 경배할지어다." 고린도전서 14:33, "하나님은[하나님께서는] 어지러움의 하나님이 아니시요 오직 화평의 하나님이시니라."

성경이 보이는 예배 순서는 찬송, 기도, 설교, 성찬 등이며 그 중에 설교가 가장 중요하다. 사도행전 2:42, "저희가[예루살렘 교회는] 사도의 가르침을 받아 서로 교제하며 떡을 떼며 기도하기를 전혀 힘쓰니라." 고린도전서 14:26, "너희가 모일 때에 각각 찬송시도 있으며 가르치는 말씀도 있으며." 빌립보서 1:9-10은, "내가 기도하노라. 너희 사랑을 지식과 모든 총명으로 점점 더 풍성하게 하사 너희로 지극히 선한 것을 분별하며"라고 말하는데, 그것은 하나님께 드리는 찬송과 예배가 가장 선한 방식으로 이루어져야 함을 보인다.

이방 종교들이나 우상숭배자들의 예배들은 경건함과 질서가 없고 혼란스러운 일들이 많았다. 출애굽기 32:6에 보면, 이스라엘 백성도 모세가 시내 산에 올라가 40일간 머무는 동안, 산 아래서 금송아지 우상을 만들고 그 앞에서 제사를 드리고 먹고 마시며 일어나서 뛰놀았다. 그런데 열린 예배는 충실한 설교가 있는 경건한 예배가 아니고 사람들의 흥미에 초점을 맞춘 예배라고 보인다. 하나님께 대한 경외심이 없는 예배는 참 예배가 아니다. 이런 예배는 사람들에게는 흥미를 일으키고 기쁨과 만족을 줄지 모르나 하나님께는 오히려 불쾌함을 드릴 것이라고 본다(*Calvary Contender*, 15 June 1998).

우리는 장로교회 예배모범대로 찬송과 기도와 성경강해적 설교 등을 순서로 하는 경건한 예배 형식을 지켜야 한다. 교회의 전도 집회라 하더라도 세속적인 방식을 사용하는 것은 성경의 교훈과 모범에 비추어 볼 때 합당치 않다고 본다. 성경에나 교회 역사에 전도 집회를 그렇게 세속적인 방식으로 한 예는 없었을 것이다.

오늘날 예배의 변화의 문제뿐 아니라, 어떤 교회들은 '문화학교'를 개설하여 교회에서 영어 회화, 꽃꽂이, 바이올린 등을 가르친다. 이런 경향은 오늘날 복음주의 교회들에서도 볼 수 있고 이것이 '영성'이 있는 활동이라고 선전된다. 그러나 이런 활동들은 사도들의 교훈들과 사도행전과 서신서들에 증거된 초대 교회 모범에 맞지 않는다. 교회는 본연의 임무가 있다. 그 임무는 예배와 양육과 전도이다. 그 중에도 전도는 주 예수님 자신의 사명이었고 그가 제자들에게 부탁하신 일이었다. 그것은 교회의 사명이다. 초대 교회는, 사도행전에 증거된 대로, 오직 이 일에 충실하였다. 교회는 그 본연의 임무에서 벗어나는 세속적인 행사들을, 비록 그것들이 선하고 유익한 것이라고 할지라도, 계획하거나 행해서는 안 된다고 본다. 어느 시대든지 교회는 오직 그 본연의 임무인 예배와 양육과 전도의 일에 충실해야 한다.

성경은 개인의 신앙생활뿐 아니라 교회의 목회에서도 정확무오한 법칙이다. 혼란스런 오늘날의 교회의 현실 속에서도, 성경은 하나님의 뜻을 지시하는 정확무오한 유일의 법칙이다. 그러므로 성도들은 사람의 지혜에 근거한 세상적 방법으로 하나님께 예배드리려 하지 말고 성경의 교훈대로 예배드려야 하고, 또 목사들은 사람의 지혜와 방법으로 목회하지 말고 성경의 교훈과 모범대로 목회해야 한다.

제1계명

찬송

찬송의 정의, 요소, 목적

　찬송이란 하나님을 높이어 노래하는 것, 곧 하나님의 이름과 그의 속성들과 그가 하신 일들을 인정하고 높이어 노래하는 것을 가리킨다. 찬송가 19장, "내 영혼아 찬양하라, 주님 앞에 엎드려, 구속하신 넓은 은혜 높이 찬양하여라." 찬송가 책에서 직접 하나님을 높이어 찬송하는 가사들은 55장 이전에 '찬양과 경배'라는 주제의 가사들과 73장부터 207장까지의 가사들 중의 다수이다.

　성도의 노래들에는 하나님을 직접 찬송하는 것들뿐 아니라, '영적인 노래들'도 있다. 에베소서 5:19, "시와 찬미와 신령한[영적인] 노래들로 서로 화답하며 너희의 마음으로 주께 노래하며 찬송하며." 성도의 기도와 간증, 위로와 권면의 말이 여기 속한다. 찬송가 책의 많은 노래들은 이런 부류의 것이다. 예를 들어, 278장, "사랑하는 주님 앞에 형제 자매 한 자리에 크신 은혜 생각하여 즐거운 찬송부르네. 내 주 예수 본을 받아 모든 사람 내 몸같이 환난 근심 위로하고 진심으로 사랑하세." 이렇게 보면, 찬송가 책 이름은 '찬송가'라고 하기보다는 '찬송들과 영적 노래들'이라고 하는 것이 정확할 것이다.

　성도의 찬송과 영적 노래는 물론 하나님께 영광을 돌리는 것이 그 첫째 목적이지만, 그것들은 또한 부수적으로이지만 사람들에게 교훈과 유익을 주는 목적도 가진다. 골로새서 3:16, "그리스도의 말씀이 너희 속에 풍성히 거하여 모든 지혜로 피차 가르치며 권면하고 시와 찬미와 신령한 노래를 부르며 마음에 감사함으로 하나님을 찬양하라." 이 구절의 원문은 "그리스도의 말씀이 너희 속에 풍성히 거하게 하며 모든 지혜로, 시와 찬미와 영적인 노래들로 피차 가르치며 권면하고 마음에 감사함으로 주께 찬양하라"(KJV, NASB)고 번역될 수 있다. 이것은 찬송과 영적인 노래가 하나님께 드리는 것뿐 아니라, 회중에게 교훈을 주는 의미도 있음을 증거한다. 신명기 32장에 보면, 하나님께서 모세에게 이스라엘 백성에게 한 노래를 가르치게 하셨는데 그것은 이스라엘 백성의 패역함을 깨우치시기 위함이셨다. 찬송과 영적 노래도 이와 같이 사람들에게 교훈과 유익을 주는 목적도 있다.

찬송의 이유

우리는 왜 하나님을 찬송해야 하는가? 첫째로, 하나님께서는 창조자이시므로 우리는 그를 찬송해야 한다. 피조물인 우리는 창조자의 이름과 그 영광, 그 지혜와 그 능력의 무한하심, 그 선과 그 자비의 풍성하심을 마땅히 찬송해야 한다. 우리가 하나님을 찬송하는 것은 하나님께서 우리를 만드신 목적이다. 하나님께서는 이사야를 통해 "이 백성은 내가 나를 위하여 지었나니 나의 찬송을 부르게 하려 함이니라"고 말씀하셨다(사 43:21). 또 요한계시록 4장에 보면, 24장로들은 보좌에 앉으신 이 앞에 엎드려 경배하고 자신들의 면류관을 그 앞에 던지며 이렇게 찬양했다. "우리 주 하나님이여, 영광과 존귀와 능력을 받으시는 것이 합당하오니 주께서 만물을 지으신지라. 만물이 주의 뜻대로 있었고 또 지으심을 받았나이다"(계 4:10-11).

둘째로, 하나님께서는 구원자이시므로 우리는 그를 찬송해야 한다. 시편 96:2, "여호와께 노래하여 그 이름을 송축하며 그 구원을 날마다 선파할지어다." 하나님께서 우리를 구원하신 목적도 우리로 하여금 그를 찬송하게 하시기 위함이었다. 에베소서 1:6, 12, 14, "이는 그의 사랑하시는 자 안에서 우리에게 거저 주시는 바 그의 은혜의 영광을 찬미하게 하려는 것이라." 우리는 죄와 영원한 지옥 형벌로부터 하나님의 은혜와 구주 예수 그리스도의 대속(代贖)으로 구원 얻었기 때문에 하나님과 예수 그리스도를 찬송해야 한다. 구원의 경험과 지식과 감격이 없는 자는 하나님과 예수 그리스도를 찬송하지 못할 것이다. 그러나 구원 얻은 자마다 그를 높이고 자랑하고 찬송해야 할 것이다.

요한계시록 5:9, "[네 생물과 이십사 장로들이] 새 노래를 노래하여 가로되 . . . 일찍 죽임을 당하사 각 족속과 방언과 백성과 나라 가운데서 사람들을 피로 사서 하나님께 드리시고." 요한계시록 7:9-10, "이 일 후에 내가 보니 각 나라와 족속과 백성과 방언에서 아무라도 능히 셀 수 없는 큰 무리가 흰옷을 입고 손에 종려가지를 들고 보좌 앞과 어린양 앞에 서서 큰 소리로 외쳐 가로되, 구원하심이 보좌에 앉으신 우리 하나님과 어린양에게 있도다 하니." 사도 요한은 요한계시록 14:1, 3에서 말하기를, "내가 보니 보라 어린양이 시온산에 섰고 그와 함께 14만 4천이 섰는데 . . . 저희가 보좌와 네 생물과 장로들 앞에서 새 노래를 부르니 땅에서 구속(救贖)함을 얻은 14만 4천인밖에는 능히 이 노래를 배울 자가 없더라"고 하였다.

찬송의 방법

우리는 어떤 방식으로 하나님을 찬송해야 하는가? <u>첫째로, 우리는 바른 가사로</u> 하나님을 찬송해야 한다. 세상 음악은 단지 육신적 감정과 갈망을 토로하는 것이지만, 성도의 찬송과 노래는 하나님께 영광을 돌리는 내용과 하나님 앞에서 간증하고 감사하고 고백하며 간구하는 내용이어야 한다. 그러므로 아무 가사의 노래나 찬송이 될 수는 없다. 찬송에서 가사는 곡보다 중요하다. 따라서 찬송가책의 노래들도 다 똑같이 가치 있는 것이 아니고 그 가사의 내용에 따라 더 가치 있는 것도 있고 덜 가치 있는 것도 있을 수 있다.

찬송의 가사는 우선 복음 진리에 일치해야 한다. 그 내용은 창조자 하나님의 영광을 찬송하는 것이어야 할 뿐만 아니라, 특히 죄와 영원한 지옥 형벌로부터 구원하신 주의 은혜를 감사하고 찬송하는 것이어야 한다. 속죄는 기독교 진리의 핵심이며 진수이다. 그러므로 속죄의 찬송들은 가장 귀한 찬송들이다. 예를 들어, 145장, "오 거룩하신 주님 그 상하신 머리." 147장, "주 달려 죽은 십자가 우리가 생각할 때에." 186장, "내 주의 보혈은 정하고 정하다." 188장, "만세반석 열리니 내가 들어갑니다." 189장, "마음에 가득한 의심을 깨치고 지극히 화평한 맘으로." 196장, "날 구원하신 예수를 영원히 찬송하겠네." 200장, "주의 피로 이룬 샘물 참 깊고 넓도다." 210장, "내 죄사함 받고서 예수를 안 뒤 나의 모든 것이 변했네." 403장, "나 위하여 십자가의 중한 고통 받으사 대신 죽은 주 예수의 사랑하신 은혜여."

뿐만 아니라, 찬송의 가사는 성경의 교리 체계에도 일치해야 한다. 성경의 교리 체계는 웨스트민스터 신앙고백에 잘 요약되어 있다. 이런 점에서 볼 때, 한국의 자유주의 신학자들에 의해 쓰여진 어떤 노래는 찬송이나 영적인 노래가 되기에 부적합하다(예를 들어, 261장 (김재준 지음), "어둔 밤 마음에 잠겨 역사에 어둠 짙었을 때에 계명성 동쪽에 밝아 이 나라 여명이 왔다. 고요한 아침의 나라, 빛 속에 새롭다." 272장(홍현설 지음), "인류는 하나되게 지음 받은 한 가족 우리는 그 속에서 협조하며 일하는 형제와 자매로다"). 자유주의적 교단들과의 무분별한 연합 활동은 이런 오류의 포용을 초래하였다. 신성한 찬송가 책 안에 찬송답지 않은 가사들의 노래가 포함된 것이다. 이것은 하나님을 근심시키고 노엽게 할 일이다.

우리가 쓰는 찬송가는 한국교회의 영적 퇴보의 산물이라고 본다. 한국 교회가 과거에 여러 해 동안 썼던 새찬송가의 서문에는 이런 말이 있었다. "1959년 예장 총회가 WCC를 탈퇴하고 에큐메니칼 운동 반대를 결의한 후 그때까지의 '합동찬송가' 출판 사업도 에큐메니칼 계획의 하나라는 것을 선언하고 그와 인연을 끊음과 동시에 . . . . 이것[새찬송가]은 영구히 한국 기독교계 보수 진영 전체의 찬송가책이 되기를 기원하고 끝이는 바이다." 이것이 바른 정신이었다. 그러나 오늘날 한국의 보수적 교회들은 이런 정신에서 퇴보하였다.

또 성령에 대한 어떤 찬송도 바른 교리에 맞지 않는다(예를 들어,

172장, "빈들의 마른 풀같이 시들은 나의 영혼, 주님의 허락한 성령 간절히 기다리네. ." 173장, "불길 같은 성신여 간구하는 우리게 지금 강림하셔서 영광 보여줍소서." 177장, "성령이여 강림하사 나를 감화하시고"). 성령께서는 구원 얻은 성도들 속에 이미 오셨고 그들 안에 영원히 거하시기 때문에 이 사실을 부정하거나 혼란케 하는 표현의 가사는 옳지 않다고 본다. 우리는 성령의 오심을 간구할 것이 아니고 이미 우리 속에 오신 성령께서 우리 속에 충만히 역사하셔서 우리의 인격 전체를 주장하시기를 구해야 한다고 본다.

　유럽의 개혁교회들과 미국의 어떤 보수적 장로교회들이 사용하는 시편가는 성경의 시편의 내용을 그대로 사용한 찬송가이며 한국교회에서는 비록 익숙하지는 않지만 성경적인 좋은 찬송가이다.

　<u>둘째로, 우리는 경건하고 아름다운 곡으로 하나님을 찬송해야 한</u>다. 찬송은 하나님께 드리는 예배 행위이다. 그러므로 찬송은 경건하고 아름답게, 가장 좋은 방식으로 하나님께 드려져야 한다. 시편 96:9, "아름답고 거룩한 것으로 여호와께 경배할지어다." 히브리서 13:15, "우리가 예수님으로 말미암아 항상 찬미의 제사를 하나님께 드리자." 빌립보서 1:10, "지극히 선한 것을 분별하라."

　음악의 아름다움은 질서와 조화와 안정성에서 나오며 그것은 정상적인 화음과 박자, 적당한 소리세기와 빠르기를 필요로 한다고 본다. 기본적 정상 화음은 도미솔, 파라도, 솔시레이며, 기본적 정상 박자는 강-약-중강-약(4박자)과 강-약-약(3박자)이다. 불협화음이나 빈번한 싱코페이션의 사용, 과도한 소리세기나 빠르기는 질서와 조화와 안정성을 깨뜨리고, 결국 음악의 아름다움을 해친다고 본다.

　음악의 조화와 안정성을 저버린 현대음악은 사람들의 육신의 감정을 만족시키는 음악은 될지 몰라도 하나님을 찬양하는 곡으로서는 적절치 않아 보인다. 오락적인 음악은 옛날부터 우상숭배와 어우러졌다(출 32:6, 19). 그러므로 우리는 찬송들과 영적 노래들이 얼마큼 세속적일 수 있는가를 생각지 말고 가능한 한 세속적 풍조를 배격하고 가장 경건하고 아름다운 곡으로 부르도록 해야 할 것이다. 세상 음악들은 사람을 만족시키는 것이지만, 성도들의 찬송들과 영적 노래들은 하나님을 기쁘시게 하고 그에게 영광을 돌리는 것이어야 한다.

셋째로, 우리는 마음에서 우러나오는 찬송을 하나님께 드려야 한다. 에베소서 5:19, "너희의 마음으로 주께 노래하며 찬송하며." 아름다운 목소리나 공교한 악기 연주가 진실한 믿음과 마음에서 나오지 않는다면 결코 하나님을 기쁘시게 하지 못한다. 하나님께서는 단지 아름다운 목소리나 악기 소리를 원하지 않으신다. 그는 우리의 마음에서 우러나오는 목소리나 악기 연주를 원하신다. 찬송은 하나님께 대한 예배이다(히 13:15). 우리가 '신령과 진정으로' 예배하기를 원하시는 하나님께서는 우리의 진실한 마음에서 우러나오는 찬송을 원하신다. 때때로 부족함이 있을지라도, 진실한 믿음과 마음으로 부르는 찬송은 하나님께 영광이 되고 다른 이들에게 감동도 줄 것이다.

난 지 몇 개월 만에 시력을 잃었던 파니 크로스비가 평생 약 8천개의 은혜로운 찬송시를 쓸 수 있었던 것은 어릴 때부터 할머니를 통해 성경을 많이 배웠고 주 예수께 대한 믿음과 사랑이 충만했기 때문이었다고 보인다. 그는 말하기를, "내가 늘 보는 첫 번째 얼굴이 나의 구주 그리스도의 얼굴이라는 것을 한번 생각해보라. 나는 하나님께서 내가 이렇게 눈이 멀어 그를 더 잘 찬송할 수 있게 하기를 원하셨다고 믿는다. 내가 만일 시력이 있었다면 나는 결코 나의 찬송시들을 쓸 수 없었을 것이다"라고 하였다. 우리가 즐겨 부르는 찬송 중에는 그가 쓴 찬송시가 많이 있다(43, 46, 204, 219, 231, 275, 295, 300, 337, 424, 434, 476, 492, 508장 등). 우리는 속죄 신앙을 가지고 늘 말씀과 기도로 은혜 충만함을 누리며 찬송을 하나님께 올려야 하겠다.

제1계명

CCM 비평

오늘날 교회들 안에 있는 중요한 문제들 중에 하나는 CCM(현대기독교음악)(Contemporary Christian Music) 문제이다. 오늘날 많은 교회들에서 음악이 급속히 변하고 있다. 전에 술집과 댄스홀에서나 들을 수 있었던 종류의 음악들이 버젓이 교회들 안에서 연주되고 있다. 기독교 방송국들에서 흘러나오는 노래들 가운데도 그런 것들이 적지 않다. 교회 음악이 세속 음악과 너무 비슷해졌다. 전도 집회 시 세우는 밴드들에서도 그런 음악을 들을 수 있다. 심지어 신학교들에서도 그런 유의 노래가 들려지고 불려진다. 교회 음악의 이런 변화는 증거를 수집할 필요가 없을 정도이지만, 근래의 몇 가지 예만 들어보자.

1994년 존 비새그노 박사의 미국 텍사스주 휴스턴 제일침례교회(남침례교단)는 그 교회의 솔리드 락 카페에서 엘비스 대회와 비틀즈 음악 연주회를 가졌다. R. L. 하이머즈는 이렇게 말했다: "나는 단지 이 저녁 예배가 완전히 은사주의적이라고 묘사할 수 있을 뿐이다," "안내 위원들은 귀걸이를 하고 짧은 바지와 모자를 쓴 남자들이었다," "우리는 나이트 클럽이나 락 연주회나 마약 소굴에 들어왔을 때 느꼈을 것처럼 부적절하다고 느꼈다," "[그러나] 그 교회는 남침례교단 안에서 '보수적' 교회들 중의 하나라고 간주된다"(R. L. Hymers, Jr. *Preaching to A Dying Nation; Calvary Contender*, 15 October 1999).

1998년 7월 25일 밤, W. A. 크리스웰 목사가 원로목사로 있는 달라스 제일침례교회(남침례교단)의 한 연주회에서 청년들은 떠들석하게 춤을 추었다. 그 지역의 한 신문은, "떠들석한 춤과 천둥 같은 기타들과 크리스챤의 경건으로 어울러진 연주회로 인하여 그 교회의 부속 건물인 장엄한 스펄젼 해리스 빌딩은 흔들린 것 같았다"고 보도했다 (*Dallas Morning News*, 1 August 1998; *Fundamentalist Digest,* July-August 1998; *Calvary Contender*, 1 September 1998).

미국 남침례교단의 2000년 신년 전야제는 일곱 지역들에서 삼일 밤, 이틀 낮 밀레니엄 축제로 치루어졌다. 네 개의 남침례교회 기관들에서 후원한 이 행사는 남침례교회 역사상 가장 큰 청년 모임이었다(*Sword of the Lord*, 18 February 2000). 그 모임은 4만 6천명 이상의 남침례교회 청년들을 모았고 그들은 미국 내에서 알려진 '기독교' 락 밴드들에 의해 귀가 찢어지는, 심장이 두근거리는 찬양과 예배 음악을 즐겼고 약 새벽 2시까지 웃으며 노래하며 소리치며 춤추었다고 한다(*Calvary Contender*, 15 March 2000).

CCM(현대기독교음악)의 다수는 락 음악이다. 락 음악은 1950년대에 생긴 것으로서 1950년대에 엘비스 프레슬리와 1960년대에 비틀즈로부터 1980년대 마이클 잭슨까지를 포함하는 포괄적인 음악 형태를 가리킨다고 한다. 락(rock)이라는 말은 락앤로울(rock and roll, '흔들고 굴리라')의 줄인 말이다. 이 말은 미국의 방송음악 진행자 알란 후리드(Aland Freed)가 처음 사용했는데 육체적, 성적 움직임을 표현한 말이라고 한다(*Webster's New World Dictionary*, 3판, p. 1161; O. T. Spence, *Straightway*, vol. 25, p. 3). 시카고 대학의 알란 블룸 교수는 "락 음악은 성적 욕망이라는 오직 한가지에 마음을 끈다"고 말한다(Allan Bloom, *The Closing of the American Mind* (1987), p. 73).

락 음악의 한 특징은 드럼이나 썸벌즈나 기타를 사용한 반복적이고 자극적인 비트에 있다(조영엽, 왜 열린 예배는 잘못되었는가? (미스바, 2001), 19-114쪽). 찰스 브라운은, "아마 락 음악을 규정짓는 가장 중요한 것은 비트이다. 락 음악은 비트 때문에 다른 음악들과는 구별된다"고 말했다(Charles T. Brown, *The Art of Rock and Roll* (1983), p. 42). 반복적 비트는 사람들의 감정을 강하게 몰아대고 자극한다. 락 음악의 다른 한 특징은 당김음(약약강격)를 많이 사용하고, 불협화음이나 단조(短調)를 빈번히 사용하는 것이다. 그것은 음악의 질서와 안정을 파괴한다. 락 음악의 또 하나의 특징은 고음(高音)과 시끄러운 소리이다. 대형 제트기는 이륙 시 약 120데시벨(db)의 소음을 내고, 천둥소리의 최고 기록은 약 125데시벨이라고 한다. 그런데, 락 콘서트들에서의 고음은 약 130-140데시벨이라고 하니 그 소리의 크기와 시끄러움을 짐작할 수 있다(Frank Garlock and Kurt Woetzel, *Music in the Balance*, p. 153). 고음은 사람의 감정을 격화시킨다. 또 락 음악들의 가사들은 폭력, 반항, 자살 권면, 마약, 음란, 사탄숭배 등의 나쁜 내용들을 많이 담고 있다.

CCM(현대기독교음악), 특히 크리스챤 락 음악은 세속적 락 음악과 매우 비슷하다. CCM의 곡은 세속 음악과 별로 구별되지 않는다. 그것의 작곡 형식과 연주 방식은 전통적 형식과 매우 다르다. 그것은 전통적인 음악이 가지는 질서와 조화, 안정성, 아름다움 등을 중시하지 않는다. 그것은 반복적, 자극적 비트와 리듬을 사용하며 또 당김음이나 불협화음과 단조를 빈번히 사용한다. 따라서 CCM은 매우 세상적인 기분이 들고 매우 육감적이다.

미국 파운데이션(Foundation) 성경대학의 설립자이며 피바디 음악학교 출신인 고(故) 오 티 스펜스 박사(O. Talmadge Spence)는, 거의 모든 복음성가에 락 음악의 형식이 들어있고 그것들은 대부분 은사주의자들이 만들며 주로 사람의 감상적 체험과 느낌에 근거한다고 말한다. 그는 이런 가스펠 락은 육신적 음악이라고 평가한다. 또 그는 "[사람이] CCM(현대기독교음악)에 젖으면 몇 년 후에 락 음악으로 갈 것이다"라고 경고한다(1993년 10월 24일, 서울 잠실동교회 설교).

하나님께서는 거룩하시고 존귀하시다. 그는 무질서와 혼돈의 하나님이 아니고 질서의 하나님이시다. 고린도전서 14:33, "하나님은 어지러움의 하나님이 아니시요 오직 화평의 하나님이시니라." 우상숭배자들은 오락적 춤과 노래를 좋아하였다. 출애굽기 32:6, 19, "이튿날에 그들이[금송아지를 만들고 섬겼던 백성들] 일찍이 일어나 번제를 드리며 화목제를 드리고 앉아서 먹고 마시며 일어나서 뛰놀더라," "진에 가까이 이르러 송아지와 그 춤추는 것을 보고 대노하여."

성도들은 "아름답고 거룩한 것으로" 하나님께 경배하며 찬송해야 한다(시 96:9). 성도들의 찬송과 노래는 하나님 앞에서 부르는 것이므로 경건하고 질서와 안정성이 있고 조화와 아름다움을 가져야 한다. 성도의 노래는 세상의 것들과 구별되어야 한다. 성경은 "너희는 이 세대를 본받지 말라"(롬 12:2), 또 "이 세상이나 세상에 있는 것들을 사랑치 말라"(요일 2:15)고 말했다. 성도의 노래는 세상 노래처럼 자기만족적이거나 자기도취적이어서는 안 된다. CCM은, 비록 그것을 부르는 자들과 연주하는 자들이 하나님을 향한 진지한 마음으로 한다 할지라도, 성도들의 찬송이나 노래로는 부적합하다고 판단된다.

우리는 세상 노래에 영향을 받은 CCM 특히 크리스챤 락 음악과 그런 유의 복음성가들을 조심해야 한다. 우리는 세상 문화 속에 있는 죄악된 요소들을 경계해야 한다. 우리는 우리의 자녀들을 위해 CCM의 곡과 가사를 신중히 검토하며 선별해야 한다. 무엇보다, 우리는 우리의 자녀들에게 옛날부터 즐겨 불렀던 찬송가들을 부르도록 권장해야 한다. 어떤 이들은 CCM이 교회 밖의 청년들을 교회 안으로 이끌기 위한 것이라고 변명하지만, 실상은 그것이 교회 안의 젊은이들을 거기에 빠지게 만들고 그 결과, 전통적 찬송가들에 흥미를 잃고 그것들을 멀리하게 만들고 있다고 보인다. 구원 얻은 성도는 기쁨과 즐거움으로 하나님을 찬송하고 노래해야 하지만, 그 노래들은 경건하고 안정적이고 아름다워야 한다. 우리는 오늘날 교회 음악들의 변질과 세속화를 매우 염려한다. 우리는 우리의 삶의 모든 부분들에서 지극히 선한 것을 분별해야 한다. 빌립보서 1:10, "너희로 지극히 선한 것을 분별하며." 특히 하나님께 대한 찬송 방식에서도 그러해야 한다.

제2계명

출애굽기 20:4-6, "너를 위하여 새긴 우상을 만들지 말고 또 위로 하늘에 있는 것이나 아래로 땅에 있는 것이나 땅 아래 물 속에 있는 것의 아무 형상이든지 만들지 말며 그것들에게 절하지 말며 그것들을 섬기지 말라. 나 여호와 너의 하나님은 질투하는 하나님인즉 나를 미워하는 자의 죄를 갚되 아비로부터 아들에게로 삼사 대까지 이르게 하거니와 나를 사랑하고 내 계명을 지키는 자에게는 천 대까지 은혜를 베푸느니라."

제2계명에서 요구된 의무와 금지된 죄

[소요리문답 제50문] 제2계명이 요구하는 것은 무엇인가?

[답] 제2계명이 요구하는 것은 하나님께서 그 말씀 중에 제정하신 모든 예배와 규례를 받아 준수하며, 순전하고 전체적으로 지키라는 것이다(신 12:32; 32:46; 요 4:24; 마 28:20; 딤전 6:13-14).

신명기 12:32, "내가 너희에게 명하는 이 모든 말을 너희는 지켜 행하고 그것에 가감하지 말지니라."

신명기 32:46, "그들에게 이르되 내가 오늘날 너희에게 증거한 모든 말을 너희 마음에 두고 너희 자녀에게 명하여 이 율법의 모든 말씀을 지켜 행하게 하라."

요한복음 4:24, "하나님께서는 영이시니 예배하는 자가 신령과 진정으로 예배할지니라."

[제51문] 제2계명이 금하는 것이 무엇인가?

[답] 제2계명이 금하는 것은 형상으로 하나님을 대신하거나 하나님의 말씀에 정하지 아니한 어떤 다른 방법으로 하나님을 예배하는 것이다(신 4:15-19; 13:6-8; 렘 10:1; 삼하 6:7).

[제52문] 제2계명을 지키라 한 이유가 무엇인가?

[답] 제2계명을 지키라 한 이유는 하나님께서 우리의 주재가 되시며, 우리의 소유주가 되시며, 홀로 자기에게만 경배하는 것을 바라시기 때문이다(시 95:2-3; 계 15:3-4; 시 100:3; 롬 1:6; 출 34:14).

제사, 차례, 조상숭배

제사, 차례, 조상숭배

  우리나라의 구정이나 추석 같은 명절은 많은 사람들이 우상숭배로 하나님을 노엽게 하는 날이 되고 있다. 제사와 차례는 조상을 공경한다는 뜻으로 행해지지만 실상 우상숭배에 해당한다. 예수 그리스도를 믿는 사람이 제사하면 안 된다는 것은 누구든지 잘 알고 있겠지만, 어떤 사람들은 믿음이 약해서 제사에 동참하는 경우가 있다. 그러나 우리는 다음의 몇 가지 점을 알아야 한다.

  첫째로, 돌아가신 조상들에게 제사한다고 그들의 영이 와서 음식을 먹거나 위로를 받는 것이 아니다. 죽은 자의 영은 돌아와 대접을 받을 수 없다. 그러므로 제사나 차례로 결코 죽은 조상들을 위할 수 없다. 실상, 참된 효도는 부모님께서 살아계실 때 해야 한다.

  둘째로, 사람이 제사를 드리면 귀신들이 기뻐하며 영광을 받는다. 고린도전서 10:20, "대저 이방인의 제사하는 것은 귀신에게 하는 것이요 하나님께 제사하는 것이 아니니 나는 너희가 귀신과 교제하는 자 되기를 원치 아니하노라." 제사나 차례는 귀신에게 하는 행위요 귀신과 교제하는 행위이다. 성도가 귀신을 섬겨서는 안 된다.

  셋째로, 제사나 차례는 하나님을 노엽게 하는 일이다. 하나님께서는 하나님 외에 다른 것을 숭배하는 것을 미워하신다. 하나님께서는 성도가 귀신을 섬기는 것을 노여워하신다. 그러므로 가족의 마음을 상하지 않게 하려고 제사에 참여하는 것은 하나님보다 사람을 기쁘게 하는 일이다. 그때 사람들의 마음은 상하지 않게 되겠지만, 하나님께서는 심히 노여워하신다. 제사나 차례는 하나님을 노하시게 하는 일이기 때문에 사람에게 복이 되지 않고 도리어 화가 된다.

  그러나 우리가 선친들이나 사랑하는 이들의 묘에 가서 절하거나 묘를 섬기는 것이 아니고, 그들의 묘지를 둘러보고 풀을 자르고 깨끗하게 돌보는 것은 좋은 일이다. 또 명절을 당해 가족들이나 친척들이

한 자리에 모여 하나님께 예배드리고 돌아가신 부모님의 좋은 모습을 기억하고 음식을 같이 먹고 교제하는 것도 좋은 일이다.

우상 제물 문제

사도 바울은 고린도전서 8장에서 우상 제물에 관해 몇 가지 점을 교훈한다. 첫째로, 우상은 아무것도 아니며 하나님께서는 오직 한 분뿐이시다. 고린도전서 8:4-6, "그러므로 우상의 제물 먹는 일에 대하여는 우리가 우상은 세상에 아무것도 아니며 또한 하나님께서는 한 분밖에 없는 줄 아노라. 비록 하늘에나 땅에나 신이라 칭하는 자가 있어 많은 신과 많은 주가 있으나 그러나 우리에게는 한 하나님 곧 아버지가 계시니 만물이 그에게서 났고 우리도 그를 위하며 또한 한 주 예수 그리스도께서 계시니 만물이 그로 말미암고 우리도 그로 말미암았느니라." 우상은 어떤 신적인 존재나 어떤 초인간적 존재가 아니다. 이 세상에는 여호와 하나님 외에 다른 신이 없다. 시편 96:5, "만방의 모든 신은 헛것이요 여호와께서는 하늘을 지으셨음이로다."

둘째로, 우상은 아무것도 아니지만, 우상의 생각을 가지고 우상의 제물을 먹으면 양심이 더러워진다. 고린도전서 8:7, "그러나 이 지식은 사람마다 가지지 못하여 어떤 이들은 지금까지 우상에 대한 습관이 있어[우상의 생각을 가지고 있어](전통본문) 우상의 제물로 알고 먹는 고로 그들의 양심이 약하여지고 더러워지느니라." 우상의 생각을 가지는 것은 우상을 어떤 신적 존재로 인정하는 것이며, 그것은 우상숭배이다. 그런 생각은 마귀가 주는 헛되고 거짓된 것이며, 사람으로 하여금 하나님께 대한 참된 경건에서 떠나게 하는 것이다.

셋째로, 우상에 대한 우리의 지식으로 연약한 형제를 범죄케 해서는 안 된다. 고린도전서 8:9-13, "그런즉 너희 자유함이 약한 자들에게 거치는 것이 되지 않도록 조심하라. 지식 있는 네가 우상의 집에 앉아 먹는 것을 누구든지 보면 그 약한 자들의 양심이 담력을 얻어 어찌 우상의 제물을 먹게 되지 않겠느냐? 그러면 네 지식으로 그 약한 자가 멸망하나니 그는 그리스도께서 위하여 죽으신 형제라. 이같이 너희가 형제에게 죄를 지어 그 약한 양심을 상하게 하는 것이 곧 그리스도에게 죄를 짓는 것이니라. 그러므로 만일 식물이 내 형제로 실족케 하면 나는 영원히 고기를 먹지 아니하여 내 형제를 실족치 않게 하리라." '자유함'이라는 원어(엑수시아 ἐξουσία)는 '자유, 권리'라는 뜻이다. 성도에게 우상이 아무것도 아니라는 지식을 가지고 그것을 먹을 자유와 권리가 있을지라도, 그 행위가 연약한 자들에게 거리낌을 주어서는 안 된다는 것이다. 우리는 우리의 지식으로 약한 형제를 넘어지게 하는 행동을 삼가야 한다. 왜냐하면 예수 그리스도께서는 그를 위해서도 죽으셨기 때문이며, 그를 넘어지게 하는 것은 예수 그리스도께 죄를 짓는 일이 되기 때문이다.

타종교인들에 대한 태도

세속사회는 사상적으로 다원적인 사회이기 때문에 이런 사회 속에 사는 그리스도인들은 타종교인들에 대해 사랑의 태도를 가져야 한다. 타종교인들의 사상은 잘못된 것이지만, 실상 기독교 신앙을 갖지 않은 모든 사람의 사상이 그러하며 구원 얻지 못한 모든 사람이 어두움과 무지 가운데, 허무함과 하나님의 진노 아래 있다. 그들은 우리가 전도하고 구원해야 할 대상들이다. 그러므로 우리는 미움이나 정죄의 마음으로 그들에게 접근하지 말고, 하나님의 진리를 전하며 그들을 구원하고자 하는 사랑과 긍휼의 마음으로 접근해야 한다.

그러나 오늘날 기독교계 안에는 이방 종교들에도 구원이 있다고 잘못 생각하며 그렇게 주장하는 자들이 있다. WCC(세계교회협의회) 종교 간의 대화 위원회 의장인 더크 멀더는 "당신은 불교인이나 힌두

교인이 그리스도를 믿지 않고도 구원 얻을 수 있다고 느끼십니까?" 라는 한 기자의 질문에 대해 "물론이죠, 물론이죠"라고 대답하였다 (M. H. Reynolds, *The World Council of Churches: The Cup of the Lord or the Cup of Devils?*, p. 8). 또 WCC의 타종교들과 이념들과의 대화 위원회 의장인 웨슬리 아리아라자는 WCC를 통해 출판한 성경과 타종교인들이라는 그의 책에서 기독교의 절대성을 명백히 부정하였다 (S. Wesley Ariaraja, *The Bible and People of Other Faiths* (WCC, 1985), pp. 6, 9-11, 21-22, 24, 26-27, 56, 67).

그러나 성경은 이런 종교다원주의 혹은 혼합주의를 용납하지 않는다. 이방 종교의 신들은 참 신이 아니다(출 20:3; 신 4:39; 시 96:5; 사 43:10; 45:6). 이방 종교들은 헛되고 마귀적이며 하나님의 진노 아래 있다. 에베소서 2:2-3, "그때에 너희가 그 가운데서 행하여 이 세상 풍속을 좇고 공중의 권세 잡은 자를 따랐으니 곧 지금 불순종의 아들들 가운데서 역사하는 영이라. 전에는 우리도 다 그 가운데서 우리 육체의 욕심을 따라 지내며 육체와 마음의 원하는 것을 하여 다른 이들과 같이 본질상 진노의 자녀이었더니." 여기에 전도의 필요성이 있다. 예수께서는 그를 믿지 않는 유대교인들을 향해 "너희가 만일 내가 그인 줄 믿지 아니하면 너희 죄 가운데서 죽으리라"고 말씀하셨다 (요 8:24). 유대교인이 그렇다면, 다른 이방 종교인은 말할 것도 없다.

마리아 숭배

천주교회는 예수님의 모친 마리아를 평범한 인간 이상으로 높이고 숭배한다. 천주교회는 우선, 마리아의 무죄한 잉태와 승천을 주장한다. 1854년 교황 피우스 9세는 마리아의 무죄한 잉태를 선언하였고, 1950년 피우스 12세는 마리아의 승천을 선언하였다. 제2 바티칸 회의도 똑같이 선언하기를, "마침내 원죄의 모든 더러움 없이 보존된 그

마리아 숭배

순결한 동정녀는 ... 그의 지상생애가 끝났을 때 몸과 영혼이 하늘의 영광 속으로 들림을 받았다"고 하였다(*Lumen Gentium*, VIII. 59).

또한, 천주교회는 신도들에게 마리아에게 기도할 것을 가르친다. 카톨릭 교리서에 보면, "하느님의 어머니이시며 우리의 어머니이신 마리아는 항상 우리를 돌보아 주신다. 그러므로 우리는 마리아에게 신뢰하는 마음으로 각별한 공경과 기도를 드리고 모든 위험과 어려움에서 도와주시기를 청해야 한다"고 말하였다(한국 천주교 주교회의, 카톨릭 교리서 (1967), 114쪽).

뿐만 아니라, 천주교회는 마리아에게 부당한 많은 칭호들을 돌린다. 제2 바티칸 회의는 선언하기를, "[마리아는] 그의 지상 생애가 끝났을 때 몸과 영혼이 하늘의 영광 속으로 들림을 받았고 주님에 의해 만물 위의 여왕으로 존귀케 되었다"고 했다(*Lumen Gentium*, VIII. 59). 제2 바티칸 회의는 또 선언하기를, "하늘로 올림을 받은 후 그는 이 구원하는 직책을 버리지 않으셨고 여러 가지 중보사역에 의해 계속 우리에게 영원한 구원의 선물들을 가져다 주신다. ... 그러므로 그 복된 동정녀에게 우리는 교회에서 변호자[보혜사], 돕는 자, 은혜 베푸는 자, 및 중보자 등의 명칭으로 빈다"고 하였다(Ibid., VIII. 62).

그러나 성경이 밝히 가르치는 대로, 우리는 삼위일체 하나님께만 경배하고 기도해야 하며, 그 어떤 피조물에게도 신적 경배와 기도를 올려서는 안 된다(출 20:3; 요 14:6; 행 4:12; 딤전 2:5). 마리아 자신은 주 예수 그리스도의 구원이 필요한 죄인에 불과하다. 누가복음 1:38, "마리아가 가로되 주의 계집종이오니 말씀대로 내게 이루어지이다."

우리는 성경에서 마리아에 대한 특별한 높임을 볼 수 없다. 무리 중 한 사람이 '당신을 밴 태와 먹인 젖이 복이 있다'고 말하였을 때, 예수께서는 "오히려 하나님의 말씀을 듣고 지키는 자가 복이 있느니라"고 말씀하셨다(눅 11:27-28). 또 그의 모친과 형제들이 그를 찾아

왔을 때 그는 그의 모친을 다른 제자들보다 달리 특별히 높이지 않으셨다. 그는 오히려 "누구든지 하늘에 계신 내 아버지의 뜻대로 하는 자가 내 형제요 자매요 모친이니라"고 말씀하셨다(마 12:50).

그러므로 천주교회가 마리아에 대하여 신적 명칭과 속성을 돌리고 신적 영광을 돌리는 것, 특히 그에게 기도하고 그를 보혜사, 중보자, 천국의 문, 구원의 길, 천상천하의 어머니와 여왕 등으로 부르는 행위는 확실히 비성경적이고 우상숭배적이다.

오늘날의 우상들

마리아 상이나 불상 같은 우상들뿐 아니라, 또한 오늘날에는 돈이나 육신의 쾌락이나 인간 자신이 우상이 되고 있다. 이것들이 오늘날의 우상들이다. 많은 사람이 돈이나 스포츠나 영화나 성적 즐거움을 하나님보다 더 사랑하는 것 같다. 사도 바울은 마지막 날 어려운 때가 올 것인데 사람들은 자신을 사랑하고 돈을 사랑하고 육신의 쾌락을 사랑하기를, 하나님 사랑하는 것보다 더하며 경건의 모양은 있으나 경건의 능력은 부인할 것이라고 예언했다(딤후 3:1-5). 또 성경은 마지막 시대에 세상이 음행의 포도주에 취할 것이고 물질적 부요로 사치하는 세상이 될 것이라고 예언하였다(계 17:3; 18:2-3).

그러나 하나님께서 우리에게 주신 물질과 가정의 합법적 즐거움 외에 더 많은 물질적 부요와 육신적 쾌락을 추구하는 것은 탐심의 죄이다. 주께서는 "너희가 하나님과 재물을 겸하여 섬기지 못하느니라"고 말씀하셨다(마 6:24). 또 사도 바울은 탐심은 우상숭배라고 말했다(골 3:5). 또 그는 디모데에게 말세에 물질주의적, 쾌락주의적 풍조를 분별하고 그런 자들에게서 돌아서라고 교훈하였다(딤후 3:5). 우리는 현대적 우상들을 경계해야 한다. 우리는 특히 돈 사랑, 쾌락 사랑의 풍조를 조심하고 멀리해야 한다.

제3계명

출애굽기 20:7, "너는 너의 하나님 여호와의 이름을 망령되이 일컫지 말라. 나 여호와는 나의 이름을 망령되이 일컫는 자를 죄 없다 하지 아니하리라."

제3계명에서 요구된 의무와 금지된 죄

[소요리문답 제54문] 제3계명이 요구하는 것이 무엇인가?
[답] 제3계명이 요구하는 것은 하나님의 이름과 칭호와 속성과 규례와 말씀과 사역을 거룩하고 경외하는 마음으로 사용하는 것이다(히 12:28-29; 계 15:3-4; 말 1:6-10).
시편 29:2, "여호와의 이름에 합당한 영광을 돌리며 거룩한 옷을 입고 여호와께 경배할지어다."
히브리서 12:28, "우리가 진동치 못할 나라를 받았은즉 은혜를 받자. 이로 말미암아 경건함과 두려움으로 하나님을 기쁘시게 섬길지니."

[제55문] 제3계명이 금하는 것이 무엇인가?
[답] 제3계명이 금하는 것은 무엇이든지 하나님께서 자기를 나타내신 것을 모독하거나 악용하는 것이다(출 5:2; 말 2:2; 막 7:11).
레위기 19:12, "너희는 내 이름으로 거짓 맹세함으로 네 하나님의 이름을 욕되게 하지 말라. 나는 여호와니라."

[제56문] 제3계명을 지키라 한 이유가 무엇인가?
[답] 제3계명을 지키라 한 이유는 이 계명을 범하는 자가 비록 사람에게는 형벌을 피할지라도, 주 우리 하나님께서는 저희가 그 의로우신 심판을 피하지 못하게 하시기 때문이다(삼상 2:12; 히 4:13).
신명기 28:58-59, "네가 만일 이 책에 기록한 이 율법의 모든 말씀을 지켜 행하지 아니하고 네 하나님 여호와라 하는 영화롭고 두려운 이름을 경외하지 아니하면 여호와께서 너의 재앙과 네 자손의 재앙을 극렬하게 하시리니 그 재앙이 크고 오래고 그 질병이 중하고 오랠 것이라."

제3계명

합법적 맹세와 서약

웨스트민스터 신앙고백서 22장은 맹세와 서약에 대해 다음과 같이 설명한다. 합법적 맹세(oath)는 정당한 경우에 엄숙히 맹세하는 자가 하나님의 이름을 불러 그가 주장하거나 약속하는 것을 증거하시게 하고, 그가 맹세하는 것의 진실됨 혹은 거짓됨에 따라 그를 판단하시게 하는 종교적 예배의 한 부분이다. 신명기 6:13, "네 하나님 여호와를 경외하며 섬기며 그 이름으로 맹세할 것이니라." 신명기 10:20, "네 하나님 여호와를 경외하여 그를 섬기며 그에게 친근히 하고 그 이름으로 맹세하라." 히브리서 6:16, "사람들은 자기보다 더 큰 자를 가리켜 맹세하나니 맹세는 저희 모든 다투는 일에 최후 확정이니라."

하나님의 이름만 사람들이 맹세해야 할 이름이며 맹세에서 그의 이름은 모든 거룩한 두려움과 존경심을 가지고 사용되어야 한다. 이사야 65:16, "이러므로 땅에서 자기를 위하여 복을 구하는 자는 진리의 하나님을 향하여 복을 구할 것이요 땅에서 맹세하는 자는 진리의 하나님으로 맹세하리니."

그러므로 그 영광스럽고 두려운 하나님의 이름으로 헛되이 혹은 경솔히 맹세하는 것이나 어떤 다른 것으로 맹세하는 것은 죄악되며 매우 미워해야 한다. 레위기 19:12, "너희는 내 이름으로 거짓 맹세함으로 네 하나님의 이름을 욕되게 하지 말라." 예레미야 5:7, "내가 어찌 너를 사하겠느냐? 네 자녀가 나를 버리고 신이 아닌 것들로 맹세하였으며." 마태복음 5:34-36, "나는 너희에게 이르노니 도무지 맹세하지 말지니 하늘로도 말라, 이는 하나님의 보좌임이요; 땅으로도 말라, 이는 하나님의 발등상임이요; 예루살렘으로도 말라, 이는 큰 임금의 성임이요; 네 머리로도 말라, 이는 네가 한 터럭도 희고 검게 할 수 없음이라." 이 말씀은 모든 맹세를 부정하신 것이 아니고 하늘로나 땅으로나 예루살렘으로나 네 머리로 맹세하지 말라는 뜻이다.

합법적 맹세와 서약

그러므로 중대한 일에서 맹세는 구약 아래서 뿐 아니라, 신약 아래서도 하나님의 말씀에 의해 보증되며, 따라서 합법적 맹세는 합법적 권위에 의해 부과될 때 해야 한다. 주 예수께서는 공회에서 대제사장이 "내가 너로 살아계신 하나님께 맹세하게 하노니 네가 하나님의 아들 그리스도인지 우리에게 말하라"고 할 때 "네가 말하였느니라. 그러나 내가 너희에게 이르노니 이 후에 인자(人子)가 권능의 우편에 앉은 것과 하늘 구름을 타고 오는 것을 너희가 보리라"고 대답하셨다 (마 26:63-64). 그는 대제사장의 요청대로 맹세하신 것이다.

사도 바울도 자주 하나님을 증인으로 삼아 말하였다. 로마서 1:9, "내가 그의 아들의 복음 안에서 내 심령으로 섬기는 하나님이[하나님께서] 나의 증인이 되시거니와 항상 내 기도에 쉬지 않고 너희를 말하며." 고린도후서 1:23, "내가 내 영혼을 두고 하나님을 불러 증거하시게 하노니 다시 고린도에 가지 아니한 것은 너희를 아끼려 함이라." 갈라디아서 1:20, "내가 너희에게 쓰는 것은 하나님 앞에서 거짓말이 아니로라." 빌립보서 1:8, "내가 예수 그리스도의 심장으로 너희 무리를 어떻게 사모하는지 하나님이[하나님께서] 내 증인이시니라."

맹세하는 자는 누구든지 마땅히 그러한 엄숙한 행위의 중대함을 생각하고 그가 참되다고 완전히 확신하는 것 외에는 아무것도 공언(公言)해서는 안 된다. 예레미야 4:2, "진실과 공평과 정의로 여호와의 삶을 가리켜 맹세하면 열방이 나로 인하여 스스로 복을 빌며 나로 인하여 자랑하리라." 또한 누구든지 선하고 옳은 것과, 그가 그렇다고 믿는 것과, 그가 행할 수 있고 행하기로 결심한 것 외에는 어떤 것에도 맹세로 속박되어서는 안 된다. 창세기 24:2-9, "아브라함이 자기 집 모든 소유를 맡은 늙은 종에게 이르되 청컨대 네 손을 내 환도뼈 밑에 넣으라. 내가 너로 하늘의 하나님, 땅의 하나님이신 여호와를 가리켜 맹세하게 하노니 너는 . . . 내 고향 내 족속에게로 가서 내 아들 이삭을 위하여 아내를 택하라. 종이 가로되 여자가 나를 좇아 이 땅으로 오고자 아니하거든 내가 주인의 아들을 주인의 나오신 땅으로 인도하여 돌아가리이까? 아브라함이 그에게 이르되 삼가 내 아들을 그리로 데리고 돌아가지 말라. 하늘의 하나님 여호와께서 나를 내 아버지의 집과 내 본토에서 떠나게 하시고 내게 말씀하시며 내게 맹세하여 이르시기를 이 땅을 네 씨에게 주리라 하셨으니 . . . . 네가 거기서 내 아들을 위하여 아내를 택할지니라. 만일 여자가 너를 좇아 오고자 아니하면 나의 이 맹세가 너와 상관이 없나니 오직 내 아들을 데리고 그리로 가지 말지니라. 종이 이에 주인 아브라함의 환도뼈 아래 손을 넣고 이 일에 대하여 그에게 맹세하였더라."

　그러나 선하고 옳은 어떤 것에 관하여 합법적 권위에 의해 부과된 맹세를 거절하는 것은 죄이다. 민수기 5:19-22, "여인에게 맹세시켜 그에게 이르기를 네가 네 남편을 두고 실행하여 사람과 동침하여 더럽힌 일이 없으면 저주가 되게 하는 이 쓴 물의 해독을 면하리라. 그러나 네가 네 남편을 두고 실행하여 더럽혀서 네 남편 아닌 사람과 동침하였으면 (제사장이 그 여인으로 저주의 맹세를 하게 하고 그 여인에게 말할지니라.) 여호와께서 네 넓적다리로 떨어지고 네 배로 부어서 너로 네 백성 중에 저줏거리, 맹셋거리가 되게 하실지라. 이 저주가 되게 하는 이 물이 네 창자에 들어가서 네 배로 붓게 하고 네 넓적다리로 떨어지게 하리라 할 것이요 여인은 아멘 아멘 할지니라."

　맹세는 명백하고 일상적인 의미의 말로 해야 하고, 애매함과 생각의 보류(保留)가 없어야 한다. 그것이 죄를 짓도록 속박할 수는 없지만, 죄악되지 않은 어떤 것을 맹세했으면 비록 자신에게 해가 될지라도 이행할 의무가 있다. 시편 15:4, "그 눈은 망령된 자를 멸시하며 여호와를 두려워하는 자를 존대하며 그 마음에 서원한 것은 해로울지라도 변치 아니하며." 또 이단자나 불신자에게 맹세했을지라도 그

합법적 맹세와 서약

것을 어겨서는 안 된다. 여호수아 9:18, "그러나 회중 족장들이 이스라엘 하나님 여호와로 그들에게 맹세한 고로 이스라엘 자손이 그들을 치지 못한지라. 그러므로 회중이 다 족장들을 원망하니." 여호수아는 경솔히 맹세했지만 그것을 지켜야 했다. 사무엘하 21:1, "다윗의 시대에 연부년 삼년 기근이 있으므로 다윗이 여호와 앞에 간구하매 여호와께서 가라사대 이는 사울과 피를 흘린 그 집을 인함이니 저가 기브온 사람을 죽였음이니라 하시니라." 사울이 기브온 사람들과의 약속을 무시하고 그들을 죽인 것은 하나님께 벌받을 큰 잘못이었다.

서약(誓約, vow)은 약속적 맹세와 같은 성질의 것이며 같은 종교적 조심성을 가지고 해야 하며 같은 신실성을 가지고 이행해야 한다.

서약은 어떤 피조물에게 해서는 안 되고 오직 하나님께만 해야 하고, 그것을 받으시도록 자원함으로, 믿음과, 의무의 양심으로, 받은 자비에 대해서나 우리가 원하는 바를 얻을 것에 대한 감사의 방식으로 해야 하며, 서약으로 우리는 필요한 의무들에, 또는 그 의무들에 적당히 도움이 되는 한, 다른 것들에, 우리 자신들을 더 엄격히 속박한다. 하란으로 피신하던 야곱은 하나님께서 그를 지키시고 의식주의 필요를 주시고 평안히 돌아오게 하시면 그를 섬기며 모든 소득의 십일조를 드리겠다고 서원했었다(창 28:20-22). 한나는 아들을 주시면 그의 평생에 그를 하나님께 드리겠다고 서원했었다(삼상 1:11).

아무도 하나님의 말씀에 금한 것이나, 거기에서 명령된 어떤 의무를 방해하는 것이나, 그의 능력 안에 있지 않고, 그것의 이행을 위해 하나님께로부터 능력의 약속을 받지 않은 것을 행하기로 서약해서는 안 된다. 이런 점에서 영속적 독신생활과 공언(公言)된 가난과 규칙적 순종에 대한 천주교의 수도원 서약들은 더 높은 완전의 수준이기에는 너무 거리가 멀며 어떤 그리스도인도 거기에 얽매여서는 안 될 미신적이며 죄악된 올무들이다.

제4계명

출애굽기 20:8-11, "안식일을 기억하여 거룩히 지키라. 엿새 동안은 힘써 네 모든 일을 행할 것이나 제7일은 너의 하나님 여호와의 안식일인즉 너나 네 아들이나 네 딸이나 네 남종이나 네 여종이나 네 육축이나 네 문 안에 유하는 객이라도 아무 일도 하지 말라. 이는 엿새 동안에 나 여호와가 하늘과 땅과 바다와 그 가운데 모든 것을 만들고 제7일에 쉬었음이라. 그러므로 나 여호와가 안식일을 복되게 하여 그 날을 거룩하게 하였느니라."

제4계명에서 요구된 의무와 금지된 죄

[소요리문답 제57문] 제4계명은 무엇인가?

[답] 제4계명은 "안식일을 기억하여 거룩하게 지키라. 엿새 동안은 힘써 네 모든 일을 행할 것이나 일곱째 날은 네 하나님 여호와의 안식일인즉 너나 네 아들이나 네 딸이나 네 남종이나 네 여종이나 네 가축이나 네 문안에 머무는 객이라도 아무 일도 하지 말라. 이는 엿새 동안에 나 여호와가 하늘과 땅과 바다와 그 가운데 모든 것을 만들고 일곱째 날에 쉬었음이라. 그러므로 나 여호와가 안식일을 복되게 하여 그 날을 거룩하게 하였느니라"이다(출 20:8-11).

[제58문] 제4계명이 요구하는 것이 무엇인가?

[답] 제4계명이 요구하는 것은 하나님의 말씀 중에 정하신 시기를 그의 앞에 거룩히 지키는 것이니, 특별히 칠일 중에 하루를 종일토록 그에게 거룩한 안식일로 지키라는 것이다(창 2:3; 출 16:25-29; 사 56:2-7).

출애굽기 16:29, "볼지어다, 여호와가 너희에게 안식일을 줌으로 제6일에는 이틀 양식을 너희에게 주는 것이니 너희는 각기 처소에 있고 제7일에는 아무도 그 처소에서 나오지 말지니라."

이사야 56:2-7, "안식일을 지켜 더럽히지 아니하며 그 손을 금하여 모든 악을 행치 아니하여야 하나니 이같이 행하는 사람, 이같이 굳이 잡는 인생은 복이 있느니라. . . . 나 여호와에게 연합하여 섬기며 나 여호와의 이름을 사랑하며 나의 종이 되며 안식일을 지켜 더럽히지 아니하며 나의 언약을 굳게 지키는 이방인마다 내가 그를 나의 성산으로 인도하여 기도하는 내 집에서 그들을 기쁘게 할 것이며 그들의 번제와 희생은 나의 단에서 기꺼이 받게 되리니."

[제59문] 하나님께서 칠일 중 어느 날을 안식일로 정하셨는가?
[답] 세상 시작으로부터 그리스도의 부활까지는 하나님이 일주일 중에 일곱째 날을 안식일로 정하셨고, 그 후로부터 세상 끝날까지는 일주일 중에 첫날로 정하셨으니 곧 그리스도인의 안식일이다(창 2:3; 눅 23:56; 고전 16:2; 마 12:8; 요 20:1, 19-25; 행 20:7).

[제60문] 안식일을 어떻게 거룩하게 해야 하는가?
[답] 안식일을 거룩하게 하는 것은 온 종일 거룩하게 안식함으로 할 것이니, 다른 날에 합당한 여러 가지 세상일과 오락까지 그치고 부득이한 일과 자선사업에 관한 일이 외에는 모든 시간을 공적 또는 사적 예배에 사용해야 한다(사 58:13, 14; 렘 17:21, 22; 사 58:13, 14; 출 20:8-10; 31:12-17; 마 12:1-14).

[제61문] 제4계명이 금하는 것이 무엇인가?
[답] 제4계명에 금하는 것은 요구된 의무를 이행하지 않거나 부주의하게 행하는 것, 또는 나태함으로 또는 죄 되는 일을 행하거나 세상의 여러 가지 일과 오락에 대하여 무익한 생각과 말과 행동을 함으로 더럽히는 것이다(겔 22:26; 렘 17:24; 말 1:13; 겔 23:38; 사 58:13).
이사야 58:13-14, "만일 안식일에 네 발을 금하여 내 성일에 오락을 행치 아니하고 안식일을 일컬어 즐거운 날이라, 여호와의 성일을 존귀한 날이라 하여 이를 존귀히 여기고 네 길로 행치 아니하며 네 오락을 구치 아니하며 사사로운 말을 하지 아니하면, 네가 여호와의 안에서 즐거움을 얻을 것이라. 내가 너를 땅의 높은 곳에 올리고 네 조상 야곱의 업으로 기르리라. 여호와의 입의 말이니라."

[제62문] 제4계명을 지키라 한 이유가 무엇인가?
[답] 제4계명을 지키라 한 이유는 하나님께서 우리가 행할 여러 가지 일을 위하여 6일을 허락하시고, 제7일의 소유권을 특별히 주장하심과 자기가 친히 모범을 보이신 것과 안식일을 축복하신 것이다(창 2:3; 출 31:15-17; 20:11; 레 23:3).

제4계명

성수주일(聖守主日)

　제4계명은 안식일을 거룩히 지키라고 명한다. 신약성도인 우리가 주일을 거룩히 지키는 것은 제4계명의 도덕적 교훈을 따르는 것이다.

구약의 안식일

　구약의 안식일 계명의 내용은 다음과 같다. 첫째로, 시간은 제7일 하루 종일이다. 구약에서 하루는 저녁부터 저녁까지이다(레 23:32).

　둘째로, 대상은 집안에 있는 모든 사람들이었다. 자녀들과 종들과 손님들과 가축들까지 다 안식일을 지켜야 하였다(출 20:10).

　셋째로, 이유는 하나님께서 천지 창조 시 제7일에 쉬셨고 그 날을 구별하여 복 주셨기 때문이다(출 20:11).

　넷째로, 방법은 세속적 일들을 중단하고 쉬며 성회(聖會)로 모이며 특히 매매(賣買)나 오락을 금하는 것이었다. 출애굽기 23:12, "제7일에는 쉬라. 네 소와 나귀가 쉴 것이며 네 계집종의 자식과 나그네가 숨을 돌리리라." 출애굽기 34:21, "밭 갈 때에나 거둘 때에도 쉴지며." 출애굽기 35:3, "너희의 모든 처소에서 불도 피우지 말지니라." 레위기 23:3, "일곱째 날은 쉴 안식일이니 성회라." 성회(聖會)는 하나님께 예배드리는 모임을 가리킨다. 느헤미야 13:15-22에 보면, 안식일에 노동이나 매매하는 일이 금지되었다. 이사야 58:13-14는 안식일에 오락을 구하거나 행하지 않고 사사로운 말도 피할 것을 교훈했다.

　다섯째로, 벌칙은 사형이었다. 출애굽기 31:14-15, "무릇 그 날을 더럽히는 자는 죽일지며 무릇 그 날에 일하는 자는 그 백성 중에서 그 생명이 끊쳐지리라[끊어지리라]. . . . 무릇 안식일에 일하는 자를 반드시 죽일지니라." 이스라엘 자손들이 애굽에서 나와 광야를 통과할 때 안식일을 어기고 나무하던 한 사람이 있었는데, 그는 하나님의 명령을 따라 돌로 쳐 죽임을 당하였다(민 15:32-36).

여섯째로, 중요성은 언약의 표이었다. 출애굽기 31:16-17, "이같이 이스라엘 자손이 안식일을 지켜서 그것으로 대대로 영원한 언약을 삼을 것이니 이는 나와 이스라엘 자손 사이에 영원한 표징이며." 에스겔서에 지적된 이스라엘 백성의 죄는 특히 하나님의 언약의 표인 안식일을 더럽힌 것이었다(겔 20:13, 16, 21, 24; 22:8; 23:38).

일곱째로, 예표적 의미는 예수 그리스도 안에서의 참된 안식이다. 참 안식은 예수 그리스도 안에 있다(마 11:28; 12:8).

제4계명은 의식법임

제4계명은 도덕법이 아니고 의식법으로 보아야 한다고 본다. 만일 제4계명이 도덕법이라면, 신약 아래서 조금도 수정되어서는 안 되고 그대로 지켜야 할 것이다. 사실, 이것은 안식교회의 주장이다. 안식교회(제7일 안식일 재림교회)는 제4계명을 조금도 수정할 수 없는 도덕법으로 간주한다. 그들은 제7일 토요 안식일을 지키지 않고 주일을 지키는 교회들(안식교회를 제외한 모든 전통적 교회들)을 짐승의 표를 받은 자들 곧 구원 얻지 못한 자들로 간주한다.

그러나 사도 바울은 안식일을 분명히 의식법으로 간주했다. 골로새서 2:16-17, "그러므로 먹고 마시는 것과 절기나 월삭이나 안식일[안식일들](원문)을 인하여 누구든지 너희를 폄론[판단]하지 못하게 하라. 이것들은 장래 일의 그림자이나 몸은 그리스도의 것이니라." 이 구절의 '안식일들'은 제7일 안식일뿐 아니라, 일곱 번의 연중 절기들의 안식일들(무교절 2번, 맥추절 1번, 나팔절 1번, 속죄일 1번, 초막절 2번)과 아마 안식년과 희년을 포함했다고 본다. 로마서 14:5-6, "혹은 이 날을 저 날보다 낫게 여기고 혹은 모든 날을 같게 여기나니 각각 자기 마음에 확정할지니라. 날을 중히 여기는 자도 주를 위하여 중히 여기고 [날을 중히 여기지 않는 자도 주를 위하여 중히 여기지 않고](전통본문) 먹는 자도 주를 위하여 먹으니 이는 하나님께 감사함이요 먹지 않는 자도 주를 위하여 먹지 아니하며 하나님께 감사하느니라." 그러므로 십계명의 다른 계명들은 신약성경에서 다 교훈되지만, 제4계명은 그렇지 않다. 사도들의 서신에서는 그 계명에 대한 교훈, 즉 안식일 성수에 대한 교훈을 찾을 수 없다.

구약시대의 안식일은 다른 의식법들과 함께 예수 그리스도 안에서 성취되었다. 죄의 결과로 왔던 땅의 저주와 인생의 수고와 죽음(창 3:17)은 예수 그리스도의 대속 사역으로 극복되었다. 예수 그리스도께서는 안식일의 주인이시며(막 2:28), 또 수고하고 무거운 짐 진 자들에게 참 안식을 주시는 자이시다(마 11:28).

칼빈은 말하기를, "초기의 교부들은 관례적으로 이 계명을 예표라고 불렀는데 그 까닭은 그것이 그리스도의 오심으로, 다른 상징들과 함께 폐지된 한 날의 외적 준수를 내포하고 있기 때문이다"라고 했다(기독교 강요, 2. 8. 28). 또 그는 이렇게 말했다.

주 그리스도의 오심으로 이 계명의 의식적 부분이 폐지되었다는 것은 의심할 수 없다. 왜냐하면 그 자신이 진리이시며, 그의 임재하심으로 모든 상징들이 사라지기 때문이다. 그는 몸이시며, 그의 나타나심으로 그림자들은 뒤로 물러갔다. 그는 안식일의 참된 성취이시다. . . . 이런 이유 때문에, 사도는 다른 곳에서 안식일은 장래 일의 그림자이나 몸은 그리스도의 것이라고 썼다(골 2:16-17). 그것은 바울이 그 구절에서 잘 설명한 진리의 바로 그 내용이다. . . . 그러므로 그리스도인들은 날들의 미신적 준수를 완전히 피해야 한다(기독교 강요, 2. 8. 31).

제4계명의 도덕적 교훈

구약의 의식법들에는 도덕적 교훈이 있다. 제4계명 속에는 휴식과 성회(聖會)라는 두 가지 중요한 내용이 들어 있다. 이 두 내용은 신약시대에도 여전히 필요하고 중요하다. 사람은 구약시대에나 신약시대에나 똑같이 휴식이 필요하다. 또 성회 곧 공예배는 신약시대에 폐지

성수주일(聖守主日)

되기는커녕 도리어 강조되어 있다. 예루살렘 교회는 모이기를 힘썼다. 사도행전 2:42, "저희가 사도의 가르침을 받아 서로 교제하며 떡을 떼며 기도하기를 전혀 힘쓰니라." 사도행전 2:44, "믿는 사람이 다 함께 있어." 사도행전 2:46, "날마다 마음을 같이 하여 성전에 모이기를 힘쓰고 집에서 떡을 떼며 기쁨과 순전한 마음으로 음식을 먹고." 특히, 히브리서 10:25, "모이기를 폐하는 어떤 사람들의 습관과 같이 하지 말고 오직 권하여 그 날이 가까움을 볼수록 더욱 그리하자."

하나님께서는 그의 섭리 가운데 주일을 교회의 공적 예배의 날로 주셨다. 드로아의 성도들은 안식일 후 첫째 날 곧 주일에 떡을 떼려고 모였다(행 20:7). 사도 바울은 고린도 교회에게 매주 첫날 곧 주일에 각 사람이 이익을 얻은 대로 헌금하라고 교훈하였다(고전 16:1-2).

하나님께서 주일을 구별하셨다는 추가적 증거들도 있다. 성령께서 강림하신 날인 오순절은 주일이었다(행 2:1-4; 레 23:15-16). 또 사도 요한이 요한계시록의 내용이 된 하나님의 계시를 받은 날은 '주의 날'(계 1:10) 곧 주일이었다. 교회는 공적 예배의 날이 필요하고, 하나님께서는 우리의 구원과 안식을 위해 예수 그리스도께서 부활하신 날 곧 주일을 신약교회의 공적 예배의 날로 주셨다.

사도시대 직후의 여러 교부들도 주일 집회에 대해 말하였다. 주후 2세기, 익나시우스는 "만일 옛 습관들로 살았던 자들이 새로운 소망에 이르러, 더 이상 안식일들을 지키지 않고 주일을 따라 그들의 삶을 산다면... 만일 그러하다면, 우리가 어떻게 그를 떠나 살 수 있겠는가?"라고 말했고(마그네시아 사람들에게 보낸 서신, 9), 바나바 서신의 저자는 "우리는 예수께서 부활하신 제8일을 기쁨으로 지킨다"고 말했다(바나바 서신, 15). 디다케라는 책은 "주님 자신의 날에 함께 모여, 여러분의 제사가 순수하도록 먼저 여러분의 범죄들을 고백하고, 떡을 떼고 감사를 드리라"고 말했다(디다케, 14).

제4계명

주후 2세기 후반에, 순교자 저스틴도 "그 도시에 사는 자들뿐 아니라 그 나라에 사는 자들도 다 일요일이라고 부르는 날에 성경 읽기와 기도와 권면과 성찬을 위해 모이곤 했다. 그 회중은 일요일에 모였는데, 그것은 이 날이 하나님께서 어두움을 변화시켜 세상을 창조하신 첫째 날이기 때문이며 우리 주 예수께서 이 날에 부활하셨기 때문이다"라고 말했다(*Dialogue with Trypho*, p. 34; R. L. Dabney, *Lectures in Systematic Theology*, p. 394에서 재인용함). 3세기 초, 터툴리안도 "우리는 일요일을 기쁜 날로 즐거이 지킨다. 주일에 우리는 금식하거나 무릎 꿇고 기도하는 것은 잘못이라고 생각한다"고 말하였다(Dabney, p. 394에서 재인용함).

칼빈은 안식일 계명에서 성회로 모이는 것과 육신의 휴식은 어느 시대에나 동등하게 적용될 수 있고, 안식일은 폐지되었으나 공예배를 위해 모이는 것과 노동으로부터의 휴식은 여전히 필요하다고 말하였고(기독교 강요, 2. 8. 32), 또 우리가 주일을 지키는 것이 교회의 질서와 그리스도인의 교제의 유익을 위함이라고 말했다(기독교 강요, 2. 8. 33). 그러나 그는 다른 한편 우리가 안식일주의적 미신에 떨어지지 말아야 한다고 말했다(기독교 강요, 2. 8. 34).

개혁교회의 도르트 대회(1618-19년)도 다음과 같이 선언하였다:

하나님의 율법의 제4계명에는 의식적 요소와 도덕적 요소가 있다. 의식적 요소는 창조 이후 제7일의 휴식과, 특별히 유대인들에게 부과된 그 날의 엄격한 준수이었다. 도덕적 요소는 어떤 특정한 날이 종교를 위해 적합하다는 사실과, 그 목적을 위해 종교와 그것의 거룩한 묵상을 위해 필요한 만큼의 휴식이 요구된다는 사실에 있다. 유대인들의 안식일이 폐지되었으므로, 주일은 그리스도인들에 의해 엄숙하게 성별되어야 한다. 사도들의 시대 이후, 그 날은 이미 초기의 카톨릭 교회에 의해 지켜져 왔다(J. K. van Baalen, *The Chaos of Cults*, 4th rev. ed. (Eerdmans, 1938), pp. 246-247에서 재인용함).

성수주일(聖守主日)

마틴 루터도 제4계명에서 영원한 부분과 폐지된 부분을 구별했다 (*Luther's Works* (Fortress Press, 1979), vol. 35, p. 165).

웨스트민스터 신앙고백 21:7은 안식일에 관해 7일 중 하루를 하나님께 예배드리는 날로 거룩하게 구별하는 것을 도덕적, 영속적 명령이라고 보았고, 또 진술하기를, "그것은 세상의 시초부터 그리스도의 부활 때까지는 주간의 마지막 날이었고, 그리스도의 부활 때부터는 주간의 첫째 날로 바뀌었고 성경에서 주일로 불리고 그리스도인의 안식일로서 세상 끝날까지 계속되어야 한다"고 하였다.

구약의 의식법들은 예수 그리스도 안에서 성취되었다. 그러나 그것들은 축소된 방식으로가 아니고 더 풍성한 방식으로 성취되었다. 안식일 계명도 그렇다. 그러므로 신약 성도들은 구약 성도들보다 더 자원적으로 하루 이상을 구별하여 지킬 수 있어야 한다.

주일을 거룩하게 지키는 것은 교회의 공적 예배와 성도들의 영적 성장을 위해 필요하다. 교회는 모이는 데 의미가 있고 모일 때 힘이 있다. 교회는 모여 함께 예배하고 찬송하며 기도하고 말씀을 배우고 교제해야 한다. 교회는 모일 때 하나님의 은혜의 역사, 성령의 감동의 역사가 일어난다. 마귀는 교회의 모임을 두려워하며 그것을 폐하려 한다. 그러나 참된 교회는 모여야 한다(히 10:25). 주일을 거룩히 지키는 일이 식어지면 교회는 쇠잔해질 수밖에 없다. 대체로 주일 없이 사는 자는 하나님 없이 사는 자리로 나아간다. 영국의 청교도 신학자 존 라일은 기독교의 번성과 부패가 안식일 보존에 달려 있다고 말하면서 "그대의 안식일을 제거해 보라. 그러면 그대의 종교는 곧 없어지게 될 것이다. 일반적 규칙으로, 사람의 걸음은 안식일 없는 데(No Sabbath)로부터 하나님 없는 데(No God)로 나아간다"고 했다(John C. Ryle, *Knots Untied*, pp. 236, 243). 우리는 교회의 공적 예배들과 우리 자신의 영적 성장을 위해 주일을 매우 귀하게 생각하고 거룩히 구별해야 한다. 예수님을 믿는 모든 사람은 하나님께 예배드리고 하나님의 말씀을 듣고 성도들 간의 거룩한 교제를 나누기 위해 이 날에 교회로 모이기를 힘써야 한다.

성수 주일의 방법

우리는 제4계명이라는 구약의 율법에 근거해서 안식일을 지키는 것이 아니고 그 계명이 주 예수 그리스도 안에서 성취되었기 때문에 하나님의 섭리 가운데 예수 그리스도의 부활의 날인 주일을 그리스도인의 안식일로 즐거이, 자원함으로 지킨다. 구약의 의식법의 성취는 축소된 방식으로의 성취가 아니고 더 풍성한 방식으로의 성취이다. 그러므로 우리는 구약 성도의 안식일 준수 이상의 정신으로 주일을 즐거이, 자원함으로 지켜야 한다고 본다.

첫째로, 우리는 주일을 온종일 지켜야 한다. 장로교회의 예배모범은 "이 날은 주일인즉 종일토록 거룩히 지킬지니"라고 말한다(1:2).

둘째로, 우리는 온 가족이 주일을 지켜야 한다. 부모는 교회에 나와 주일을 지키지만 자녀가 학교나 학원에 가거나 집에서 텔레비젼을 보거나 놀이터에서 논다면, 또 자신은 주일을 지키지만 자기 가게나 회사나 공장을 주일에도 열고 직원들로 일하게 한다면, 그것은 주일을 거룩하게 지키는 것이 아니다. 우리는 주일에 우리 자신뿐 아니라 우리의 자녀들과 우리가 경영하는 곳의 직원들도 쉬게 해야 한다.

셋째로, 우리는 주일에 교회의 공적 예배들에 참석해야 한다. 교회는 오전에 뿐만 아니라 오후에도 모여야 한다. 교회의 공적 모임들은 하나님께 예배드리며 성경말씀을 배우고 성도들이 영적으로 자라고 새로워지는 시간이다. 교회의 공예배 시간을 귀중히 여기며 지키는 자는 영적으로 자랄 것이지만 그 시간을 소홀히 여기며 자주 빠지는 자는 영적으로 자라지 못하고 영적 손실이 클 것이다.

장로교회의 예배모범은 다음과 같이 말한다:

성수주일(聖守主日)

　　이 날은 주일인즉 종일토록 거룩히 지킬지니 공동회집으로나 개체로 예배하는 일에 씀이 옳으며(1:2).
　　주일 아침에는 개인으로나 혹 권속으로 자기와 다른 사람을 위하여 기도하되 특히 저희 목사가 그 봉직하는 가운데서 복 받기를 위하여 기도하고 성경을 연구하며 묵상함으로 공동예배에 하나님과 교통하는 것을 준비하라(1:4).
　　개회 때부터 일심 단합함으로 예배 전부에 참여하기 위하여 정한 시간에 일제히 회집함이 옳고 마지막 축복 기도할 때까지 특별한 연고 없이는 출입함이 옳지 않다(1:5).
　　이와 같이 엄숙한 태도로 공식예배를 마친 후에는 이 날 남은 시간은 기도하며 영적 수양서를 읽되 특별히 성경을 공부하며 묵상하며 성경문답을 교수하며 종교상 담화를 하며 시편과 찬송과 신령한 노래를 부를 것이요, 병자를 방문하며 가난한 자를 구제하며 무식한 자를 가르치며 불신자에게 전도하며 경건하고 사랑하며 은혜로운 일을 행함이 옳다(1:6).

　　넷째로, 우리는 주일을 거룩히 지키고 주일에 세상일을 중단해야 한다. 우리는 주일에 가게나 회사나 공장을 쉬어야 한다. 그리스도인은 주일에 쉬는 직업이나 직장을 구해야 한다. 우리는 주일에 물건을 사거나 음식을 사 먹는 일을 하지 말아야 하며 자동차 주유도 미리 해야 한다. 성도는 주일에 세상의 회의나 행사나 잔치 등에 참여하지 않고 축구나 테니스 등의 운동이나 등산, 낚시, 텔레비젼 시청, 영화 감상, 스포츠 관람 등도 피해야 한다. 주부는 주일에 부득이한 것 외에는 빨래나 대청소를 하지 말고, 학생은 주일에 공부하는 일을 쉬어야 하고 학교나 학원에도 나가지 말아야 한다. 성도에게는 적은 소득이라도 주일을 거룩히 지키며 번 돈이 복된 돈이다. 주일 없이 번 돈은 하나님께서 불어버리시면 어느 날 날아가 버리고 말 것이다.
　　의사의 응급실 근무, 군인과 경찰 등의 비상근무, 회사의 일직 근무 등 직업상 부득이 주일에도 일해야 할 경우가 있고, 또 사법고시 등

제4계명

국가의 중요한 자격시험이 주일 외에는 불가능한 경우가 있을 것이다. 이런 점에 있어서, 신약시대에 주일을 지키는 문제는 죄 문제가 아니고 개인과 교회의 유익과 덕의 문제라고 말할 수 있다. 그러나 우리는 법에 매여서가 아니고 죄이기 때문에가 아니라, 할 수 있는 대로 자원함과 즐거움으로 주일을 거룩히 지키도록 애써야 한다.

장로교회의 예배모범은 다음과 같이 말한다.

미리 육신의 모든 사업을 정돈하고 속히 준비하여 성경에 가르친 대로 그 날을 거룩히 함에 구애가 없게 하라(1:1).

종일토록 거룩히 안식하고 위급한 일밖에 모든 사무와 육신적 쾌락의 일을 폐할지니, 세상 염려와 속된 말도 금함이 옳다(1:2).

먹을 것까지라도 미리 준비하고 이 날에는 가족이나 집안 사환으로 공동 예배하는 일과 주일을 거룩히 함에 구애가 되지 않도록 함이 옳다(1:3).

박윤선 박사는 다음과 같이 말하였다.

주일이 구약 안식일의 성취이므로 주일을 지키는 법이 안식일을 지키는 법과 똑같지는 않다. 그러나 원리에 있어서 양자(兩者)는 서로 공통점을 가졌으니, 신자들이 그 날에 안식함(육신의 사업과 노동을 정지함), 하나님을 예배함, 기뻐함 등이다. 우리가 명심할 것은 주일 성수의 중요성이다. 주일 제도는 진리니만큼 우리가 그것을 파수해야 한다. 이것을 파수하지 않음은 불경건이다. 다만 그 파수하는 방법이 그리스도 안에 있는 것인 만큼 은혜로 실행되어야 한다(박윤선, 구약주석 사기서: 제4권 에스라서·느헤미야서·에스더서 (영음사, 1985), 160쪽).

성수주일은 그리스도인의 순종과 불순종, 성공과 실패의 시험물이다. 신약시대의 성도는 구약시대의 성도보다 더 큰 은혜를 받은 자이므로 하나님께서 여러 날들을 지키라고 명하셔도 지켜야 할 터인데, 주일 하루를 거룩히 지키라 하시니 그것은 결코 무거운 짐이 아니요 특권이다. 그러므로 우리는 기쁨으로 주일을 거룩히 지켜야 한다!

의식법--절기

  구약 시대의 율법들은 도덕법, 재판법, 의식법(儀式法) 등 세 가지 종류가 있다. 도덕법은 사람이 지켜야 할 도덕적 규범들이며 영속적이다. 재판법은 이스라엘 사회의 민법, 상법, 형법 같은 사회법이며 오늘날 각 나라에 적용되기 어렵다. 의식법은 할례, 성막 제도, 제사, 절기, 음식, 정결, 십일조 등에 대한 법이다. 의식법은 일차적으로 주 예수 그리스도의 인격과 사역, 특히 그의 속죄사역을 예표하며, 도덕법과 재판법에 의해 드러난 죄를 씻는 방법을 보인다.

  의식법은 또한 도덕적 교훈도 준다. 예를 들어, 할례는 성결과 순종을 교훈하며, 제사들은 하나님께 대한 우리의 헌신과 순종과 교제와 감사의 삶을 교훈한다. 절기들은 우리의 모든 시간이 하나님의 것임을 교훈하며, 정, 부정의 음식에 관한 법은 세상과 구별된 거룩한 삶을 교훈하며, 십일조는 모든 물질이 하나님의 것임을 교훈한다.

  의식법이 보이는 도덕적 교훈들은 신약시대에도 중요하다. 우리는 눈과 귀와 마음의 할례를 받아 거룩하고 순종하는 삶을 살아야 하며, 우리는 하나님께 온전히 헌신하고 순종하며 그와 교제하고 감사해야 한다. 우리는 날마다 하나님을 기억하며 섬겨야 하며, 또 세상과 구별된 거룩한 삶을 살아야 하고, 또 우리의 모든 소득과 소유를 하나님의 영광과 그의 선한 일을 위해 드릴 수 있어야 한다.

  그러나 구약의 의식법 자체는 신약 아래서 폐지되었고 신약 성도를 속박하지 않는다고 본다. 신약 성도는 구약의 의식법의 의무 아래 있지 않다고 본다. 그러므로 웨스트민스터 신앙고백 19:3은 "이 모든 의식법은 이제 신약 아래서 폐지되었다"고 진술하였다.

  히브리서는 의식법을 포함해 율법 제도의 폐지를 분명히 가르친다. 히브리서 7:18-19, "전엣 계명이 연약하며 무익하므로 폐하고 (율법은 아무것도 온전케 못할지라.) 이에 더 좋은 소망이 생기니 이것으로 우리가 하나님께 가까이 가느니라." 히브리서 8:13, "새 언약이라 말씀하셨으매 첫 것은 낡아지게 하신 것이니 낡아지고 쇠하는 것은 없어져 가는 것이니라." 히브리서 10:1, "율법은 장차 오는 좋은 일의 그림자요 참 형상이 아니므로 해마다 늘 드리는 바 같은 제사로는 나아오는 자들을 언제든지 온전케 할 수 없느니라."

다음 성경구절들도 이 사실을 증거한다. 골로새서 2:16-17, "그러므로 먹고 마시는 것과 절기나 월삭이나 안식일[안식일들]을 인하여 누구든지 너희를 폄론[판단]하지 못하게 하라. 이것들은 장래 일의 그림자이나 몸은 그리스도의 것이니라." 로마서 14:5-6, "혹은 이 날을 저 날보다 낫게 여기고 혹은 모든 날을 같게 여기나니 각각 자기 마음에 확정할지니라. 날을 중히 여기는 자도 주를 위하여 중히 여기고 [날을 중히 여기지 않는 자도 주를 위하여 중히 여기지 아니하고] (전통사본) 먹는 자도 주를 위하여 먹으니 이는 하나님께 감사함이요 먹지 않는 자도 주를 위하여 먹지 아니하며 하나님께 감사하느니라."

그러므로 어떤 이가 오늘날 유월절을 지키는 것이 성경에 명령된 바라고 주장한다면, 그 주장은 잘못이다. 왜냐하면 구약성경은 유월절만 지키라고 명령하지 않고 열 가지의 절기들을 다 지키라고 명령하였고 그뿐 아니라 할례와 제사도 명령했으나, 의식법이 예수 그리스도 안에서 성취되었기 때문이다. 그러므로 오늘날은 구약의 절기를 지키는 것이 성경적인 것이 아니고 지키지 않는 것이 성경적이다. 우리가 구약의 의식법을 지키지 않는 것은 하나님의 뜻을 거역하는 것이 아니고 오히려 그 뜻을 바르게 이해하고 순종하는 것이다.

그러면 신약교회에서 부활절과 추수감사절과 성탄절 등을 지키는 것은 잘못인가? 그렇지는 않다. 우리가 그것들을 지키는 것은 그것들이 성경에 명령되었기 때문이 아니고 단지 그것들이 가지는 의미와 유익 때문이다. 부활절은 예수 그리스도의 부활에 대한 기쁨과 감사의 뜻이 있고, 추수감사절은 가을철에 하는 모든 추수에 대한 감사의 뜻이 있다. 성탄절은 우리 구주 예수 그리스도의 성육신(成肉身)에 대한 감사의 뜻이 있다. 그런 절기들은 교회가 스스로 정하여 지키고 있는 것이다. 그러므로 그런 절기들을 지키거나 안 지키는 것 때문에 서로 판단하거나 정죄하는 일은 없어야 할 것이다.

십일조

십일조(十一條)의 '조'(條)라는 말은 '세금'(租)이라는 뜻이 아니고 '가지'라는 뜻이다. 십일조라는 말은 단순히 열 개 중의 하나라는 뜻이다. 하나님께서는 구약시대에 안식일을 엄격히 지키기를 명령하셨듯이, 십일조도 그러했다. 신약시대에 성수주일이 하나님께 예배드리는 날의 구별을 명하시는 하나님의 중요한 뜻이듯이, 십일조는 여전히 헌금 즉 물질의 구별에 대한 하나님의 중요한 뜻이라고 본다.

십일조는 옛날에 아브라함이 조카 롯을 구출하기 위한 전쟁에서 승리하고 돌아올 때 전쟁 노획물의 십분의 일을 지극히 높으신 하나님의 제사장인 살렘 왕 멜기세덱에게 드린 일이나(창 14:20), 야곱이 형 에서를 피해 하란으로 도망하면서 벧엘에서 하나님 앞에 약속한 내용에서 언급되었으나(창 28:22), 후에 모세를 통해 주신 하나님의 율법에서는 레위기 27:30-33에서 처음으로 규정되었다.

그 규정은 다음과 같다. "땅의 십분 일 곧 땅의 곡식이나 나무의 과실이나 그 십분 일은 여호와의 것이니 여호와께 성물이라. . . . 소나 양의 십분 일은 막대기 아래로 통과하는 것의 열째마다 여호와의 거룩한 것이 되리라." 십일조 규정은 땅의 곡식이나 나무의 과일과 열매들의 십분의 일과 소나 양 등 가축의 새끼들의 십분의 일이 여호와의 것으로 거룩히 구별하여 드려져야 한다는 규정이다.

십일조는 이스라엘 백성의 종교 생활에 중요한 제도이었다. 제사

제4계명

장들과 레위인들은 농사할 밭이나 목축할 가축들이 없었다. 이스라엘 온 백성의 소득의 십일조는 성막과 성전 봉사의 일에 전념하였던 모든 제사장들과 모든 레위인들과 그들의 가족들을 위한 것이었다. 민수기 18:21-32에 보면, 하나님께서는 이스라엘 백성의 소득의 십일조를 레위 사람들에게 기업으로 주시고 레위인들의 십일조는 제사장들에게 드리게 하심으로 그들로 제사와 성막 봉사에 전념케 하셨다.

또 신명기 14:28-29에 보면, 하나님께서는 이스라엘 백성에게 "매 삼년 끝에 그 해 소산의 십분 일을 다 내어 네 성읍에 저축하여 너의 중에 분깃이나 기업이 없는 레위인과 네 성 중에 우거하는 객과 및 고아와 과부들로 와서 먹어 배부르게 하라. 그리하면 네 하나님 여호와께서 너의 손으로 하는 범사에 네게 복을 주시리라"고 말씀하셨다.

하나님께서는 십일조 생활이 이스라엘 백성이 하나님을 경외하고 그의 명령에 순종하는지 여부를 시험하는 일이 되게 하셨다. 말라기 3:7-12에 보면, 하나님께서는 이스라엘 백성이 하나님을 떠나갔다고 지적하셨는데, 그것은 그들이 십일조 생활을 하지 않았기 때문이었다. 또 하나님께서는 그들이 하나님의 것을 도적질하였다고 말씀하셨고, 또 그는 그들이 하나님의 것인 십일조와 헌물을 도적질하였기 때문에 그 땅이 저주를 받았다고 말씀하셨다.

그러므로 하나님께서는 "너희의 온전한 십일조를 창고에 들여 나의 집에 양식이 있게 하고 그것으로 나를 시험하여 내가 하늘 문을 열고 너희에게 복을 쌓을 곳이 없도록 붓지 아니하나 보라"고 말씀하셨다. 온전한 십일조 생활을 명하신 것이다. 또 하나님께서는 "내가 너희를 위하여 황충을 금하여 너희 토지 소산을 멸하지 않게 하며 너희 밭에 포도나무의 과실로 기한 전에 떨어지지 않게 하리니 너희 땅이 아름다워지므로 열방이 너희를 복되다 하리라"고 부언하셨다.

이와 같이, 십일조는 엄격한 규정인 동시에 복된 약속이었다. 그것은 풍성한 물질적 복을 약속한다. 성경은 경건한 자들에게 복을 약속한다. 잠언 3:9-10은, "네 재물과 네 소산물의 처음 익은 열매로 여호와를 공경하라. 그리하면 네 창고가 가득히 차고 네 즙틀에 새 포도즙이 넘치리라"고 말했고, 사도 바울도 디모데전서 4:8에서 "경건은 범사에 유익하니 금생과 내생에 약속이 있느니라"고 말하였다.

그러면, 신약시대에 십일조 생활이 신자의 의무인가? 예수께서는 십일조에 대해 따로 가르치지는 않으셨다. 단지 마태복음 23:23에 보면, 그는 외식하는 서기관들과 바리새인들을 책망하시면서 "너희가 박하와 회향과 근채의 십일조를 드리되 율법의 더 중한 바 의(義)와 인(仁)과 신(信)은 버렸도다. 그러나 이것도 행하고 저것도 버리지 말아야 할지니라"고 말씀하신 적이 있다. 그 말씀에서 주께서는 십일조를 부정하지는 않으셨으나 십일조 같은 종교적 형식보다 의와 인(仁)[긍휼]과 신(信)[믿음, 신실, 충성], 즉 도덕성을 강조하셨다.

신약성경은 십일조를 가르치지 않는다. 사도들은 서신에서 십일조를 교훈하지 않았다. 신약성경의 헌금의 기준에 대한 교훈은 풍성하게 하라는 것이다. 사도 바울은 헌금에 대하여 고린도후서 8장과 9장에서 자세하게 교훈하였다. 그는 우리가 헌금을 할 수 있다는 것이 하나님의 은혜임을 말하면서 헌금은 우리가 간절히 소원할 만한 일이며 인색함으로나 억지로 하지 말고 즐거움으로 하고 풍성하게 해야 한다고 교훈했다. 또 헌금은 우리가 하나님을 믿고 순종하는 증거이며 하나님을 사랑함과 형제들을 사랑함의 증거라고 하였다.

그는 고린도후서 8:7에서, "오직 너희는 믿음과 말과 지식과 모든 간절함과 우리를 사랑하는 이 모든 일에 풍성한 것같이 이 은혜에도 풍성하게 할지니라"고 교훈하였다. 헌금에 대한 신약성경의 교훈은 한마디로 풍성하게 하라는 것이다. 그것은 십일조 이상을 의미한다.

십일조 규례는 구약의 율법들 중 의식법에 속한다고 본다. 그것은 안식일 법과 비슷하다. 구약의 의식법은 예수 그리스도 안에서 성취되었다. 그러나 그것은 축소된 방식으로 성취된 것이 아니고 풍성한 방식으로 성취되었다. 다시 말해, 신약 성도는 그의 모든 시간과 모든 돈을 하나님의 것으로 깨닫고 하나님과 그의 일을 위해 드려야 한다.

성경은 모든 것이 하나님의 것이라고 가르친다. 시편 24:1, "땅과 거기 충만한 것과 세계와 그 중에 거하는 자가 다 여호와의 것이로다." 그것은 하나님께서 창조자이시기 때문이다. 더욱이, 우리는 우리의 허물과 죄로 죽었던 자들이었지만(엡 2:1), 예수 그리스도의 십자가 대속(代贖)으로 구원과 새 생명을 얻었다. 그러므로 우리는 우리의 몸을 하나님께 거룩한 산 제물로 드려야 마땅하다(롬 12:1).

실상, 돈은 하나님처럼 가치 있는 것이 아니다. 돈은 신(神)이 아니다. 예수께서는 우리가 재물과 하나님을 겸하여 섬길 수 없다고 말씀하셨다(마 6:24). 또 그는 부자가 천국에 들어가기 매우 어렵다고도 말씀하셨다(마 19:23-24). 사도 바울도 부자가 되려고 하는 자는 시험에 떨어지고 멸망에 이르며 돈을 사랑하는 것이 일만 악의 뿌리가 된다고 가르쳤고 또 많은 사람들이 실제로 그런 시험에 떨어져 믿음을 잃었다고 말하였다(딤전 6:9-10).

또 주께서는 우리가 재물을 땅에 쌓아두지 말고 하늘에 쌓아두라고 말씀하셨다(마 6:19-20). 재물을 하늘에 쌓아두라는 것은 전도와 구제를 위하여 재물을 사용하라는 뜻이다. 그것이 헌금의 정신이다. 사도 바울은 우리가 먹을 것과 입을 것이 있으면 자족하며 살아야 한다고 가르쳤다(딤전 6:7-8). 우리는 이 세상에서 검소하고 자족하며 살고, 전도와 구제를 위하여 힘써 헌금해야 한다. 우리가 돈에 대한 바른 생각을 가진다면, 즉 모든 것이 하나님의 것이며 하나님께서 주심으로 누리는 것이며 그것이 오히려 신앙생활에 방해가 되기도 하며 그것은 하나님의 영광을 위해 사용되어야 한다는 생각을 가진다면, 십일조와 헌금에 대한 바른 지식과 태도를 가지기 어렵지 않을 것이다. 그러나 우리가 돈에 대한 욕심을 품고 이 세상의 것들이나 육신의 쾌락이 헛됨을 알지 못하고 거기에 가치를 두고 욕심을 품으면, 십일조나 헌금에 대한 교훈은 우리에게 거리낌이 될 것이다.

십일조 규례는 신약시대에도 유효한가? 십일조 규례가 도덕법이라면 영속적이겠지만, 그것이 의식법이라면 신약시대에는 폐지된 법일 것이다. 십일조는 의식법이라고 본다. 그렇다면, 십일조 규례는 신약시대에는 폐지된 법이라고 본다. 그러나 구약의 안식일 계명과 성수주일 문제에서 생각한 대로, 구약의 의식법들은 축소된 방식으로가 아니고 풍성한 방식으로 성취되었다고 본다. 구원 얻은 신약 성도의 헌금의 원리는 "풍성히 드리는 것"이다. 구원 얻은 우리의 모든 것은 하나님의 것이기 때문이다. 십일조는 최소한의 기준이다. 구약 성도들보다 더 풍성한 은혜를 받은 신약 성도들은 소득의 십일조 이상을 하나님 앞에 드리는 것이 마땅하다고 본다.

한국교회가 낳은 귀한 주석가 박윤선 박사는 말하기를, "교회가 이것[십일조 헌금]을 법제화할 것은 아니고 그 이상 헌금이나 비록 그 이하 헌금도 감심으로 하도록 권장해야 한다. 그 이유는 신자가 하나님께 드리는 것은 어디까지나 자원하는 마음으로 해야 되기 때문이다. . . . 그런데 신자들이 구원의 은혜를 감사하여 즐거움으로 드리는 헌금은 십일조 이상을 바치게 되어진다"고 하였다(박윤선, **구약주석 사기서: 제4권 에스라서·느헤미야서·에스더서**, 163쪽).

신약 성도들은 헌금에 대한 구약성경의 명령이며 모범인 십일조 이상을 즐거이 하나님께 드려야 한다고 본다. 그것은 우리를 사랑하시고 우리의 죄를 씻으시고 지옥 형벌로부터 구원하신 하나님과 주 예수 그리스도를 사랑하고 감사하는 작은 표이다. 오늘날에도 하나님께서는 십일조를 실천하는 성도들에게 풍성한 복을 주실 줄 안다.

제5-10계명의 요약

[웨스트민스터 대요리문답 제122문] 사람에 대한 우리 의무를 포함하는 나머지 여섯 가지 계명의 대강령은 무엇인가?

[답] 사람에 대한 우리의 의무를 포함하는 나머지 여섯 가지 계명의 대강령은 우리 이웃을 내 몸같이 사랑하며(마 22:39) 남에게 대접을 받고자 하는 대로 우리도 남을 대접하는 것이다(마 7:12).

형제 사랑, 이웃 사랑, 원수 사랑

주께서는 계명들 중 가장 중요한 두 가지 계명으로 첫째는 마음을 다하여 하나님을 사랑하는 것과 둘째는 이웃을 자기의 몸같이 사랑하는 것을 드셨다. 마태복음 22:37-39, "예수께서 가라사대 네 마음을 다하고 목숨을 다하고 뜻을 다하여 주 너의 하나님을 사랑하라 하셨으니 이것이 크고 첫째 되는 계명이요 둘째는 그와 같으니 네 이웃을 네 몸과 같이 사랑하라 하셨으니."

사랑은 인간 관계에 대한 하나님의 율법의 완성이다. 사도 바울은 로마서 13:8-10에서 "남을 사랑하는 자는 율법을 다 이루었느니라. 간음하지 말라, 살인하지 말라, 도적질하지 말라, 탐내지 말라 한 것과 그 외에 다른 계명이 있을지라도 네 이웃을 네 자신과 같이 사랑하라 하신 그 말씀 가운데 다 들었느니라. 사랑은 이웃에게 악을 행치 아니하나니 그러므로 사랑은 율법의 완성이니라"고 말했다.

형제 사랑

우선, 우리는 믿는 형제들을 사랑해야 한다. 주께서는 제자들에게 서로 사랑하라는 새 계명을 주셨다. 요한복음 13:34, "새 계명을 너희에게 주노니 서로 사랑하라. 내가 너희를 사랑한 것같이 너희도 서로 사랑하라." 주께서 우리를 사랑하신 사랑은 자기 자신을 우리를 위해

형제 사랑, 이웃 사랑, 원수 사랑

속죄 제물로 주신 희생적 사랑이었다. 마태복음 20:28, "인자(人子)가 온 것은 섬김을 받으려 함이 아니라 도리어 섬기려 하고 자기 목숨을 많은 사람의 대속물로 주려 함이니라." 마태복음 26:26-28, "저희가 먹을 때에 예수께서 떡을 가지사 축복하시고 떼어 제자들을 주시며 가라사대 받아 먹으라 이것이 내 몸이니라 하시고 또 잔을 가지사 사례하시고 저희에게 주시며 가라사대 너희가 다 이것을 마시라. 이것은 죄사함을 얻게 하려고 많은 사람을 위하여 흘리는 바 나의 피 곧 언약의 피니라." 예수께서는 우리를 위해 자신을 버리셨고 속죄의 향기로 드리셨다. 에베소서 5:2, "그는 우리를 위하여 자신을 버리사 향기로운 제물과 생축으로 하나님께 드리셨느니라." 그러므로 우리는 주 예수 그리스도의 사랑을 본받아 믿는 교우들을 사랑해야 한다.

사도 바울은 고린도전서 13:4-7에서 사랑에 대하여 잘 설명하였다: "사랑은 오래 참고 사랑은 온유하며[친절하며] 투기하는 자가 되지 아니하며 사랑은 자랑하지 아니하며 교만하지 아니하며 무례히[보기 흉하게] 행치 아니하며 자기의 유익을 구치 아니하며 [쉽게] 성내지 아니하며 악한 것을 생각지 아니하며 불의를 기뻐하지 아니하며 진리와 함께 기뻐하고 모든 것을 참으며 모든 것을 믿으며 모든 것을 바라며 모든 것을 견디느니라." 또 사도 바울은 로마서 12:9-10에서 "사랑엔 거짓이 없나니 악을 미워하고 선에 속하라. 형제를 사랑하여 서로 우애하고 존경하기를 서로 먼저 하라"고 말했다. 또 사도 베드로는 베드로전서 3:8에서 "너희가 다 마음을 같이하여 체휼하며[같은 감정을 가지며] 형제를 사랑하며 불쌍히 여기라"고 말했다.

우리가 서로 사랑하는 것이 중요한 한 이유는 서로 사랑함이 우리가 예수 그리스도의 제자라는 표가 되기 때문이다. 주께서는 요한복음 13:35에서, "너희가 서로 사랑하면 이로써 모든 사람이 너희가 내 제자인 줄 알리라"고 말씀하셨다. 우리가 서로 사랑하지 않는다면,

제5-10계명의 요약

우리는 예수 그리스도의 제자라는 중요한 표를 잃어버릴 것이다.

예수께서는 마태복음 25:31-46에서 양과 염소의 비유를 하셨는데, 양들로 분류된 자들은 천국에서 영생의 복을 누릴 것이며 염소들로 분류된 자들은 지옥에서 영벌을 받을 것이라고 말씀하셨고, 그들이 그렇게 나뉘는 이유는 그가 주릴 때에 먹을 것을 드리고 목마를 때에 마실 것을 드리며 나그네 되었을 때에 영접하고 벗었을 때 옷을 입혀 드리며 병들었을 때 돌아보며 옥에 갇혔을 때 와서 본 여부 때문이었고, 그것은 주의 형제들 곧 믿는 교우들 중 지극히 작은 자 하나에게 하는 것이 곧 그에게 하는 것이기 때문이었다(40절).

사도 요한은 우리가 서로 사랑한다면 그것이 우리가 어두움에서 나와 빛에 거하는 증거이며 우리가 사망에서 생명으로 들어온 증거가 된다고 말했다. 요한일서 2:9-10, "빛 가운데 있다 하며 그 형제를 미워하는 자는 지금까지 어두운 가운데 있는 자요 그의 형제를 사랑하는 자는 빛 가운데 거하여 자기 속에 거리낌이 없으나." 요한일서 3:14, "우리가 형제를 사랑함으로 사망에서 옮겨 생명으로 들어간 줄을 알거니와 사랑치 아니하는 자는 사망에 거하느니라." 사도 요한은 또 우리가 서로 사랑하는 것이 하나님의 사랑에 대한 합당한 응답이며 우리가 하나님을 사랑하는 표라고 말했다. 요한일서 4:10-11, "사랑은 여기 있으니 우리가 하나님을 사랑한 것이 아니요 오직 하나님께서 우리를 사랑하사 우리 죄를 위하여 화목제로 그 아들을 보내셨음이니라. 사랑하는 자들아, 하나님께서 이같이 우리를 사랑하셨은즉 우리도 서로 사랑하는 것이 마땅하도다." 요한일서 4:20-21, "누구든지 하나님을 사랑하노라 하고 그 형제를 미워하면 이는 거짓말하는 자니 보는 바 그 형제를 사랑치 아니하는 자가 보지 못하는 바 하나님을 사랑할 수가 없느니라. 우리가 이 계명을 주께 받았나니 하나님을 사랑하는 자는 또한 그 형제를 사랑할지니라." 우리가 믿는 교우

형제 사랑, 이웃 사랑, 원수 사랑

들 상호간 서로 사랑하는 것은 모든 성도의 필수적인 덕목이다.

이웃 사랑

우리는 믿는 교우들뿐 아니라, 우리 주위의 믿지 않는 이웃도 사랑해야 한다. 주께서는 마태복음 5:14-16에서 "너희는 세상의 빛이라. 산 위에 있는 동네가 숨기우지 못할 것이요 사람이 등불을 켜서 말 아래 두지 아니하고 등경 위에 두나니 이러므로 집안 모든 사람에게 비취느니라. 이같이 너희 빛을 사람 앞에 비취게 하여 저희로 너희 착한 행실을 보고 하늘에 계신 너희 아버지께 영광을 돌리게 하라"고 말씀하셨다. 그것은 모든 사람들에게 선을 행하라는 뜻이다.

주께서는 또 마태복음 5:46-48에서 "너희가 너희를 사랑하는 자를 사랑하면 무슨 상이 있으리요? 세리도 이같이 아니하느냐? 또 너희가 너희 형제에게만 문안하면 남보다 더하는 것이 무엇이냐? 이방인들도 이같이 아니하느냐? 그러므로 하늘에 계신 너희 아버지의 온전하심과 같이 너희도 온전하라"고 말씀하셨다. 이것은 우리가 하나님 모르는 사람에게도 친절하게 하고 선을 행하라는 뜻이다.

주께서는 누가복음 10장에서 선한 사마리아인의 비유도 해주셨다. 어떤 사마리아인은 강도 만난 자를 여행 중에 보고 불쌍히 여겨 가까이 가서 기름과 포도주를 그 상처에 붓고 싸매고 자기 짐승에 태워 주막으로 데리고 가서 돌보아 주고 이튿날 데나리온 둘을 내어 주인에게 주며 "이 사람을 돌보아 주라. 비용이 더 들면 내가 돌아올 때에 갚으리라"고 말했다고 하시며 "가서 너도 이와 같이 하라"고 교훈하셨다(눅 10:33-35, 37). 이웃 사랑과 선행이 영생의 조건은 아니지만, 하나님의 은혜로 구주 예수 그리스도를 믿어 구원 얻은 성도들이라면 어려움 당한 이웃을 보고 사랑하며 돌보아야 할 것이다.

물론, 하나님을 알지 못하고 구원 얻지 못한 자들을 사랑하는 가장 큰 사랑은 그들의 영혼을 구원하기 위해 전도하는 것이다. 죄로 인해 영원한 지옥으로 가고 있는 그들을 지옥 형벌에서 건져내는 것보다 더 큰 사랑은 없다. 전도는 가장 중요한 이웃 사랑의 행위이다. 또한 직접 나가 말로 전하지 못할지라도 전도자들을 위해 기도하고 헌금하는 것도 그 일에 동참하는 것이다.

이웃 사랑은 그밖에 이웃을 돕는 여러 가지 봉사와 구제의 행위로 표현된다. 성도는 기회 있는 대로 봉사와 구제에 힘써야 한다. 사도 바울은, "우리는 기회 있는 대로 모든 이에게 착한 일을 하되 더욱 믿음의 가정들에게 할지니라"고 말하였다(갈 6:10). 히브리서 13:1-2, 16도, "형제 사랑하기를 계속하고 손님 대접하기를 잊지 말라," "선을 행함과 서로 나눠주기를 잊지 말라"고 교훈하였다.

원수 사랑

우리는 우리의 원수까지도 사랑해야 한다. 주 예수께서는 마태복음 5:44에서, "너희 원수를 사랑하며 [너희를 저주하는 자들을 축복하며 너희를 미워하는 자들에게 선을 베풀며 너희를 모욕하고](전통본문) 너희를 핍박하는 자를 위하여 기도하라"고 교훈하셨다.

사도 바울도 로마서 12:17-21에서 "아무에게도 악으로 악을 갚지 말고 모든 사람 앞에서 선한 일을 도모하라. 할 수 있거든 너희로서는 모든 사람으로 더불어 평화하라. 내 사랑하는 자들아, 너희가 친히 원수를 갚지 말고 진노하심에 맡기라. 기록되었으되 원수 갚는 것이 내게 있으니 내가 갚으리라고 주께서 말씀하시니라. 네 원수가 주리거든 먹이고 목마르거든 마시우라. 그리함으로 네가 숯불을 그 머리에 쌓아 놓으리라. 악에게 지지 말고 선으로 악을 이기라"고 말했다.

우리가 하나님과 원수 되었을 때 예수 그리스도께서 우리를 위해 속죄의 죽음을 죽으심으로 우리가 죄사함의 구원을 얻었기 때문에 우리는 주의 명령을 겸손히 받고 우리를 해하는 원수까지도 사랑할 각오를 하고 원수 사랑의 마음과 힘을 하나님께 구해야 할 것이다.

용서

사랑과 용서

사랑의 두드러진 특성 중 하나는 용서이다. 예수께서는 서로 사랑하라는 계명을 주시기 전에 제자들의 발을 씻어주셨다. 요한복음 13장에 보면, 예수께서는 유월절 저녁식사를 하시는 중에, 아마 식사가 끝날 때(KJV) 자리에서 일어나 겉옷을 벗고 수건을 가져다가 허리에 두르시고 대야에 물을 담아 제자들의 발을 씻기시고 그 두르신 수건으로 닦아주셨다. 그때 베드로는 "주여, 주께서 내 발을 씻기시나이까?" "내 발을 절대로 씻기지 못하시리이다"라고 말했고 예수께서는 "내가 너를 씻기지 아니하면 네가 나와 상관이 없느니라"고 말씀하셨다. 베드로가 "주여, 내 발 뿐 아니라 손과 머리도 씻겨주옵소서"라고 말하자 예수께서는 "이미 목욕한 자는 발밖에 씻을 필요가 없느니라. 온 몸이 깨끗하니라. 너희가 깨끗하나 다는 아니니라"고 말씀하셨다 (10절). 이미 목욕했다는 말씀은 중생(重生)과 죄씻음을 가리켰다고 본다. 제자들은 예수님을 하나님의 아들 그리스도로 믿었고 죄씻음을 받았고 중생했다. 그러나 이미 목욕한 자라도 발을 씻을 필요가 있듯이, 이미 중생하고 죄씻음 받은 성도들이라 할지라도 날마다 이런 저런 부족과 실수와 연약의 씻음이 필요하다. 우리는 날마다 우리의 부족과 실수와 연약을 하나님께 고백하며 씻음 받아야 한다.

예수께서는 이렇게 제자들의 발을 친히 씻어주신 후에 "새 계명을 너희에게 주노니 서로 사랑하라. 내가 너희를 사랑한 것같이 너희도 서로 사랑하라"고 말씀하셨다(요 13:34). 그것은 서로 사랑하는 것이 서로의 부족과 실수와 연약을 용서함으로써 가능하다는 것을 보여준다. 사랑은 용서를 포함하고 용서를 전제한다. 용서가 없이는 사랑은 불가능하다. 상대의 부족과 실수를 용서하는 것이 사랑이요 용서할 때 비로소 상대를 사랑할 수 있다. 우리는 주의 명령대로 서로 사랑해야 하며 이것은 주께서 주신 새 계명을 실천하는 일인데, 그렇게 서로 사랑하려면 우리는 상대방의 허물과 부족을 용서해야만 한다.

형제를 사랑하는 자는 그 형제의 잘못을 용서할 수 있을 것이다. 잠언 10:12, "미움은 다툼을 일으켜도 사랑은 모든 허물을 가리우느니라." 베드로전서 4:8, "무엇보다도 열심으로 서로 사랑할지니 사랑은 허다한 죄를 덮느니라." 상대방의 실수와 허물을 용서함이 없다면, 인간 관계는 오래가지 못하고 다 깨어지고 말 것이다.

사도 바울은, "너희는 하나님의 택하신 거룩하고 사랑하신 자처럼 긍휼과 자비와 겸손과 온유와 오래 참음을 옷 입고 누가 뉘게 혐의 [비난할 일]가 있거든 서로 용납하여 피차 용서하되 주께서 너희를 용서하신 것과 같이 너희도 그리하고 이 모든 것 위에 사랑을 더하라. 이는 온전하게 매는 띠니라"고 교훈했다(골 3:12-14). 성도의 교제에 있어서 용서와 사랑, 사랑과 용서는 서로 뗄 수 없이 상관되어 있다.

용서의 중요성

주께서는 용서의 중요성에 대해서도 밝히 교훈하셨다. 그는 제자들에게 기도를 가르치실 때 "우리가 우리에게 죄 지은 자를 사하여 준 것같이 우리 죄를 사하여 주옵소서"라고 하라고 하셨고(마 6:12), "너희가 사람의 과실을 용서하면 너희 천부께서도 너희 과실을 용서하시려니와 너희가 사람의 과실을 용서하지 아니하면 너희 아버지께서도 너희 과실을 용서하지 아니하시리라"고 덧붙여 말씀하셨다(마 6:14-15). 즉 우리가 하나님께 용서를 구하고 받는 자일진대, 우리는 반드시 형제의 잘못을 용서해야 하며, 만일 그렇지 않으면 하나님께서도 우리의 잘못을 용서치 않으실 것이라고 경고하신 것이다.

이와 같이 용서는 성도에게 반드시 필요한 덕이다. 그것은 우리가 해도 되고 하지 않아도 되는 선택사항이 아니다. 그것은 모든 성도들이 반드시 행해야 할 필수사항이다. 우리는 날마다 생각과 말과 행위에 있어서 크고 작은 부족과 실수와 연약이 없지 않은 자들이고 그러므로 늘 하나님께 용서를 구해야 하며 용서를 받아야 한다. 그런데 예수님의 교훈은 우리가 우리에게 잘못을 범한 이웃의 허물을 용서하지 않는다면 우리가 하나님께 우리의 부족과 허물을 용서해 달라고 기도할 수 없고 또 그의 용서를 기대할 수 없다는 것이다. 우리가 우리의 부족과 실수를 하나님께 용서받기를 원한다면 또 용서받기를 원하기 때문에, 우리는 우리에게 잘못을 범한 자들의 잘못을 용서해야 하는 것이다. 우리가 하나님께 우리의 잘못을 용서받아야 하는 것이 필수적이듯이, 우리가 이웃의 잘못을 용서하는 것도 필수적이다.

용서해야 할 이유

우리가 형제의 잘못을 용서해야 할 이유가 있다. 그것은 하나님께서 먼저 우리의 죄와 잘못을 용서하셨기 때문이다. 예수께서는 마태복음 18장에 기록된 빚 탕감의 비유에서 이 진리를 말씀하셨다. 그는 "주여, 형제가 내게 죄를 범하면 몇 번이나 용서하여 주리이까? 일곱 번까지 하오리이까?"라는 베드로의 질문에 대해 "일흔 번씩 일곱 번이라도 할지니라"고 말씀하시면서 이 비유를 하셨다. 어떤 임금이 그 종들과 결산을 할 때에 1만 달란트 빚진 자가 있었는데 빚을 갚을 길이 없었다. 주인은 그에게 명하여 그 몸과 처와 자식들과 모든 소유를 팔아 갚으라고 말하자 그 종은 엎드려 절하며 말했다. "내게 참으소서. 다 갚으리이다." 주인은 그 종을 불쌍히 여겨 그를 놓아 보내며 그 빚을 탕감해주었다. 그런데 그 종은 나가서 자기에게 백 데나리온 빚을 진 동료 하나를 만나 붙들어 목을 잡고 "빚을 갚으라"고 말했다. 그 동료는 엎드리어 간구했다. "나를 참아 주소서. 갚으리이다." 그러나 그 종은 그 동료의 간구를 허락하지 않고 그가 빚을 갚도록 옥에 가두었다. 그 동료들은 그것을 보고 심히 민망하여 주인에게 가서 그 일을 다 고하였고 주인은 그를 불러다가 말하였다. "악한 종아, 네가 빌기에 내가 네 빚을 전부 탕감하여 주었거늘 내가 너를 불쌍히 여김과 같이 너도 네 동료를 불쌍히 여김이 마땅치 아니하냐?" 주인은 노하여 그 빚을 다 갚도록 그를 옥졸들에게 붙였다는 이야기이었다. 주께서는 "너희가 각각 중심으로 형제를 용서하지 아니하면 내 천부께서도 너희에게 이와 같이 하시리라"고 말씀하셨다(마 18:21-35).

이 비유는 우리가 우리에게 잘못을 범한 형제를 용서해야 할 이유가 하나님께서 우리의 죄를 용서해주셨기 때문임을 보인다. 1만 달란트는 6천만 데나리온으로, 1데나리온(노동자의 하루 품삯)을 10만원으로 치면, 약 6조원이 되는 엄청난 금액이다. 그것은 하님 앞에서의 우리의 죄를 비유한 것이다. 하나님 앞에서의 우리의 죄는 우리가 갚을 수 없는 금액의 죄이었다. 그것은 지옥의 벌을 받을 만한 죄이었다. 그러나 하나님께서는 예수 그리스도의 대속 사역으로 우리의 모든 죄를 용서해주셨다. 주께서는 우리에게 잘못을 범한 우리 형제의 죄를 백 데나리온 정도에 비유하셨다. 백 데나리온은 천만원 정도인데 그것이 작은 금액은 아니지만, 그래도 노력하면 갚을 수 있는 정도일 것이다. 그것은 1만 달란트에 비교하면 정말 아무것도 아닌 금액이다. 이와 같이, 하나님께서 지옥 형벌을 받기에 합당하였던 우리의 죄를 용서해주셨기 때문에, 우리가 이 큰 은혜를 받았기 때문에, 우리는 우리의 형제의 잘못을 기꺼이 용서해주어야 하는 것이다.

용서의 횟수

우리는 우리의 형제의 잘못을 몇 번이나 용서하면 되는가? 주께서는 누가복음 17:4에서 "하루 일곱 번이라도" 용서하라고 말씀하셨고, 마태복음 18:22에서는 "일흔 번씩 일곱 번이라도" 용서하라고 교훈하셨다. 형제가 우리에게 잘못을 범할 수 있지만 그가 그것을 뉘우치고 용서를 구한다면 언제든지, 하루에 일곱 번이라도, 아니, 일흔 번씩 일곱 번이라도, 즉 무한하게 용서해야 한다고 교훈하신 것이다.

친구

사람의 삶의 여정에서 친구는 매우 중요하다. 잠언 13:20, "지혜로운 자와 동행하면 지혜를 얻고 미련한 자와 사귀면 해를 받느니라." 잠언 18:24, "어떤 친구는 형제보다 친밀하니라."

좋은 친구

좋은 친구는 사람에게 유익을 준다. 지혜로운 자와 동행하면 지혜를 얻는다(잠 13:20). 잠언 27:5-6, "면책은 숨은 사랑보다 나으니라. 친구의 통책[책망]은 충성에서 말미암은 것이나 원수의 자주 입맞춤은 거짓에서 난 것이니라." 잠언 27:9, "기름과 향이 사람의 마음을 즐겁게 하나니 친구의 충성된 권고가 이와 같이 아름다우니라."

전도서 4:9-10, 12, "두 사람이 한 사람보다 나음은 저희가 수고함으로 좋은 상을 얻을 것임이라. 혹시 저희가 넘어지면 하나가 그 동무를 붙들어 일으키려니와 홀로 있어 넘어지고 붙들어 일으킬 자가 없는 자에게는 화가 있으리라," "한 사람이면 패하겠거니와 두 사람이면 능히 당하나니 삼겹줄은 쉽게 끊어지지 아니하느니라." 친구의 장점은 한 사람이 넘어지면 붙들어주는 자가 있다는 것이다.

아브라함은 롯의 삼촌이지만 롯에게 좋은 친구 이상이었다. 그는 롯과 헤어질 때 "네 앞에 온 땅이 있지 아니하냐? 나를 떠나라. 네가 좌하면 나는 우하고 네가 우하면 나는 좌하리라"고 말하며 양보심을 발휘하였다(창 13:9). 또 그는 롯이 사로잡혔다는 소식을 들었을 때 위험을 무릅쓰고 그 가신(家臣)들 318명을 거느리고 헤브론에서 아마 길르앗 땅의 단(신 34:1)까지 쫓아가서 조카 롯을 구출하였다(창 14:14-16). 또 하나님께서 소돔 성을 멸하려 하셨을 때 그는 하나님께 나아가 "주께서 의인을 악인과 함께 멸하시려나이까?"라고 아뢰며 롯을 생각하며 간구하였고, 하나님께서는 아브라함을 생각하셔서 롯

제5-10계명의 요약

을 구원해주셨다. 창세기 19:29, "하나님께서 들의 성들을 멸하실 때 곧 롯의 거하는 성을 엎으실 때에 아브라함을 생각하사 롯을 그 엎으시는 중에서 내어보내셨더라."

모세는 이스라엘 백성에게 좋은 친구 이상이었다. 그는, 백성이 금송아지를 만들어 섬기는 큰 죄를 범함으로 하나님께서 진노하셔서 "나대로 하게 하라. 내가 그들에게 진노하여 그들을 진멸하고 너로 큰 나라가 되게 하리라"(출 32:10)고 말씀하셨을 때, 그들을 위하여 간곡한 기도를 아뢰어 하나님의 진노를 막았다. 출애굽기 32:12-13, 32, "주의 맹렬한 노를 그치시고 뜻을 돌이키사 주의 백성에게 이 화를 내리지 마옵소서. 주의 종 아브라함과 이삭과 이스라엘을 기억하소서. 주께서 주를 가리켜 그들에게 맹세하여 이르시기를 내가 너희 자손을 하늘의 별처럼 많게 하고 나의 허락한 이 온 땅을 너희의 자손에게 주어 영영한 기업이 되게 하리라 하셨나이다," "합의하시면 이제 그들의 죄를 사하시옵소서. 그렇지 않사오면 원컨대 주의 기록하신 책에서 내 이름을 지워 버려주옵소서."

다윗과 요나단은 신하와 왕자(王子)의 관계이지만 또한 좋은 친구 관계이었다. 요나단은 다윗을 자기 생명같이 사랑하여 더불어 언약을 맺었다. 사무엘상 18:1, 3, "다윗이 사울에게 말하기를 마치매 요나단의 마음이 다윗의 마음과 연락되어 요나단이 그를 자기 생명같이 사랑하니라," "요나단은 다윗을 자기 생명같이 사랑하여 더불어 언약을 맺었으며." 사무엘상 20:16-17, "이에 요나단이 다윗의 집과 언약하기를 여호와께서는 다윗의 대적들을 치실지어다 하니라. 요나단이 다윗을 사랑하므로 그로 다시 맹세케 하였으니 이는 자기 생명을 사랑함같이 그를 사랑함이었더라."

요나단은 자기 아버지 사울에게 다윗에게 범죄치 말 것을 간청하였다(삼상 19:4). 그는 숲속에 피신 중인 다윗에게 찾아가 하나님을 힘있게 의지하라고 격려했다(삼상 23:16). 다윗은 요나단의 중심을 알았기 때문에 헤어질 때 요나단보다 더 심하게 울었다(삼상 20:41). 그는 요나단이 블레셋 전쟁에서 전사(戰死)하였다는 소식을 들었을 때 그의 죽음을 애도하며 그의 사랑이 참으로 컸음을 고백하였다. 사무엘하 1:26, "내 형 요나단이여, 내가 그대를 애통함은 그대는 내게 심히 아름다움이라. 그대가 나를 사랑함이 기이하여 여인의 사랑보다 승하였도다." 다윗은 왕위에 오른 후 요나단의 아들 절뚝발이 므비보셋을 자기의 아들들 즉 왕자들 중 하나처럼 자기 밥상에서 먹게 하였고 그의 모든 재산을 회복시켜주었다(삼하 9:7-11).

디모데는 바울의 제자이면서 좋은 친구 이상이었다. 사도 바울은 빌립보서 2:20-22에서 디모데에 대하여 이렇게 증거하였다. "이는 뜻을 같이하여 너희 사정을 진실히 생각할 자가 이밖에 내게 없음이라. 저희가 다 자기 일을 구하고 그리스도 예수의 일을 구하지 아니하되 디모데의 연단을 너희가 아나니 자식이 아비에게 함같이 나와 함께 복음을 위하여 수고하였느니라."

나쁜 친구

그러나 세상에는 이런 좋은 친구들이 있는 반면, 나쁜 친구도 있다. 상대에게 해를 끼치는 친구나 죄 짓게 하는 친구는 나쁜 친구이다. 사람이 나쁜 친구와 사귀면 해를 당한다. 잠언 13:20, "지혜로운 자와 동행하면 지혜를 얻고 미련한 자와 사귀면 해를 받느니라."

뱀은 하와의 친구는 아니나 나쁜 교제가 어떤 결과를 주는지에 대한 좋은 예이다. 하나님의 명령을 정면으로 부정한 뱀의 나쁜 말은 하와 속에 의심을 심었고 불순종을 가져왔다. 창세기 3:4-5, "뱀이 여자에게 이르되 너희가 결코 죽지 아니하리라. 너희가 그것을 먹는 날에는 너희 눈이 밝아 하나님과 같이 되어 선악을 알 줄을 하나님이 아심이니라." 창세기 3:6, "여자가 그 나무를 본즉 먹음직도 하고 보

제5-10계명의 요약

암직도 하고 지혜롭게 할 만큼 탐스럽기도 한 나무인지라. 여자가 그 실과를 따먹고 자기와 함께한 남편에게도 주매 그도 먹은지라."

광야에서 모세를 대적했던 레위의 증손 고라와 르우벤 자손 다단과 아비람과 온은 나쁜 친구들의 예이었다(민 16:1). 그들은 악한 일을 위해 당을 지었고 하나님과 그가 세우신 모세를 대항하였다.

다윗의 아들 암논에게는 요나답이라는 심히 간교한 나쁜 친구가 있었다. 그는 암논에게 잘못된 조언을 해서 그로 이복 누이동생 다말을 범하게 했고 그것 때문에 암논은 결국 다말의 오빠 압살롬에 의해 죽임을 당했다(삼하 13장). 결국, 나쁜 친구 때문에 해를 당한 것이다.

유다 왕 여호사밧은 이스라엘 왕 아합과 연혼(連婚)하였다. 역대하 18:1, "여호사밧이 부귀와 영광이 극하였고 아합으로 더불어 연혼하였더라." 여호사밧은, 우상숭배자인 악한 이스라엘 왕 아합과 친근히 지내다가 결국 하나님의 진노를 당하였다. 역대하 19:2, "선견자 예후가 나가서 여호사밧 왕을 맞아 가로되 왕이 악한 자를 돕고 여호와를 미워하는 자를 사랑하는 것이 가하니이까? 그러므로 여호와께로서 진노하심이 왕에게 임하리이다." 또 유다 왕 여호사밧의 이런 잘못된 교제로 인해 남방 유다 왕국에 북방 이스라엘의 우상숭배가 들어왔고 그것은 결국 남방 유다 왕국의 멸망을 초래하였다.

가룟 유다는 나쁜 친구의 한 예이다. 그는 삼년 동안이나 따르던 주님을 배신하고 은 삼십을 받고 그를 넘겨주기로 약속하고 예수께서 잡히시던 밤 그에게 나아와 인사하며 입맞춤으로 그를 넘겨주었다(마 26:14-16, 49-50). 또 유대의 지도자들도 나쁜 친구들의 예이다. 그들은 새벽부터 모여 예수님을 죽일 의논을 하였다(마 27:1).

좋은 친구와 사귀고 나쁜 친구를 멀리하는 것은 참으로 중요하다. 그러므로 사도 바울은 "속지 말라. 악한 동무들[교제]은 선한 행실을 더럽힌다"고 말했고(고전 15:33) 또 "너희는 믿지 않는 자와 멍에를 같이하지 말라"고 교훈하였다(고후 6:14).

예수님은 우리의 친구

성도가 영적 교제를 나눌 좋은 친구를 가지기 어려운 시대도 있다. 엘리야나 미가야 같은 선지자들은 좋은 친구를 많이 가지지 못했던 것 같다. 사도 바울은 말년에 외로운 사역의 걸음을 걸었다. 디모데후서 1:15, "아시아에 있는 모든 사람이 나를 버린 이 일을 네가 아나니 그 중에 부겔로와 허모게네가 있느니라." 디모데후서 4:9-11, 16, "너는 어서 속히 내게로 오라. 데마는 이 세상을 사랑하여 나를 버리고 데살로니가로 갔고 그레스게는 갈라디아로, 디도는 달마디아로 갔고 누가만 나와 함께 있느니라. 네가 올 때에 마가를 데리고 오라. 저가 나의 일에 유익하니라," "내가 처음 변명할 때에 나와 함께한 자가 하나도 없고 다 나를 버렸으나 저희에게 허물을 돌리지 않기를 원하노라." 그러나 경건한 자들은 사람들 중에 좋은 친구들이 없을지라도 하나님과의 교제를 크게 여겼고 하나님께서는 그들의 친구가 되셨다.

하나님께서는 아브라함을 '나의 벗'이라고 부르셨다. 이사야 41:8, "나의 종 너 이스라엘아, 나의 택한 야곱아, 나의 벗 아브라함의 자손아." 예수께서는 우리를 친구라고 부르셨다. 누가복음 12:4, "내가 내 친구 너희에게 말하노니 몸을 죽이고 그 후에는 능히 더 못하는 자들을 두려워하지 말라." 요한복음 15:14-15, "너희가 나의 명하는 대로 행하면 곧 나의 친구라. 이제부터는 너희를 종이라 하지 아니하리니 종은 주인의 하는 것을 알지 못함이라. 너희를 친구라 하였노니 내가 내 아버지께 들은 것을 다 너희에게 알게 하였음이니라."

성도는 경건과 도덕성이 없는 나쁜 친구를 멀리하고 경건과 도덕성이 있는 좋은 친구와 사귀어야 하고 또 교회 안에서 서로 상대에게 좋은 친구가 되어야 한다. 그러나 우리는 언제나 또 특히 좋은 친구가 없을 때 하나님과 예수님을 친근히 하며 교제해야 한다.

제5계명

출애굽기 20:12, "네 부모를 공경하라. 그리하면 너의 하나님 나 여호와가 네게 준 땅에서 네 생명이 길리라."

제5계명에서 요구된 의무와 금지된 죄

[소요리문답 제63문] 제5계명은 무엇인가?
[답] 제5계명은 "네 부모를 공경하라. 그리하면 네 하나님 여호와가 네게 준 땅에서 네 생명이 길리라"이다(출 20:12).

[제64문] 제5계명이 요구하는 것이 무엇인가?
[답] 제5계명이 요구하는 것은 각 사람에게 그 속한 여러 위치와 관계, 즉 상하와 동등에 속한 영예를 보존하고 의무를 행하라는 것이다(롬 12:10; 13:1; 엡 5:21-22; 6:1, 5-9).
로마서 12:10, "형제를 사랑하여 서로 우애하고."
로마서 13:1, "각 사람은 위에 있는 권세들에게 굴복하라."
에베소서 5:21-22, "그리스도를 경외함으로 피차 복종하라. 아내들이여, 자기 남편에게 복종하기를 주께 하듯하라."
에베소서 6:1, "자녀들아, 너희 부모를 주 안에서 순종하라. 이것이 옳으니라."
에베소서 6:5, "종들아, 두려워하고 떨며 성실한 마음으로 육체의 상전에게 순종하기를 그리스도께 하듯하여."

[제65문] 제5계명이 금하는 것이 무엇인가?
[답] 제5계명이 금하는 것은 각 사람에게 그 속한 위치와 관계에 속한 영예와 의무를 소홀히 하거나 역행하는 것이다(마 15:4-6; 롬 13:7, 8).

[제66문] 제5계명을 지키라 한 이유가 무엇인가?
[답] 제5계명에 지키라 한 이유는 하나님께 영광되고 본인에게 유익이 되는 한 이 계명을 지키는 모든 자에게 장수과 번영을 약속하셨기 때문이다(신 5:16; 엡 6:3).

효도

효도는 십계명의 제5계명, "네 부모를 공경하라"는 계명에 명시된 하나님의 뜻이다. 그것은 신약시대에도 폐지되지 않았다. 사도 바울은 에베소서 6:1-3에서 "자녀들아, 너희 부모를 주 안에서 순종하라. 이것이 옳으니라. 네 아버지와 어머니를 공경하라. 이것이 약속 있는 첫 계명이니 이는 네가 잘되고 땅에서 장수하리라"고 교훈했다.

자녀가 부모를 공경하고 순종하고 기쁘시게 하고 보답하는 것은 하나님의 기쁘신 뜻이며 의로운 일일 뿐 아니라, 자녀를 낳고 기르신 부모님의 수고와 사랑에 대한 자녀의 당연한 보답이다.

십계명의 제5계명은 인간 관계에 관한 계명 중의 첫 계명이다. 그것은 모든 인간 관계의 윤리의 시작이다. 가정 윤리는 사회 윤리의 시작이다. 가정이 바로 서야 사회가 바로 서며, 가정이 바로 서려면 먼저 자녀들이 부모를 공경해야 한다. 불경건이 모든 부도덕의 근본이듯이, 불효는 인간 관계의 악 중 첫 번째 악이다. 가정에서 부모를 공경하면 어느 정도 윤리적인 사람이 될 것이지만, 부모에게 불효하고 그들의 말을 듣지 않는 자녀는 사회에서도 문제아가 될 것이다.

'주 안에서'

사도 바울은 "자녀들아, 너희 부모를 주 안에서 순종하라"고 교훈했다(엡 6:1). '주 안에서'라는 말은 자녀가 부모를 공경하고 순종해야 할 근거를 보여준다. 즉 효도의 근거는 하나님 즉 하나님의 명령과 뜻이다. 제5계명은 하나님께서 그의 권위로 주신 법이다. 실상, 사람의 도덕의 근거는 하나님이시다. 사람이 왜 부모 공경을 해야 하고, 왜 살인하지 말아야 하고, 왜 간음하지 말아야 하고, 왜 도둑질하지 말아야 하고, 왜 거짓말하지 말아야 하고, 왜 탐욕을 품지 말아야 하고, 왜 하나님께 예배해야 하고, 왜 우상을 섬겨서는 안 되는가? 그

대답은 하나님께서 이 모든 규칙을 명하셨기 때문이다. 그가 어디에 그것을 명하셨는가? 출애굽기 20장에 기록된 십계명에 그러하셨다. 그러므로 하나님을 부정하는 자는 실상 도덕의 근거를 상실한다.

'주 안에서'라는 말은 또한 효도의 범위를 보인다. 우리는 하나님 안에서 부모에게 순종해야 한다. 그것은 하나님의 계명을 벗어나지 않는 범위에서 부모에게 순종해야 함을 보인다. 부모의 명령과 하나님의 명령이 충돌할 때 우리는 부모의 명령을 따르지 못하고 하나님의 명령을 따라야 한다. 왜냐하면 하나님께서는 부모보다 더 높으신 분이시기 때문이다. 부모 공경과 순종이 중요하지만, 그것은 우리가 하나님의 계명을 어기면서까지 그렇게 하라는 뜻은 아니다. 이런 뜻에서 주께서는 "내가 세상에 화평을 주러 온 줄로 생각지 말라. 화평이 아니요 검을 주러 왔노라. 내가 온 것은 사람이 그 아비와, 딸이 어미와, 며느리가 시어미와 불화하게 하려 함이니 사람의 원수가 자기 집안 식구리라. 아비나 어미를 나보다 더 사랑하는 자는 내게 합당치 아니하고 아들이나 딸을 나보다 더 사랑하는 자도 내게 합당치 아니하니라"고 말씀하셨다(마 10:34-37).

네 부모를 공경하라

하나님께서는 제5계명에서 "네 부모를 공경하라"고 명령하셨다(출 20:12). 레위기 19:3, "너희 각 사람은 부모를 경외하라." 사도 바울도 "네 아버지와 어머니를 공경하라"고 교훈하였다(엡 6:2). '공경하라'는 말은 '높이라, 귀히 여기라, 존중하라, 존경하라'는 뜻이다. 부모는 자녀를 낳고 기르신 분이므로 자녀는 그들을 마땅히 공경해야 한다.

부모를 멸시하고 업신여기는 것은 어리석고 악한 일이며 저주를 받고 수치를 당할 일이다. 신명기 27:16, "그 부모를 경홀히 여기는 자는 저주를 받을 것이라 할 것이요." 잠언 15:20, "미련한 자는 어미를 업신여기느니라." 잠언 19:26, "아비를 구박하고 어미를 쫓아내는 자는 부끄러움을 끼치며 능욕을 부르는[즉 수치와 욕을 당할] 자식이니라." 잠언 30:17, "아비를 조롱하며 어미 순종하기를 싫어하는 자의 눈은 골짜기의 까마귀에게 쪼이고 독수리 새끼에게 먹히리라."

하나님의 율법은 부모를 치거나 저주하는 자를 반드시 죽이라고 명령하였다. 출애굽기 21:15, "자기 아비나 어미를 치는 자는 반드시 죽일지니라." 출애굽기 21:17, "그 아비나 어미를 저주하는 자는 반드시 죽일지니라." 레위기 20:9, "무릇 그 아비나 어미를 저주하는 자는 반드시 죽일지니 그가 그 아비나 어미를 저주하였은즉 그 피가 자기에게로 돌아가리라." 잠언 20:20, "자기의 아비나 어미를 저주하는 자는 그 등불[행복]이 유암[幽暗, 어두움] 중에 꺼짐을 당하리라."

물론, 부모의 말과 행동에 잘못이 있을 때 자녀들은 부모를 공경하지 못할 수 있다. 부모도 사람이므로 잘못이 있을 수 있다. 그러므로 부모는 자녀들 앞에서라도 자신의 잘못을 인정하고 고치려고 해야 한다. 그래야 자녀의 반발을 없앨 수 있다. 또 남편이나 아내가 자녀들 앞에서 상대를 무시하면 자녀들이 아버지나 어머니를 무시하는 일로 이어질 수 있다. 그러므로 상대방이 잘못을 할 때라도 자녀들 앞에서 그를 무시하는 일은 피해야 하고, 둘이 있을 때 서로 충고하고 또 분명한 잘못은 자녀들 앞에서라도 사과하는 것이 좋다.

하나님의 뜻은 자녀들이 그 부모를 공경하고 높이고 귀히 여기고 존중하고 존경하고 존대하고, 경홀히 여기지 말고 조롱하거나 업신여기거나 구박하거나 쫓아내지 말고, 특히 부모를 치거나 저주하지 말라는 것이다. 우리는 하나님의 뜻에 절대 순종해야 한다.

네 부모에게 순종하라

자녀들은 또한 부모에게 순종해야 한다. 사도 바울은 "자녀들아, 너희 부모를 주 안에서 순종하라. 이것이 옳으니라"고 교훈했다(엡 6:1). 부모에게 순종하는 것은 옳은 일이며, 부모에게 불순종하는 것은 옳지 않은 일이다. 성도는 죄성을 따라 사는 옛 사람을 벗어버리고 의와 거룩으로 지으심을 받은 새 사람을 입은 자들이다(엡 4:22-24). 그러므로 부모에게 순종하는 것은 구원 얻은 성도의 당연한 일이다. 사도 바울은 골로새서 3:20에서도, "자녀들아, 모든 일에 부모에게 순종하라. 이는 주 안에서[주님을] 기쁘게 하는 것이니라"고 말했다. '모든 일'이라는 말은, 부모의 교훈이 죄가 되지 않는다면, 비록 최선의 일이 아니라고 생각되는 경우에도 순종해야 함을 나타낸다. 그것이 주께서 기뻐하시는 일이며 부모 공경의 바른 방법이다.

자녀들은 특히 부모의 선한 교훈에 순종해야 한다. 잠언 1:8, "내 아들아, 네 아비의 훈계를 들으며 네 어미의 법을 떠나지 말라." 잠언 3:1, "내 아들아, 나의 법을 잊어버리지 말고 네 마음으로 나의 명령을 지키라." 잠언 4:1, "아들들아, 아비의 훈계를 들으며 명철을 얻기에 주의하라." 잠언 4:10, "내 아들아, 들으라. 내 말을 받으라. 그리하면 네 생명의 해가 길리라." 잠언 23:22, "너 낳은 아비에게 청종하라."

그러나 지혜로운 아들만 부모의 훈계를 들을 것이며 교만한 자는 듣지 않을 것이다. 잠언 13:1은 "지혜로운 아들은 아비의 훈계를 들으나 거만한 자는 꾸지람을 즐겨 듣지 아니하느니라"고 말한다. 엘리의 아들들은 그 아비의 말을 듣지 않았는데, 그것은 하나님께서 그들을 죽이기로 뜻하셨기 때문이었다(삼상 2:25). 로마서 1:30은 죄인들의 목록 가운데 부모를 거역하는 자를 두었다.

신명기 21:18-21은 부모에게 불순종하는 자녀를 사형시켜야 할 것을 엄하게 규정하였다. "사람에게 완악하고 패역한 아들이 있어 그 아비의 말이나 그 어미의 말을 순종치 아니하고 부모가 징책하여도 듣지 아니하거든 그 부모가 그를 잡아가지고 성문에 이르러 그 성읍 장로들에게 나아가서 그 성읍 장로들에게 말하기를 우리의 이 자식은 완악하고 패역하여 우리 말을 순종치 아니하고 방탕하며 술에 잠긴 자라 하거든 그 성읍의 모든 사람들이 그를 돌로 쳐죽일지니 이같이 네가 너의 중에 악을 제하라. 그리하면 온 이스라엘이 듣고 두려워하리라." 부모에게 불순종하는 것은 큰 악이다.

성경에서 룻과 에스더는 효도를 실천한 좋은 모범이다. 룻은 그의 남편이 죽은 후에도 시어머니 곁에서 그를 섬기며 그와 고락을 같이 했고 시어머니의 말씀을 순종하였다. 룻기 3:5, "어머니의 말씀대로 내가 다 행하리이다." 에스더는 왕후가 된 후에도 그를 길러준 부모같은 사촌오빠 모르드개의 말을 순종하였다. 에스더 2:20, "에스더가 모르드개의 명한 대로 그 종족과 민족을 고하지 아니하니 저가 모르드개의 명을 양육받을 때와 같이 좇음이더라." 구원 얻은 성도는 이처럼 죄 짓는 일 외에는 범사에 부모에게 순종해야 한다.

네 부모를 기쁘시게 하고 보답하라

또 자녀들은 부모를 기쁘시게 하고 보답해야 한다. 부모를 공경하는 것은 부모를 기쁘시게 하고 보답하는 행위로 나타난다. 자녀가 자기를 해산의 고통 중에 낳으시고 많은 수고 중에 기르신 분들을 기쁘시게 하고 그들의 사랑과 수고에 대해 보답하는 것은 당연한 일이다. 부모에게 보답하지 못하는 자녀는 짐승보다 못한 자이다. 개도 제 주인을 알아보고 그에게 충성을 바친다. 그러나 세상에는 짐승보다도 못하게 배은망덕한 사람들이 많이 있다.

자녀들은 그 부모를 기쁘시게 해드리고 즐거우시게 해드려야 한다. 잠언 10:1, "지혜로운 아들은 아비로 기쁘게 하거니와 미련한 아들은 어미의 근심이니라." 잠언 15:20, "지혜로운 아들은 아비를 즐겁게 하여도 미련한 자는 어미를 업신여기느니라." 잠언 17:25, "미련한 아들은 그 아비의 근심이 되고 그 어미의 고통이 되느니라." 잠언 23:25, "네 부모를 즐겁게 하며 너 낳은 어미를 기쁘게 하라."

사도 바울은 디모데전서 5:4에서 "만일 어떤 과부에게 자녀나 손자들이 있거든 저희로 먼저 자기 집에서 효를 행하여 부모에게 보답하기를 배우게 하라. 이것이 하나님 앞에 받으실 만한 것이니라"고 말했다. 자녀들이나 손자들이 부모님이나 조부모님을 공경하고 섬기는 것은 마땅한 일이며 하나님께서 받으실 만한 선한 일이다.

부모님과 함께 사는 자녀들은 부모님의 건강을 늘 살피며 문안하고 또 떨어져 사는 자들은 자주 부모님을 방문하고 그들을 위로하고 살펴야 하며 그것이 여의치 않으면 전화로라도 자주 문안해야 할 것이다. 또 자녀들은 부모님의 의식주 문제에 대한 책임을 가지고 살피며 공급하고 섬겨야 할 것이다.

특히 며느리는 시어머니를 자기 어머니같이 생각하고 섬겨야 하고, 자녀에 대한 부모의 감정을 이해하려고 노력해야 한다. 물론, 시어머니도 며느리를 딸같이 생각하고 한 가족으로 대하며 사랑해야 한다. 또 남편은 어머니의 심리도 잘 헤아리고 아내의 고충과 수고도 깊이 이해하여 그들을 위로하고 어머니와 아내 사이에서 양쪽에 다 마음의 상함이 없도록 조심스럽게 또 지혜롭게 잘 처신해야 할 것이다. 물론 그것은 매우 어려운 문제이다.

효도의 복

인간 관계의 다른 계명과 달리, 제5계명에는 복된 약속이 붙어 있다. "네 부모를 공경하라. 그리하면 너의 하나님 나 여호와가 네게 준 땅에서 네 생명이 길리라." '네 생명'이라는 원어(야메카 יָמֶיךָ)는 '네 날들'이라는 뜻이다. 에베소서 6:1-3, "자녀들아, 너희 부모를 주 안에서 순종하라. 이것이 옳으니라. 네 아버지와 어머니를 공경하라. 이것이 약속 있는 첫 계명이니 이는 네가 잘되고 땅에서 장수하리라."

제5계명, 즉 부모 공경의 계명에 약속된 복은 '잘되는 것' 즉 형통의 복과 장수(長壽)의 복이다. 우리가 세상의 삶에서도 잘되고 형통하기를 원하고 또 우리의 몸이 건강하고 장수하며 또 영생의 나라에 넉넉히 들어가기를 원한다면, 우리는 하나님의 계명을 힘써 지켜야 한다. 이사야 48:18, "슬프다, 네가 나의 명령을 듣지 아니하였도다. 만일 들었더면 네 평강이 강과 같았겠고 네 의가 바다 물결 같았을 것이며." 로마서 6:22, "이제는 너희가 죄에게서 해방되고 하나님께 종이 되어 거룩함에 이르는 열매를 얻었으니 이 마지막은 영생이라." 부모에게 효도하는 사람은 복 받지 못하는 자가 없을 것이다. 그러나 부모에게 효도치 않고 배은망덕한 자녀는 결코 복 받는 자가 없을 것이다. 세상 사는 동안 복 받고 건강하고 영생에 이르기를 원하는 자는 부모를 공경하고 그들에게 순종하며 보답해야 한다.

  노아의 아들 셈과 야벳, 사사 시대의 룻, 또 남북 왕국의 멸망 후 포로 생활 기간 중 파사 시대의 에스더는 다 부모를 공경한 자들이고 복을 받은 자들이다. 노아가 술취하여 그 장막에서 벌거벗었을 때, 함은 그 아비의 하체를 보고 밖으로 나가서 두 형제에게 고했으나, 셈과 야벳은 옷을 취해 자기들의 어깨에 메고 뒷걸음쳐 들어가서 아비의 하체에 덮었고 얼굴을 돌이켜 그 아비의 하체를 보지 않았다. 셈과 야벳은 복을 받았으나, 함과 그 아들 가나안은 저주를 받았다(창 9:20-27). 또 하나님을 경외하며 시어머니에게 순종했던(룻 3:5) 모압 여인 룻은 장차 다윗의 증조부가 될 아들 오벳을 낳는 복을 얻었고(룻 4:17), 자기를 딸같이 길러주었던 부모 같은 사촌오빠에게 순종했던(에 2:10, 20) 에스더는 파사 나라의 왕후가 되었고 유대인들을 멸망의 위기에서 구하는 믿음의 인물로 성경에 기록되었다(에스더서).

  성경에 계시된 부모에 대한 자녀들의 의무는 분명하다. 자녀들은 주 안에서 부모를 공경하고 무시하지 말고 그들에게 순종하고 그들을 기쁘게 하고 그들에게 보답해야 한다. 그것은 옳은 일이며 형통과 장수의 복이 약속된 일이다. 효도하는 자들은 현세에서 평안과 형통의 복을 누리고 또 영생의 나라에 넉넉히 들어가는 자가 될 것이다.

제5계명

자녀 교육

자녀는 부모에게 귀한 보배이며 많은 부모는 자녀를 위해 일하고 수고하고 참고 인내한다. 자녀의 행복은 부모의 행복이 된다. 그러나 그것은 단지 자녀가 잘 교육되어 반듯하게 자랄 때 그러하다.

자녀 교육의 책임자

자녀 교육은 부모에게 맡겨진 일이다. 에베소서 6:4, "아비들아, 너희 자녀를 노엽게 하지 말고 오직 주의 교양과 훈계로 양육하라."

하나님께서는 자녀 교육의 책임을 세속학교에 주신 적이 없고, 그것을 심지어 교회에 주시지도 않았다. 정부가 자녀 교육의 책임을 가지는 것은 더더욱 아니다. 하나님께서는 자녀 교육의 책임을 부모에게, 그것도 아버지에게 주셨다. 이것이 하나님의 뜻이다.

부모는 비록 부족하지만 배우면서 잘 가르쳐야 한다. 그것이 부모의 책임이다. 부모는 자기가 아는 만큼, 자기가 경험한 만큼, 또 자기가 깨달은 만큼 모든 좋은 것들을 자기 자녀에게 가르쳐 주려고 힘써야 한다. 훌륭한 교사들이 열심히 연구하고 준비하여 학생들을 가르치듯이, 부모는 열심히 배우면서 자녀를 가르치려고 힘써야 한다.

자녀 교육의 내용

자녀 교육의 교재는 성경이다. 부모가 자녀에게 성경을 부지런히, 충실히 가르치면, 자녀는 필요한 모든 내용을 배울 것이다. 디모데후서 3:16-17, "모든 성경은 하나님의 감동으로 된 것으로 교훈과 책망과 바르게 함과 의로 교육하기에 유익하니 이는 하나님의 사람으로 온전케 하며 모든 선한 일을 행하기에 온전케 하려 함이니라."

잠언 22:6, "마땅히 행할 길을 아이에게 가르치라. 그리하면 늙어도 그것을 떠나지 아니하리라." '마땅히 행할 길'은 하나님을 알고 그를

자녀 교육

경외하고 그의 계명대로 바르게 사는 것이다. 에베소서 6:4는, "너희 자녀를 주의 교양과 훈계로 양육하라"고 말한다. '주의 교양과 훈계'는 구원 지식과 경건과 도덕성과 인격성에 관한 것이다.

구원 지식과 경건

부모는 자녀에게 구원 얻는 일에 대해 가르쳐주어야 한다. 복음은 죄인들이 창조주 하나님께로 돌아와 예수 그리스도를 믿고 죄사함과 영생을 얻으라는 것이다. 세상에 이것보다 더 중요한 말은 없다. 그러므로 부모는 자녀에게 하나님에 대해, 죄에 대해, 예수 그리스도에 대해, 회개와 믿음과 죄사함과 영생에 대해 가르쳐 주어야 한다.

여호와를 경외하는 것은 지식의 근본이다(잠 1:7). 사람은 마음을 다하고 성품을 다하고 힘을 다하여 하나님을 사랑해야 한다(신 6:5). 경건은 하나님을 알고 두려워하고 사랑하고 섬기는 것이 경건함이다.

자녀들은 경건하게 자라야 한다. 부모는 어린 아기를 안고 기도하며 찬송가를 들려주고, 6개월부터는 성경 이야기를 해주며, 2살부터는 쉬운 성경구절을 암송시키고, 5살부터는 스스로 성경을 읽게 하고, 7살부터는 규칙적으로 성경을 읽고 기도하게 하는 것이 좋다.

경건한 삶은 성경을 읽는 생활로 나타난다. 성경은 하나님의 말씀이며 우리에게 유익하다. 그러므로 우리는 자녀들에게 성경 읽기를 가르쳐야 한다. 몸을 위해 규칙적으로 밥을 먹듯이, 영혼을 위해 규칙적으로 성경을 읽는 것이 좋다. 처음에는 하루에 5분이라도 성경을 읽게 하고, 후에는 매일 30분 이상 성경을 읽게 하는 것이 좋다.

또 경건한 삶은 기도 생활로 나타난다. 부모는 자녀에게 기도하는 것을 가르쳐야 한다. 기도 생활은 약간의 훈련이 필요하다(딤전 4:7). 기도 제목을 카드에 써서 기도하게 하면 좋다.

또 경건한 삶은 가정예배로 나타난다. 가족들이 함께 모여 찬송가를 부르고 기도를 드리고 성경을 읽고 아빠나 엄마가 중요한 내용 혹은 유익한 구절을 간단히 설명하고 기도하면 된다. 가정예배의 시간은 20분 내지 30분 정도이면 좋을 것이다.

경건한 삶은 교회생활을 통해 더욱 훈련된다. 부모는 자녀를 자신이 소속한 교회의 주일학교에 참석시키는 것이 옳다. 성도는 교회를 잘 분별하고 선택해야 한다. 주일학교는 아이의 영적 성장에 유익하다. 주일학교는 성경을 체계적으로 가르쳐야 한다. 이 일에 주일학교 담당자들의 인품과 역할이 중요함은 말할 것도 없다.

부모는 그들의 자녀가 예배 드리기, 찬송하기, 주일 지키기, 헌금하기, 세례와 성찬에 참여하기 등을 훈련받게 해야 한다.

경건한 삶은 세상을 사랑하는 것 즉 돈 사랑, 쾌락 사랑과 반대된다. 우리의 자녀는 돈이 헛되며 돈을 사랑하지 말아야 함을 어릴 때부터 배워야 한다. 그들은 사치하지 말고 검소하고 절약하며 사는 법, 세상의 쾌락적 풍조나 광란적 음악을 조심하는 법도 배워야 한다.

도덕성

성경의 두 번째 주요 내용은 도덕성에 관한 것이다. 지혜로운 삶은 의롭게 공평하게 정직하게 사는 것이다(잠 1:3; 2:7-8, 20).

도덕성은 십계명, 특히 인간관계의 계명을 지키는 것이다. 그것은 부모 공경과 이웃 사랑으로 요약된다.

우리는 우리 자녀가 부모를 공경하고 순종하는 자가 되도록 가르쳐야 한다. 그러기 위해 부모는 우선 자녀의 기와 고집을 꺾어야 한다. 기와 고집이 꺾이지 않으면 아무런 교육도 이루어질 수 없다.

또 우리는 우리 자녀에게 남을 미워하거나 때리거나 죽이는 것이 나쁘다는 것을 가르쳐야 한다. 친구와 사이 좋게 지내고 다른 사람의 어려운 사정에 관심을 가지고 배려하고 다른 사람의 의견을 존중하고 양보할 줄 알고 다른 사람을 모욕하는 예절 없는 말이나 욕을 하지 않고 또 이기적 욕심을 부리지 않도록 가르쳐야 한다.

자녀 교육

또 우리는 우리 자녀에게 이성 교제를 조심하도록 가르쳐야 한다. 그가 옷을 단정히 입고 너무 파진 옷, 너무 짧은 치마, 너무 달라붙는 옷을 입지 않도록 가르쳐야 하고 고운 말씨를 쓰고 더러운 욕을 하지 않도록 가르치고 세속적인 노래와 몸이나 허리나 엉덩이를 흔드는 세속적인 춤을 멀리하도록 가르쳐야 한다.

또 우리는 우리 자녀가 컴퓨터나 인터넷, 스마트폰 등에서 음란한 그림이나 글들을 멀리하도록 가르쳐야 한다. 오늘 시대는 음란물의 홍수 시대이다. 만일 우리와 우리 자녀가 이런 일에 조심하지 않으면, 세상의 음란 풍조에 물들게 될 것이며, 그러면 우리와 우리 자녀는 하나님의 복을 받을 수 없고 멸망할 수밖에 없을 것이다.

또 우리는 우리 자녀에게 자기 것과 남의 것을 구별하고 남의 것에 손 대지 않고 남의 것을 주인 허락 없이 쓰지 않도록 가르쳐야 한다.

또 우리는 우리 자녀가 거짓말을 하지 않도록 가르쳐야 한다. 거짓말이 천국 가지 못하고 지옥 갈 큰 죄악인 것을 깨우쳐야 한다.

또 우리는 우리 자녀가 옷, 장난감, 음식, 신발 등을 더 많이 가지려는 탐심을 버리고 가진 것으로 만족하며 살도록 가르쳐야 한다.

인격성

부모가 자녀에게 가르쳐야 할 또 하나의 중요한 내용은 인격성에 관한 것이다. 우리는 경건과 도덕성 외에 예절, 건강과 위생에 대한 인식, 독립심, 책임성, 부지런함 등에 대해서도 가르쳐야 한다.

우리는 우리 자녀가 고운 말씨를 쓰고 어른들에게 인사를 잘 하도록 가르치고 또 집안일을 돕고 자기 방을 청소하고 신발을 정리하고 빨래를 개고 밥상을 차리고 설거지를 돕는 등의 일도 가르쳐야 한다.

또 우리는 우리 자녀가 단정하게 식사하고 반찬을 골고루 먹도록 가르쳐야 하고, 식사 후에 이를 닦는 것, 자주 손을 씻는 것, 스스로 머리를 감고 목욕하는 것, 옷이나 양말도 스스로 신는 것, 장난감 등 자기 물건을 잘 정돈하는 것 등을 가르쳐야 한다.

또 우리는 자녀가 학교에서 배운 것을 복습하고 배울 것을 예습하는 것, 또 그 외에 유익한 책들을 읽는 것, 또 몸의 건강을 위해 하루에 30분 이상 1시간 미만 정도 운동하는 것, 또 경건 생활을 포함해 모든 일을 시간표를 짜서 실천하고 게으르지 않도록 가르쳐야 한다.

물론, 자녀 교육의 내용 속에는 이런 경건과 도덕성과 인격성 교육 외에, 언어와 수학, 역사, 지리, 동식물학, 과학 등의 교양적 지식과 또 전문적 지식과 기술 습득도 포함될 것이며, 이런 것들은 부모의 지식이나 능력의 한계를 넘어서는 것이므로 학교교육의 필요성이 있다.

그러나 오늘날 세속학교들은 교육이념이나 교사들이 불경건하고 도덕성이 의심스럽다는 데 문제가 있다. 그러므로 성도의 자녀들을 그들에게 맡겨두는 것은 최선의 길이 아니다. 우리의 자녀들을 세속학교에 세속주의의 영향 아래 내버려두어도 좋은 것은 아니다. 여기에 기독교 학교의 필요성이 있다. 지식 있는 기독교 교육가들이 필요하고 바른 교육이념과 실천 의지가 필요하고 각 분야에 유능한 교사들이 필요하고 또 충분한 재정적 뒷받침이 필요하다. 기독교인들은 경건한 학교를 세워야 할 책임이 있다.

자녀 교육의 방법

자녀 교육의 방법은, 첫째로, **부지런히, 구체적으로** 가르치는 것이다. 신명기 6:6-7은, "오늘날 내가 네게 명하는 이 말씀을 너는 마음에 새기고 네 자녀에게 부지런히 가르치며 집에 앉았을 때에든지 길에 행할 때에든지 누웠을 때에든지 일어날 때에든지 이 말씀을 강론할 것이라"고 말한다. 자녀 교육은 한 번 가르쳐서 되지 않는다. 부모는 자녀에게 기회 있는 대로 부지런히, 반복해서 가르쳐야 한다.

그렇게 하려면, 부모는 자녀에 대해 관심을 가지고 항상 대화해야 한다. 자녀의 문제는 부모가 자녀와 대화하지 못하고 바르게 지도하지 못했기 때문에 발생하는 경우가 많다. **가정예배**는 경건한 가정의 당연한 의무일 뿐 아니라, 또한 자녀 교육의 좋은 방법이다. 부모는 가정예배를 통해 자녀와 대화하고 지도할 수 있다.

부모는 자녀의 생활을 늘 주목해야 한다. 그가 학교에서 언제 돌아오는지, 친한 친구는 누구인지, 노는 장소는 어디인지, 좋아하는 책이나 놀이는 무엇인지, 즐겨보는 텔레비전 프로나 컴퓨터 게임은 무엇인지 등에 주목해야 한다.

부모는 자녀에게 한 가지씩 차근차근하게 가르쳐 나가야 한다. 다 아는 것 같은 것도 하나씩 설명하고 또 반복해서 설명하면서 가르쳐 나가면 어느 때는 아이들이 스스로 잘 생활하는 것을 보게 될 것이다. 또 잘한 일은 칭찬하고 격려하며 잘못한 일은 즉시 지적하고 고쳐주어야 한다. 부모는 자녀가 생활의 여러 구체적 상황에서 성경의 교훈을 스스로 적용할 수 있도록 훈련시켜야 한다.

또 부모는 바쁜 일이 있다고 자기 자녀를 쉽게 남의 손에 맡기지 말아야 한다. 아이는 짧은 시간에라도 나쁜 본을 받고 나쁜 것을 배울 수 있다. 부모로서 자녀 교육보다 더 중요한 일은 없다.

둘째로, **모범을 보이면서** 가르쳐야 한다. 가장 좋은 교육은 모범을 보이는 것이다. 어린아이는 백지상태와 같아서 선악간 흉내를 잘 낸다. 좋은 본을 보면 그것을 잘 따라하며, 나쁜 본을 보아도 그것도 잘 따라한다. 자녀는 부모의 인격과 삶을 주시하고 있다. 자녀가 부모의 좋은 본을 보는 것은 그의 좋은 인격 형성에 큰 도움이 된다.

주께서는 제자들에게 "내게 배우라"고 말씀하셨다(마 11:29). 사도 바울도 고린도 교인들에게 "너희는 나를 본받는 자 되라"(고전 4:16; 11:1)고 말했고 또 그는 디도에게 "범사에 네 자신으로 선한 일의 본을 보이라"고 가르쳤다(딛 2:7).

그러므로 부모는 경건하고 도덕적인 본을 보여야 한다. 그들은 죄를 멀리하고 선하고 온유 겸손하고 진실하며 자기 감정을 다스리며 참는 본을 보여야 한다. 부모가 욕하거나 거짓말하면 자녀도 똑같은 행동을 하며 남편이 아내를 구타하면, 자녀는 폭력적이게 되기 쉽다.

셋째로, 필요할 때는 **벌을 주고 매도 때려야** 한다. 요즘 세상은 매가 없는 교육을 주장하지만, 그것은 성경에 계시된 자녀 교육의 방법이 아니다. 체벌이 없는 교육은 바른 교육이 아니다. 매가 없는 것은 자녀를 사랑하는 것이 아니고 그의 인격을 병들게 하고 망하게 하는 것이다. 부모는 자녀를 버릇없이 키우지 말아야 한다. 또 그들은 자녀들이 책망을 듣는 자가 되도록 좀 강하게 키워야 한다.

성경은 매의 필요성을 강조한다. 잠언 13:24, "초달[매]을 차마 못하는 자는 그 자식을 미워함이라. 자식을 사랑하는 자는 근실히[늦지 않게] 징계하느니라." 잠언 20:30, "상하게 때리는 것이 악을 없이 하나니 매는 사람의 속에 깊이 들어가느니라." 잠언 22:15, "아이의 마음에는 미련한 것이 얽혔으나 징계하는 채찍이 이를 멀리 쫓아내리라." 잠언 23:13-14, "아이를 훈계하지 아니치 말라. 채찍으로 그를 때릴지라도 죽지 아니하리라. 그를 채찍으로 때리면 그 영혼을 음부[지옥]에서 구원하리라." 잠언 29:15, "채찍과 꾸지람이 지혜를 주거늘 임의로 하게 버려두면 그 자식은 어미를 욕되게 하느니라."

어떤 이는 자녀에게 벌을 줄 때에 주의할 점들을 다음과 같이 잘 정리하였다: ① 단순히 권위 의식을 가지고 자녀에게 위압적으로 대하거나 자기 감정과 기분을 따라 큰 소리로 야단치거나 손으로 머리를 때리는 등의 행동을 하지 말 것. ② 실수와 고의적 잘못을 구별해야 하며, 잘못을 행한 경우도 먼저 그것에 대해 설명하여 아이로 하여금 이해케 한 후에 벌을 줄 것. ③ 매는 엄하고 아프게 때려야 하며 반복된 잘못은 더 엄하게 벌할 것. ④ 벌은 일관성이 있게 같은 잘못에 대해서는 항상 벌을 주어야 하며 벌을 줄 때는 부모가 한편이 될

자녀 교육

것. ⑤ 벌을 뒤로 미루면 아이가 잊어버리므로 사람들이 많은 곳에서라도 아이를 조용한 곳으로 데리고 나가 즉시 벌을 줄 것. ⑥ 부모는 벌을 줄 때 사랑과 침착한 마음을 가져야 하며 벌을 준 후 함께 기도하고 아픈 마음을 달래주고 아픈 곳을 싸매어 줄 것(김복년, 1996년 7월 24일 합정동교회 유치부 자녀교육세미나에서).

부모가 자녀를 부당하게 책망하고 벌을 주는 것은 오히려 역효과를 가져오므로 조심해야 한다. 에베소서 6:4, "아비들아, 너희 자녀를 노엽게 하지 말라." 골로새서 3:21, "아비들아, 너희 자녀를 격노케 말지니 낙심할까 함이라." 책망과 매는 자녀가 그것이 옳다고 이해할 수 있는 것이어야 한다. 또 부모 자신이 잘못했을 때는 자녀 앞에서라도 그 잘못을 인정해야 한다. 부모는 자녀에게 자신도 완전한 자가 아니며 단지 하나님 앞에서 노력하는 자라는 것을 말해주어야 한다.

그러나 자녀 교육이 하나님의 은혜로 되며 따라서 우리가 하나님의 은혜를 간구할 것밖에 없다는 것도 기억해야 한다. 경건한 히스기야 왕에게서 악한 므낫세가 났고 악한 므낫세에게서 경건한 손자 요시야가 났다. 하나님의 은혜가 아니면 자녀 교육도 헛될 것이다.

그러나 부모의 바른 교훈은 사람을 변화시키는 하나님의 일반적 방법이다. 어릴 때 교육은 참으로 중요하다. 어릴 때 교육은 효과가 있다. 그러므로 잠언 22:6, "마땅히 행할 길을 아이에게 가르치라. 그리하면 늙어도 그것을 떠나지 아니하리라." 어릴 때의 교육은 사람의 인격 형성에 매우 유익하다. 어릴 때부터 자녀에게 경건과 도덕성과 인격성을 바르게 가르치면, 그는 성인이 된 후에도 아니, 늙을 때에도 그것을 떠나지 않을 것이다. 바른 교육은 자녀를 좋은 사람으로 만들며 성공적인 삶을 살게 할 것이다. 하나님께서는 우리의 자녀에게 복을 주실 것이다. 자녀들은 행복할 것이며 부모도 행복할 것이다. 자녀를 위한 부모의 최대의 유산은 바른 교육이다.

제5계명

윗사람 공경

[124문] 제5계명에 있는 부모는 누구를 뜻합니까?

[답] 제5계명에 있는 부모는 혈육의 부모뿐 아니라 연령, 은사의 모든 윗사람과 특히 하나님의 규례에 의하여 가정, 교회, 국가를 막론하고 우리 위에 권위의 자리에 있는 자들을 뜻합니다.

부모 공경은 윗사람 공경에 적용된다. 그것은 대요리문답의 설명대로 교회에서도 사회에서도 적용된다. 하나님께서는 "너는 센머리 앞에 일어서고 노인의 얼굴을 공경하라"고 말씀하셨다(레 19:32). 우리는 우리를 낳으시고 기르신 부모님만 공경할 뿐 아니라, 교회에서나 사회에서 나이 든 노인들을 공경해야 한다. 이것은 교회에서 목사와 장로들과 교인들의 관계에나, 사회에서 통치자와 백성의 관계에나 주인과 종의 관계에 적용되고 오늘날에 학교 선생과 학생의 관계와, 직장 상사와 직원의 관계에도 적용된다. 아랫사람은 윗사람을 공경해야 하고, 윗사람은 아랫사람을 인격적으로 대해야 한다.

주인과 종의 관계

첫째로, 부모 공경의 진리는 옛 시대에 주인과 종의 관계[1])에 적용된다. 성경은 비록 노예 제도를 인정하지만(출 21:2; 21:20-21; 엡 6:5) 주인과 종의 관계가 사랑과 존경의 관계이어야 함을 가르쳤다.

종은 주인을 두려워하며 사람에게 하듯 눈가림만 하지 말고 주님께 하듯 진실한 마음과 단 마음으로 그에게 순종해야 했다.

에베소서 6:5-8, "종들아, 두려워하고 떨며 성실한[진실한, 정직한]

---

1) 옛 시대에 종 혹은 노예는 전쟁 포로이거나 가난하여 팔린 자이었다. 노예 제도는 주인과 종의 비인격적 관계 같은 폐해를 가진 제도이며 변화가 필요한 제도이었다고 본다. 인류는 노예 제도의 폐지와 계층간 차별 개선을 위해 많이 싸워 왔고 지금도 지구의 어떤 부분에서는 싸우고 있다.

마음으로 육체의 상전에게 순종하기를 그리스도께 하듯 하여 눈가림만 하여 사람을 기쁘게 하는 자처럼 하지 말고 그리스도의 종들처럼 마음으로 하나님의 뜻을 행하여 단 마음으로 섬기기를 주께 하듯 하고 사람들에게 하듯 하지 말라. 이는 각 사람이 무슨 선을 행하든지 종이나 자유하는 자나 주에게 그대로 받을 줄을 앎이니라."

골로새서 3:22-24, "종들아, 모든 일에 육신의 상전들에게 순종하되 사람을 기쁘게 하는 자와 같이 눈가림만 하지 말고 오직 주를 두려워하여 성실한[진실한, 정직한] 마음으로 하라. 무슨 일을 하든지 마음을 다하여 주께 하듯 하고 사람에게 하듯 하지 말라. 이는 유업의 상을 주께 받을 줄 앎이니 너희는 주 그리스도를 섬기느니라."

디모데전서 6:1, "무릇 멍에 아래 있는 종들은 자기 상전들을 범사에 마땅히 공경할 자로 알지니 이는 하나님의 이름과 교훈으로 훼방을 받지 않게 하려 함이라."

또한 주인은 종에게 의롭고 공정하게 대하고 부당하게 위협하지 말아야 했다. 에베소서 6:9, "상전[주인]들아, 너희도 저희에게 이와 같이 하고 공갈을 그치라[위협하지 말라]. 이는 저희와 너희의 상전[주인]이 하늘에 계시고 그에게는 외모로 사람을 취하는 일이 없는 줄 너희가 앎이니라." 골로새서 4:1, "상전[주인]들아, 의와 공평을 종들에게 베풀지니 너희에게도 하늘에 상전[주인]이 계심을 알지어다."

상사와 직원의 관계

둘째로, 부모 공경의 진리는 직장에서 상사와 직원에게도 적용된다. 현대사회의 직장 구조는 계약에 의한 주종 관계이다. 과거의 노예 제도에서의 비인간적 폐해들이 직장 안에서 완전히 제거되지 않았다는 것은 피할 수 없는 현실인 것 같다. 돈 앞에서 사람의 인격이 무시되고 짓밟히는 일들이 드물지 않게 일어나는 것 같다.

그러나 아랫사람은 윗사람을 두려워하며 주님께 하듯 진실한 마음과 단 마음으로 순종해야 하며(엡 6:5-8), 윗사람은 아랫사람을 위협하지 말고 그에게 인격적으로 의롭고 공정하게 대해야 한다(엡 6:9; 골 4:1). 그것은 선한 일이며 하나님께 영광이 되고 하나님께서는 그들의 선한 행위들에 대해 좋은 것으로 갚아주실 것이다.

선생과 학생의 관계

셋째로, 부모 공경의 진리는 학교에서 선생과 학생의 관계에도 적용된다. 선생과 학생의 관계도 사랑과 존경의 관계이어야 한다. 선생은 학생을 인격적으로, 사랑으로 또 공정하게 대해야 하고 성급하게나 정당치 않게 자기 감정을 나타내어 그를 노엽게 하지 말아야 하며, 학생은 선생에게 합당한 존경심과 예절을 가지고 대해야 한다.

통치자와 백성의 관계

넷째로, 부모 공경의 진리는 국가[2]의 통치자와 백성의 관계에도 적용된다. 통치자는 백성을 위하여 공의와 법과 사랑을 시행해야 한다. 다윗은 모든 백성에게 공(公)과 의(義)를 행했다(삼하 8:15). 평화의 왕이신 메시아께서도 "다윗의 위(位)에 앉아서 그 나라를 굳게 세우고 . . . 영원토록 공평과 정의로 그것을 보존하실 것"이다(사 9:7).

백성은 그들의 통치자를 존경하고 복종해야 한다. 반란과 반역은 악한 일로 간주된다. 잠언 24:21, "내 아들아, 여호와와 왕을 경외하고 반역자로 더불어 사귀지 말라." 베드로전서 2:17, "뭇사람을 공경하며 형제를 사랑하며 하나님을 두려워하며 왕을 공경하라." 로마서 13:1, "각 사람은 위에 있는 권세들에게 굴복하라. 권세는 하나님께로 나지 않음이 없나니 모든 권세는 다 하나님의 정하신 바라."

---

[2] 이상적인 국가인 천국은 독재적 왕정 국가나 인본주의적 민주국가나 사회주의적 국가가 아니고 주 예수 그리스도의 왕권 아래(계 11:15) 백성들이 자율적으로 통치에 참여하는 국가 형태라고 보인다(계 22:5).

윗사람 공경

목사와 장로들과 교인들의 관계

다섯째로, 부모 공경의 원리는 교회에서 목사와 장로들과 교인들의 관계에도 적용된다. 성경은 목사와 장로들과 교인들의 관계를 목자와 양들의 관계라고 말한다. 주께서는 시몬 베드로에게 '네가 나를 사랑하느냐?'고 물으시면서 "내 어린양을 먹이라," "내 양을 치라," "내 양을 먹이라"고 말씀하셨다(요 21:15, 16, 17). 목사는 교인들을 위해 성경말씀을 충실히 준비하여 가르쳐야 하고 장로들은 교인들이 믿음의 생활을 잘하도록 그들의 영육의 형편을 잘 살펴야 한다.

사도 바울은 에베소 장로들에게 "너희는 자기를 위해 또는 온 양떼를 위하여 삼가라. 성령이 저들 가운데 너희로 감독자를 삼고 하나님께서 자기 피로 사신 교회를 치게 하셨느니라"고 말했다(행 20:28).

사도 베드로도 장로들에게 권면하며 "너희 중에 있는 하나님의 양 무리를 치되 부득이함으로 하지 말고 오직 하나님의 뜻을 좇아 자원함으로 하며 더러운 이(利)를 위하여 하지 말고 오직 즐거운 뜻으로 하며 맡기운 자들에게 주장하는 자세를 하지 말고 오직 양 무리의 본이 되라"고 말했다(벧전 5:2-3).

사도 바울은 데살로니가 교회에 말하기를 "형제들아, 우리가 너희에게 구하노니 너희 가운데서 수고하고 주 안에서 너희를 다스리며 권하는 자들을 너희가 알고 저의 역사로 말미암아 사랑 안에서 가장 귀히 여기며 너희끼리 화목하라"고 했고(살전 5:12-13), 디모데에게는 "잘 다스리는 장로들을 배나 존경할 자로 알되 말씀과 가르침에 수고하는 이들을 더할 것이니라"고 말했다(딤전 5:17).

히브리서 13:17은 "너희를 인도하는 자들에게 순종하고 복종하라. 저희는 너희 영혼을 위하여 경성하기를 자기가 회계할 자인 것같이 하느니라. 저희로 하여금 즐거움으로 이것을 하게 하고 근심으로 하게 말라. 그렇지 않으면 너희에게 유익이 없느니라"고 말했다.

제5계명

성도의 사회적 책임

우리가 사는 나라가 바르고 좋은 나라가 되기를 바라는 것은 모든 국민이 바라는 바이며 그리스도인도 바라는 바이다. 그러나 우리는 그것이 사실상 주 예수께서 재림하시기 전까지는 불가능하다는 것을 안다. 세상 사람들의 심령이 악하므로 주 예수께서 재림하셔서 세상을 심판하시고 모든 악인들을 제거하시고 의인들의 세상을 만드시기 전까지 세상에는 불의와 불법이 사라지지 않을 것이다.

주 예수께서 다시 오실 때 온 세상의 모든 것들이 다 회복될 것이다. 사도행전 3:19-21, "너희가 회개하고 돌이켜 너희 죄 없이 함을 받으라. 이같이 하면 유쾌하게 되는 날이 주 앞으로부터 이를 것이요 또 주께서 너희를 위하여 예정하신 그리스도 곧 예수를 보내시리니 하나님이 영원 전부터 거룩한 선지자의 입을 의탁하여 말씀하신 바 만유를 회복하실 때까지는 하늘이 마땅히 그를 받아 두리라." 요한계시록 21:5, "보좌에 앉으신 이가 가라사대 보라, 내가 만물을 새롭게 하노라 하시고 또 가라사대 이 말은 신실하고 참되니 기록하라."

그러나, 우리는 우리가 사는 나라가 주의 재림 때까지 조금이라도 바르고 좋은 나라가 되기를 바라며 그것을 위해 노력해야 한다. 그러면 우리 그리스도인들이 국가에 대해 가지는 책임은 무엇인가?

첫째로, 우리는 세속 국가의 통치자들에게 복종해야 한다. 로마서 13:1-2, 4-5, "각 사람은 위에 있는 권세들에게 굴복[복종]하라. 권세는 하나님께로 나지 않음이 없나니 모든 권세는 다 하나님의 정하신 바라. 그러므로 권세를 거스르는 자는 하나님의 명을 거스름이니 거스르는 자들은 심판을 자취하리라," "그는 하나님의 사자가 되어 네게 선을 이루는 자니라. . . . [그는] 하나님의 사자가 되어 악을 행하는 자에게 진노하심을 위하여 보응하는 자니라. 그러므로 굴복하지 아니할 수 없으니 노를 인하여만 할 것이 아니요 또한 양심을 인하여

할 것이라." 베드로전서 2:13-14, "인간에 세운 모든 제도를 주를 위하여 순복하되 혹은 위에 있는 왕이나 혹은 악행하는 자를 징벌하고 선행하는 자를 포장(襃奬)[장려]하기 위하여 그의 보낸 방백에게 하라." 베드로전서 2:17, "왕을 공경하라."

이 말씀들은 우리가 세속적 통치자들에게 복종해야 할 것을 가르친다. 그들이 가진 권세는 하나님께서 주신 것이므로 우리가 그들에게 복종치 않는 것은 하나님을 거스르는 것이 된다. 그들은 '하나님의 사자'라고 불린다. 그러므로 우리는 그들을 존중하고 복종해야 한다. 사회에 통치자들을 두신 것은 하나님의 일반은혜이다. 이러한 은혜 때문에 세속사회는 너무 급격하게 부패되거나 타락지 않으며 하나님의 허락하신 기간 동안 어느 정도 그 질서가 유지되는 것이다.

그러나 그들이 하나님의 말씀에 어긋나는 법령을 공포할 때, 우리는 그보다 더 높으신 하늘에 계신 하나님의 명령을 순종해야 하므로 그들의 법령에 복종할 수 없고 그것을 저항할 수밖에 없다. 우리는 바로의 명령을 거절하였던 히브리 산파들처럼(출 1:17), 아합 시대에 선지자 100명을 굴에 숨기고 떡과 물을 먹였던 궁내대신 오바댜처럼(왕상 18:4), 바벨론 왕 느부갓네살의 금신상에 절하지 않았던 다니엘의 세 친구들처럼(단 3:16-18), 사자굴에 던지울 줄 알면서도 여전히 그의 방에서 예루살렘을 향해 창을 열어 놓고 전에 하던 대로 하루 세 번씩 무릎을 꿇고 하나님께 감사하며 기도했던 다니엘처럼(단 6:10), 주 예수 그리스도의 복음을 전하지 말라는 유대인 공회의 명령에 불복종했던 사도들처럼(행 4:19-20) 행해야 할 것이다.

그러나 그런 때에도 우리는 오직 비폭력적 방법으로 저항해야 한다. 잠언 24:21, "여호와와 왕을 경외하고 반역자로 더불어 사귀지 말라." 또 부득이한 경우, 성도는 다른 곳으로 피신할 수 있다.

둘째로, 우리는 세속적 통치자들을 위해 기도해야 한다. 디모데전서 2:1-2, "내가 첫째로 권하노니 모든 사람을 위하여 간구와 기도와 도고와 감사를 하되 임금들과 높은 지위에 있는 모든 사람을 위하여 하라. 이는 우리가 모든 경건과 단정한 중에 고요하고 평안한 생활을 하려 함이니라." 이 말씀은 바벨론에서 포로생활을 하는 유대인들에게 선지자 예레미야를 통해 주신 말씀과 같다. 예레미야 29:7, "너희는 내가 사로잡혀 가게 한 그 성읍의 평안하기를 힘쓰고 위하여 여호와께 기도하라. 이는 그 성이 평안함으로 너희도 평안할 것임이니라." 우리는 하나님께서 우리나라에 주신 자유민주주의와 시장경제의 정체성을 감사하며 우리나라의 평안과 발전을 위하여 또 통치자들의 하나님 경외함과 도덕성과 지혜와 용기를 위해 기도해야 한다.

셋째로, 우리는 세속적 통치자들을 위해 세금을 내어야 한다. 로마서 13:6-7, "너희가 공세를 바치는 것도 이를 인함이라. 저희가 하나님의 일꾼이 되어 바로 이 일에 항상 힘쓰느니라. 모든 자에게 줄 것을 주되 공세를 받을 자에게 공세를 바치고 국세 받을 자에게 국세를 바치고 두려워할 자를 두려워하며 존경할 자를 존경하라." 주께서는 가이사에게 세금을 바치는 일을 부정하지 않으셨다. 마태복음 22:21, "그런즉 가이사의 것은 가이사에게, 하나님의 것은 하나님께 바치라." 그리스도인은 하나님의 나라와 세상 나라의 두 영역에서 살고 있고 그 두 영역에서 해야 할 의무를 다해야 한다. 탈세는 그리스도인에게 옳지 않은 일이다. 우리는 법에 정한 대로 정직하게 세금을 내어야 한다. 그것은 나라를 사랑하는 일이기도 하다.

넷째로, 우리는 세속사회의 개선을 위해 다음 몇 가지를 실천해야 한다. 첫째, 전도하는 일이다. 성경이 가르치는 사회 개선의 근본적인 방법은 심령의 구원을 통해서이다. 사람의 본성은 심히 부패되어 있어 치료 불가능하므로(렘 17:9) 단지 어떤 강압적 법규나 최선의 교육 등으로 개선되지 않는다. 사람은 하나님께서 은혜로 주시는 거듭남과 성령의 도우심으로써만 죄성을 극복할 수 있다. 그러므로 전도는 사회 개선에 대한 성경의 최선의 대답이다. 잠언 16:6은 사람이 "여호와를 경외함으로 인하여 악에서 떠나게 되느니라"고 말한다.

<u>둘째, 모범을 보이는 일이다.</u> 성도는 말과 행위로 세상 사람들에게 의와 선과 진실의 본을 보여야 한다. 마태복음 5:14-16, "너희는 세상의 빛이라. 산 위에 있는 동네가 숨기우지 못할 것이요 사람이 등불을 켜서 말 아래 두지 아니하고 등경 위에 두나니 이러므로 집안 모든 사람에게 비취느니라. 이같이 너희 빛을 사람 앞에 비취게 하여 저희로 너희 착한 행실을 보고 하늘에 계신 너희 아버지께 영광을 돌리게 하라." 디모데전서 3:7, "[장로는] 외인에게서도 선한 증거를 얻은 자라야 할지니." 기독교가 진리의 운동이고 새 생명 운동일진대, 그리스도인들은 세속사회에서 빛으로, 모범된 인격자들로 나타나야 한다. 그 작은 빛들이 어두운 세상을 조금씩 밝힐 수 있을 것이다.

우리는 정치, 경제, 법률, 과학, 교육, 신문 방송, 예술 등 각 분야에서 모범을 보임으로써 우리가 책임 있는 윗사람일 경우 직접적으로 혹은 우리가 아랫사람일 경우 간접적으로 다른 이들에게 선한 영향을 끼쳐야 하며 기회 있을 때마다 다른 동료들을 겸손히 설득하며 그들의 양심에 호소함으로써 사회 개선을 위해 노력해야 한다.

<u>셋째, 사회의 개선을 위한 합법적 일들에 참여하는 것이다.</u> 우리는 우리 사회의 법이 허용하는 범위 안에서 사회적 악을 제거하고 사회를 개선하려고 노력해야 한다.

그러나 이것은 성도 개인이 하는 것을 의미하고 교회가 하는 것을 의미하지 않는다. 교회와 국가는, 그 구성원이 서로 중첩되지만, 그 성격과 존재 목적과 기능이 엄격히 다르다. 요한복음 18:36, "내 나라는 이 세상에 속한 것이 아니라." 교회는 예수 그리스도를 주와 구주로 믿는 자들의 모임이며 예배와 영적 성장과 전도의 임무를 가진다

(요 4:24; 엡 4:12; 마 28:19). 그러므로 국가가 교회의 활동들에 간섭해서는 안 되듯이, 교회도 국가의 활동들에 관여해서는 안 된다고 본다. 교회가 단체로서 세속정치에 관여하는 것은 성경이 가르치지 않는 바일 뿐 아니라 주께서 성경에 가르치신 교회의 본분에서 이탈하는 행위라고 본다. 교회는 단지, 웨스트민스터 신앙고백의 진술대로, "비상한 경우들에 겸비한 청원의 방식으로나; 정부 관리들로부터 요구된 경우에 양심의 만족을 위해 충고의 방식으로"(본래의 판, 31:5) 국가와 관계되는 세속적 사건들에 대해 말할 수 있다고 본다.

교회가 단체로 세속정치에 관여하는 것은 옳지 않지만, 그리스도인 개인이 세속정치에 참여하는 것은 오히려 바람직한 일이다. 국민의 한 사람으로서나 소명감을 가진 정치가, 국회의원, 공무원, 법조인 등으로서 그리스도인은 국가나 세계의 정의와 평화를 증진시키기 위해 정당하게 활동할 수 있다. 여기에, 물질적 여유나 육신적 행복이나 출세 등의 근시안적 목표를 넘어서 고상하고 원대한 꿈과 비전을 품는 그리스도인 인재들이 많이 요청된다.

우리는 사회 개선을 위한 일이 혁명이나 과격한 폭력적 방법으로 이루어져서는 안 된다고 본다. 혁명이나 폭력적 방법은 악하며 사회의 발전을 보장하지 못하고 오히려 혼란만 초래할 것이다. 그리스도인은 시민으로서 그가 속한 사회가 허용하는 합법적 방법들을 사용해야 한다. 사회의 법이 허용하는 서명 운동이나 성명서 발표나 합법적 시위, 선거에의 참여 등이 필요하다. 사회 개선은 매우 점진적으로 이루어질 것이다. 구원 얻은 성도들의 모임인 교회 속에도 불완전이 있다면 세속사회 속에서 온전함을 기대할 수 없을 것이다. 하나님을 모시지 않는 자들에게 참되고 온전한 도덕성을 기대하기는 어렵다. 우리는 인간 본성의 개조 없이는 사회의 개선이나 사회 정의가 실현되기 어렵다는 사실을 기억하고 인내와 여유를 가져야 한다.

제6계명

출애굽기 20:13, "살인하지 말지니라."

제6계명에서 요구된 의무와 금지된 죄

[소요리문답 제67문] 제6계명은 무엇인가?
[답] 제6계명은 "살인하지 말라"이다(출 20:13).

[제68문] 제6계명이 요구하는 것이 무엇인가?
[답] 제6계명이 요구하는 것은 우리 자신의 생명과 남의 생명을 보존하기 위해서 모든 합법적인 노력을 하라는 것이다(왕상 18:4; 욥 29:12; 시 82:3-4; 마 5:21; 엡 5:29).
열왕기상 18:4, "이세벨이 여호와의 선지자들을 멸할 때에 오바댜가 선지자 1백인을 가져 50인씩 굴에 숨기고 떡과 물을 먹였었더라."
욥기 29:12, "이는 내가 부르짖는 빈민과 도와줄 자 없는 고아를 건졌음이라."
시편 82:3-4, "가난한 자와 고아를 위하여 판단하며 곤란한 자와 빈궁한 자에게 공의를 베풀지며 가난한 자와 궁핍한 자를 구원하여 악인들의 손에서 건질지니라 하시는도다."

[제69문] 제6계명이 금하는 것이 무엇인가?
[답] 제6계명이 금하는 것은 우리 자신의 생명이나 이웃의 생명을 불의하게 빼앗거나 그에 도움되는 모든 일이다(행 1:18; 16:28; 출 21:18-32; 왕상 21:9-10).
사도행전 1:18, "(이 사람이 불의의 삯으로 밭을 사고 후에 몸이 곤두박질하여 배가 터져 창자가 다 흘러나온지라)."
사도행전 16:28, "바울이 크게 소리질러 가로되 네 몸을 상하지 말라. 우리가 다 여기 있노라 하니."
열왕기상 21:9-10, "그 편지 사연에 이르기를 금식을 선포하고 나봇을 백성 가운데 높이 앉힌 후에 비류 두 사람을 그 앞에 마주 앉히고 저에게 대하여 증거하기를 네가 하나님과 왕을 저주하였다 하게 하고 곧 저를 끌고 나가서 돌로 쳐 죽이라 하였더라."

제6계명

술과 담배

술

성경에서 술은 주로 포도주이다. 술을 위해 가장 자주 사용된 히브리어는 야인(יַיִן)이다(141회). 포도주스를 가리키는 티로쉬(תִּירוֹשׁ)와 미쉬라(מִשְׁרָה)라는 말도 있다. 티로쉬는 본래 신선한 포도주스를 가리켰지만, 점차 '약간 발효된 포도주스'도 의미하게 되었다. 독주(毒酒)를 뜻하는 쉐카르(שֵׁכָר)라는 말도 있다(22회). 구약 헬라어 70인역(LXX)에는, 야인과 티로쉬는 오이노스(οἶνος)라는 말로 구별 없이 번역되었고, 쉐카르는 주로 시케라(σίκερα)로 번역되었다(14회).

성경에서 술 즉 포도주는 좋은 음식으로 언급되기도 하였다. 살렘왕 멜기세덱은 "떡과 포도주(야인)를 가지고" 아브라함에게 나왔다(창 14:18). 이삭은 야곱에게 하나님께서 "풍성한 곡식과 포도주(티로쉬)로" 그에게 주시기를 축복하였다(창 27:28). 야곱은 열두 아들 중 유다에게 "그 옷을 포도주(야인)에 빨며" "그 눈은 포도주로 인하여 붉겠다"고 예언하였다(창 49:11-12). 예수께서는 물로 포도주를, 그것도 '좋은 포도주'를 만드셨다(요 2:3, 9-10).

또, 포도주는 제사의 재료로도 사용되었다. 출애굽기 29:40, "전제(奠祭)로 포도주 힌의 4분 1을 더할지며." 포도주는 아름다운 사랑에 비교되기도 하였다. 아가 1:2, "네 사랑이 포도주보다 나음이로구나." 또 성경은 하나님의 은혜와 생명의 말씀을 포도주에 비유하기도 하였다. 이사야 55:1, "너희는 와서 사 먹되 돈 없이 값없이 와서 포도주와 젖을 사라." 또 포도주는 약으로 사용되기도 하였다. 누가복음 10:34, "가까이 가서 기름과 포도주를 그 상처에 붓고." 디모데전서 5:23, "네 비위와 자주 나는 병을 인하여 포도주를 조금씩 쓰라."

그러나 이러한 포도주의 좋은 면과 달리, 성경은 포도주가 사람을 취하게 하고 실수와 방탕과 범죄의 원인이 됨을 말한다. 예를 들어,

노아의 실수의 원인은 술취함이었다. 창세기 9:20-21, "노아가 농업을 시작하여 포도나무를 심었더니 포도주를 마시고 취하여 그 장막 안에서 벌거벗은지라." 또 롯의 딸들은 근친상간적 행위를 위해 포도주를 사용하였다. 창세기 19:32, "우리가 우리 아버지에게 술(야인)을 마시우고 동침하여." 오늘날도 술은 음주운전, 폭력, 살인, 강도, 강간, 성희롱 등의 범죄, 자살 등의 주요 원인이 된다. 검찰청 통계에 따르면 흉악범죄의 30퍼센트 이상이 음주 상태에서 일어난다고 한다.

또 술은 몸의 여러 질병의 주요 원인이 된다. 그것은 위궤양, 심근경색, 간경화, 후두암, 식도암, 간염, 간경화, 간암, 고혈압, 우울증 등의 주요 원인이 된다. 술로 인한 사망자수도 많고 술로 인한 우리나라의 사회경제적 손실도 매년 거의 10조원에 달한다고 한다.

성경은 금주(禁酒)를 교훈한다. 잠언 20:1, "포도주는 거만케 하는 것이요 독주는 떠들게 하는 것이라. 무릇 이에 미혹되는 자에게는 지혜가 없느니라." 잠언 23:20, "술(야인)을 즐겨하는 자와 고기를 탐하는 자로 더불어 사귀지 말라." 잠언 23:31, "포도주는 붉고 잔에서 번쩍이며 순하게 내려가나니 너는 그것을 보지도 말지어다." 특히 제사장은 실수하지 않기 위해 성막 봉사에서 술을 마셔서는 안 되었다. 레위기 10:9, "너나 네 자손들이 회막에 들어갈 때에는 포도주나 독주를 마시지 말아서 너희 사망을 면하라."

오늘날에는 알코올 성분이 높은 술들이 많다. 맥주의 알코올 농도는 2-6퍼센트이며 포도주는 12-15퍼센트이지만, 소주나 위스키 같은 술들은 40-50퍼센트라고 한다. 그것은 조금만 마셔도 취할 것이다.

신약성경은 술취함이 육체의 일이요 천국에 들어갈 수 없는 큰 죄라고 밝히 말한다. 갈라디아서 5:21, "육체의 일은 현저하니 곧 음행과 더러운 것과 호색과 우상숭배와 술수와 원수를 맺는 것과 분쟁과 시기와 분냄과 당 짓는 것과 분리함과 이단과 투기와 술취함과 방탕함과 또 그와 같은 것들이라. 전에 너희에게 경계한 것같이 경계하노니 이런 일을 하는 자들은 하나님의 나라를 유업으로 받지 못할 것이요." 고린도전서 5:11, "이제 내가 너희에게 쓴 것은 만일 어떤 형제라 일컫는 자가 음행하거나 탐람하거나 우상숭배를 하거나 후욕하거나 술 취하거나 토색하거든 사귀지도 말고 그런 자와는 함께 먹지도 말라 함이라." 고린도전서 6:9-10, "불의한 자가 하나님의 나라를 유업으로 받지 못할 줄을 알지 못하느냐? 미혹을 받지 말라. 음란하는 자나 우상숭배하는 자나 간음하는 자나 탐색하는 자나 남색하는 자나 도적이나 탐람하는 자나 술 취하는 자나 후욕하는 자나 토색하는 자들은 하나님의 나라를 유업으로 받지 못하리라." 에베소서 5:18, "술 취하지 말라. 이는 방탕한 것이니." 그러므로 성경은 감독[장로]이나 집사는 술을 즐기지 않는 자여야 한다고 규정한다. 디모데전서 3:3, "[감독은] 술을 즐기지 아니하며." 디모데전서 3:8, "[집사는] 술에 인박이지 아니하고."

결론적으로, 술은 유익보다 해가 많다. 그러므로 루터, 칼빈, 웨슬리 등 경건한 신앙인들은 금주(禁酒)를 역설했다. 술의 심각한 폐해들과 중독성을 생각할 때, 또한 오늘날 많은 술들이 알코올 성분이 매우 높아 조금만 마셔도 취할 수 있다는 사실을 생각할 때, 경건한 성도에게는 완전 금주가 가장 합당하다고 본다.

담배

담배는 술처럼 실수와 범죄의 원인이 되지는 않으나 술처럼 몸에 매우 해롭다. 담배 연기는 60여개의 발암 물질을 포함한 독한 물질들을 많이 가지고 있어서 담배를 오래 피운 사람은 폐암, 후두암, 위암 등 모든 종류의 암과 위궤양, 심장 질환 등에 걸릴 가능성이 높다고 한다("Smoking," *Encyclopedia of Biblical & Christian Ethics*, ed. R. K. Harrison (Thomas Nelson, 1992), pp. 387-389). 1994년 10월에 열린 '제9

차 담배와 건강에 관한 세계회의'는 54종류의 사망 원인 가운데 흡연과 직접 관련된 질병이 25가지라고 말했다. 이 질병 중 암으로 분류된 것이 17종이며, 이런 암에 걸릴 확률은 흡연자가 비흡연자보다 14배나 높았다. 1997년, 대한 결핵 및 호흡기 학회는 폐암 환자 10명 중 8명이 흡연자이었다고 보고했다(조선일보, 1998. 11. 30, 30쪽).

1990년 미국에서 흡연으로 인해 죽은 자가 약 40만명이라고 한다 (*AMA Journal*; *Calvary Contender*, 15 December 1993). 옥스퍼드대학 공중보건과 마틴 베세이 박사는 "통상 성인이 된 후 흡연기간을 35년 정도로 계산하였을 때 흡연자의 사망률이 비흡연자보다 두 배 이상 높다는 결론에 도달하였다"고 말했다(조선일보, 1994. 10. 13, 7쪽). 전 세계의 흡연자 수는 약 10억명 이상이며 흡연으로 인한 사망자 수는 매년 약 800만명이 된다고 한다.

술과 담배의 문제는 범죄와 관련된 문제, 몸의 건강과 관련된 문제, 경제적 지출과 관련된 문제가 있다. 범죄와 관련된 문제는 술 문제에 제한된다. 특히 그것은 술취함에 관계된다. 성경이 술 자체를 정죄하지는 않으나, 술취함은 큰 죄로 정죄한다. 몸의 건강과 관련해서는 술과 담배가 다 관련된다. 우리 몸은 하나님의 성전이므로 우리는 몸의 건강을 위해서 술과 담배를 금해야 한다. 고린도전서 6:19-20, "너희 몸은 너희가 하나님께로부터 받은 바 너희 가운데 계신 성령의 전인 줄을 알지 못하느냐? 너희는 너희의 것이 아니라 값으로 산 것이 되었으니 그런즉 너희 몸으로 하나님께 영광을 돌리라." 우리는 우리의 몸을 거룩하고 깨끗하고 건강하게 잘 관리해야 한다. 또 경제적 지출에 관련해서도 술과 담배를 위한 지출은 유익이 없는 지출이라고 본다. 그러므로 술의 폐해뿐 아니라, 또 담배도 몸에 해롭다는 사실을 생각할 때, 완전 금주(禁酒)와 완전 금연(禁煙)은 오늘날에도 그리스도인들이 지켜야 할 좋은 전통이요 건전한 생활 방식이다.

제6계명

낙태

오늘날 인공임신중절 즉 낙태는 현대사회의 가장 심각한 윤리적 문제이며 윤리적 죄악이다. 낙태로 죽어가는 생명은 셀 수 없이 많다. 1990년의 한 보고서는 "전세계적으로 인공유산은 매년 5,500만건에 이르고 있는데, 이 중 소련이 가장 많아 연간 650만건이고 미국이 150만건에 달한다"고 말하면서 "진짜 놀라운 것은 한국이 150만건(1985년)에 달하고 있어 인구 비례로 따지면 세계 최고"라고 말했다(장병숙, "낙태실태에 대한 보고" 기독신보, 1990. 6. 16, 7쪽). 한국 인구보건연구원의 조사에 의한 통계도 비슷했다(크리스챤 신문, 1990. 11. 3, 5쪽). 물론, 정확한 수를 알 수 없으나, 2021년에도, 세계의 낙태 건수는 약 4,000만건 이상으로 추정되며, 우리나라도 1년에 약 100만건 이상으로 추정된다(Daily Goodnews, 2022. 1. 13; 국민일보, 2020. 9. 23).

알란 구트마허 연구소(Alan Guttmacher Institute)의 1980년 보고서에 의하면, 미국의 합법적 낙태건수 중 79%는 미혼자에 의한 것이고 30%는 청소년에 의한 것이며 심지어 1%는 15세 이하의 경우라고 했다. 미국의 남북전쟁에서 사망한 군인들의 수는 약 50만명, 1차 세계대전에서 미군의 사망자수는 약 12만명, 2차 세계대전에서는 약 41만명, 한국의 6·25전쟁에서 미군의 사망자수는 약 5만명, 베트남 전쟁에서는 약 6만명이었다고 한다. 그러나 낙태가 합법화된 1973년부터 1985년까지 미국에서 낙태된 유아들의 수는 약 1,500만명이며, 세계적으로 연간 4,000만명 이상이라고 추정되니, 이는 유아 대학살이 아닐 수 없다(Haven B. Gow, "Is Abortion in America Like the Holocaust?" Christian News, 24 June 1985, p. 8; 교회연합신문, 2002. 5. 26, 11쪽).

그런데 오늘날 많은 교회들이 낙태를 용납하고 있다. 낙태를 합법화한 미국의 대법원 판결이 있기 전, 1970년대 초 미국 연합감리교회(UMC) 총회는 낙태가 더 이상 범죄가 아니며 여성이 자유롭게 선택할 수 있는 문제라고 결론을 내렸었다. 1986년에 미합중국 장로교회(PCUSA)도 낙태에 관해 281대 266으로 '각자의 자유의사에 맡긴다'(pro-choice)는 입장을 재확인하였다(Religious News Service, 18 June 1986). 미국 연합그리스도교회(UCC)도 공식적으로 낙태를 지지한다(*Calvary Contender*, 1 January 1999).

그러나 낙태는 '살인하지 말라'는 제6계명을 범하는 죄, 즉 살인죄이다. 출산 전의 인간 태아는 인간으로 간주되어야 한다.

(1) 성경은 인간 태아를 '아이'라고 부른다. 누가복음 1:41, "엘리사벳이 마리아의 문안함을 들으매 아이(브레포스 βρέφος, child)가 복중에서 뛰노는지라."

(2) 성경은 인간 태아를 가리킬 때 인칭대명사를 사용한다. 예레미야 1:5, "내가 너를 복중에 짓기 전에 너를 알았고 네가 태에서 나오기 전에 너를 구별하였고 너를 열방의 선지자로 세웠노라." 원문에서 본절에 네 번 나오는 ~카(ךָ)라는 말은 남성 2인칭 목적격 접미어다.

(3) 성경은 하나님께서 사람이 출생하기 전에 그를 택하시고 부르셨다고 말한다. 예레미야 1:5, "내가 너를 복중에 짓기 전에 너를 알았고 네가 태에서 나오기 전에 너를 구별하였고 너를 열방의 선지자로 세웠노라." 갈라디아서 1:15, "내 어머니의 태로부터 나를 택정하시고 은혜로 나를 부르신 이가."

(4) 출애굽기 21:22-25는 낙태가 살인임을 명백히 증거한다. "사람이 서로 싸우다가 아이 밴 여인을 다쳐 낙태케 하였으나 다른 해가 없으면 그 남편의 청구대로 반드시 벌금을 내되 재판장의 판결을 좇아 낼 것이니라. 그러나 다른 해가 있으면 갚되 생명은 생명으로, 눈은 눈으로, 이는 이로, 손은 손으로, 발은 발로, 데운 것은 데움으로, 상하게 한 것은 상함으로, 때린 것은 때림으로 갚을지니라." 본문에서 '낙태케 하였다'는 원어(웨야체우 엘라데하 וְיָצְאוּ יְלָדֶיהָ)는 단

순히 '그 여자의 아이들이 나온다'는 뜻이다(KJV). 이것은 유산(流産)(NASB)이 아니고 조산(早産)(NIV)을 의미한다. 낙태를 가리키는 일반적인 히브리어는 쉬켈(שָׁכֹל)('유산하다')과 네펠(נֶפֶל)('유산[流産], 낙태')이다. 그러므로 '다른 해가 없으면'이라는 말은 엄마에게도 아기에게도 다 적용된다. 칼빈, 매튜 풀, 카일-델리취도 그렇게 생각한다. 다시 말해, 조산된 아기가 죽었으면 살인죄가 적용됨을 의미하는 것이다. 이처럼 태아는 인간 생명으로 간주되며 그러므로 낙태는 분명히 살인으로 간주된다. 낙태는 태아 살해 즉 살인이다.

(5) 의학적으로도, 사람의 생명이 임신되는 순간 시작된다는 것이 의학자들의 일반적 신념이다. 1981년 미국 의회 청문회에서 미쉘린 매튜-로스(Micheline M. Matthews-Roth) 박사, 제롬 레 제운(Jerome Le Jeune) 박사, 하이미 고든(Hymie Gordon) 박사 등의 의학자들은 이 같은 사실을 증언했다(노르만 L. 가이슬러, 기독교 윤리학 (기독교문서선교회, 1992), 190쪽).

(6) 유전학적으로도, 사람의 수정란은 정상적 사람의 특징을 가진다. 남성의 정자와 여성의 난자는 각각 23개씩의 염색체를 가지고 있고 임신이 된 인간 수정란은 46개의 염색체를 가진다고 한다. 이것은 정상적인 성인의 염색체 수와 같다(가이슬러, 기독교 윤리학, 189쪽).

(7) 실제적으로, 임신 3주째면 벌써 태아의 심장 근육은 움직이고 머리, 팔, 다리가 나타나기 시작하며, 40일에서 42일이면 뇌파가 감지되고, 2개월이면 코, 눈, 귀, 발가락이 나타나며, 심장이 뛰며 혈액이 흐르고 뼈가 형성되고 모든 기관들이 존재하며 활동한다. 3개월이 되면 태아는 곁눈질하고 주먹을 쥐고 혀를 움직이며 손가락을 빨 수 있고 고통을 느낄 수 있으며, 4개월이 되면 몸무게는 여섯 배로 늘어나 출산 시 몸무게의 약 2분의 1이 되고 엄마의 목소리를 들을 수 있고, 5개월이 되면 피부, 머리털, 손톱이 생기고 꿈을 꿀 수 있고 공기가

있다면 울 수 있고 자궁 밖에서도 살 수 있다고 한다(가이슬러, 기독교 윤리학, 190-191쪽).

그러므로 낙태는 성경적으로도 의학적으로도 허용될 수 없는 태아 살해의 죄악이다. 낙태를 위한 불가피한 경우란 있을 수 없다. 강간이나 근친상간으로 인한 임신의 경우나, 어머니가 태아로 인해 생명의 심각한 위험을 받는 경우도 낙태는 정당화될 수 없다고 본다. 그런 경우에도 우리는 하나님의 섭리에 모든 일들을 맡겨야 한다. 시작된 생명을 죽일 수 있는 권한은 어머니에게도 의사에게도 어느 누구에게도 없다. 오늘날 교회들이 낙태를 용납하는 것은 큰 잘못이다.

부끄러운 일이지만, 우리는 경건한 롯의 경우, 두 딸들이 아버지와의 관계 속에서 두 아들을 낳았고 그들이 모압과 암몬의 조상이 되었음을 안다(창 19:30-38). 또 창세기 38장에서, 우리는 야곱의 아들들 중에 유다가 아내가 죽은 후 창녀인 줄 알고 들어갔던 며느리를 통해 베레스와 세라라는 쌍둥이를 얻었다. 이런 임신들은 다 부끄러운 일들이었지만, 낙태가 행해지지 않았다.

낙태는 살인이기 때문에 성도들은 스스로 조심해야 하고 또 자녀들에게 바른 교훈을 주어서 부끄러운 임신을 하지 않도록 조심시켜야 한다. 그러나 혹시 실수로 임신했을 경우는 출산해야지 낙태해서는 안 된다. 낙태는 살인이기 때문이다. 경제적 어려움이 낙태의 정당한 이유가 될 수 없다. 가족 계획, 즉 많은 자녀를 원치 않거나 딸을 원치 않아서 낙태하는 일은 더더욱 있어서는 안 된다. 인간 생명의 출산은 경제적 부담을 가지는 일이기는 하지만, 참으로 기뻐할 만한 복된 일이다. 세상의 피조물 중에 사람처럼 복된 존재는 없다.

또 잘 몰라서나 믿음과 마음이 약해서 그런 죄를 지은 자는 회개하여 용서를 받고 새 삶을 살아야 한다. 구주 예수님은 죄인들을 심판하거나 정죄하려고 오지 않으셨고 구원하려고 오셨다(요 3:17).

제6계명

안락사(Euthanasia)

안락사(安樂死, euthanasia)는 '편안한 죽음'이라는 뜻이며 '자비로운 살인'(mercy killing)이라고 불리기도 한다. 안락사는 불치병 혹은 난치병으로 고통 중에 있는 자를 독극물 주입 등으로 죽게 하는 것(적극적 안락사)과 산소, 물, 음식물 등 생명유지수단이나 치료약의 공급을 중단시킴으로써 죽게 하는 것(소극적 안락사)을 가리킨다. 오늘날 세계의 여러 나라에서 안락사를 허용하려는 경향이 있다.

안락사는 화란에서 많이 시행되었는데 거기에서 안락사는 가망 없는 환자를 위한 안락사에서 만성적 환자를 위한 안락사로, 또 신체적 질병을 위한 안락사에서 심리적 고통을 위한 안락사로, 자발적 안락사에서 비자발적 안락사로 움직여왔다고 지적된다(*Reader's Digest,* September 1997). 1999년 화란에서 7천명 이상이 안락사로 죽었다고 알려졌다(*Christian News,* 6 December 1999, p. 6). 화란은 2002년 4월 안락사를 합법화한 최초의 국가가 되었다고 한다(LifeNews.com, August 5, 2003; *Christian News,* October 13, 2003, p. 3).

안락사를 허용하는 생각이 교회 안에도 들어왔다. 1991년 미 연합 그리스도의 교회(UCC)는 안락사를 지지하고 자살을 허용하는 최초의 대교단이 되었다(*Calvary Contender,* 1 August 1991). 1999년 미국의 프린스톤 대학교의 생명윤리학 교수인 피터 싱어(Peter Singer)는 갓난아기가 돼지와 소와 개보다 더 큰 생명의 권리를 가지고 있지 않다고 주장했다. 그는 척추장애나 혈우병(血友病) 등을 가진 자를 죽일 권한을 환자들이나 의사들에게 주기를 원한다(*New Americans,* 27 September 1999; *Calvary Contender,* 15 October 1999). 그는 "불구가 된 어린 아기를 죽이는 것은 한 인간을 죽이는 것과 도덕적으로 똑같지 않다"고 말했다(*Reader's Digest,* October 1999; *Calvary Contender,* 15 October 1999).

안락사(Euthanasia)

안락사 옹호자들이 제시하는 근거는 세 가지이다(가이슬러, 기독교 윤리학, 199-202쪽). 첫째로, 안락사 옹호자들은, 사람이 존엄하게 죽을 권리가 있고 심각하게 고통스런 생활은 죽는 것보다 못하기 때문에 안락사가 정당하다고 주장한다. 그러나 이것은 인본주의적 사고방식에서 나온 것이다. 인본주의(humanism)는 하나님을 부정하고 모든 일을 사람 중심적으로 생각하며 사람이 모든 것의 기준이라고 보는 사상이다. 인본주의는 사람이 자기 운명을 스스로 선택하고 결정할 권리가 있다고 보기 때문에 자살, 낙태, 안락사의 권리를 주장하며 그런 행위를 사생활의 자유와 권리에 속한다고 말하는 것이다.

둘째로, 안락사 옹호자들은 안락사가 심각하게 고통 당하는 병자들을 그 고통에서 해방시키기 때문에 병자들 자신에게나 가족들에게 선하고 자비로운 행위이며 그러므로 안락사가 정당하다고 주장한다.

셋째로, 안락사 옹호자들은 안락사가 실제적으로 가족들의 무거운 경제적 부담이나 사회적 부담을 덜어준다고 말한다. 그들은 심지어 노인들이 자손들의 평안과 행복을 위해 죽는 것은 선하다고 말한다.

그러나 이런 주장들은 하나님 앞에서나 이성적으로나 양심적으로 올바르지 않다. 첫째로, 하나님께서는 살인하지 말라는 계명을 주셨고 그러므로 하나님께서 허용하지 않으시는 경우들에 사람을 죽이는 것은 하나님의 계명을 어기는 악한 일이다. 출애굽기 20:13, "살인하지 말지니라." 창세기 9:6, "무릇 사람의 피를 흘리면 사람이 그 피를 흘릴 것이니 이는 하나님께서 자기 형상대로 사람을 지었음이니라." 비록 선한 목적이라 할지라도 악한 행위를 정당화시키지는 못한다.

둘째로, 사람의 생명을 죽일 권한은 그것을 주신 하나님께만 있고 하나님 외의 그 누구에게도 없다. 하나님께서는 다니엘이 벨사살 왕에게 말한 바대로 사람의 호흡을 주장하시고 사람의 모든 길을 작정하시는 자이시다(단 5:23). 또 예수님의 비유의 말씀대로, 하나님께서는 오늘밤에라도 우리의 영혼을 도로 찾으실 수 있는 분이시다(눅 12:20). 그러므로 합법적 사형이나 정당방위적 전쟁 외에, 사람은 그 누구도 다른 사람을 죽일 권리가 없다. 또 우리는 아무리 고통스런 형편과 처지에 있다 할지라도 선지자 요나처럼 "여호와여, 원컨대 이제 내 생명을 취하소서. 사는 것보다 죽는 것이 내게 나음이니이다" (욘 4:3)라고 구하며 하나님께서 부르실 때까지 기다려야 한다.

셋째로, 사람은 고통을 통해 하나님의 뜻을 배우며 고통 중에 참고 그에게 모든 것을 맡겨야 한다. 그는 고통을 통하여 자신이 얼마나 허무한 존재이며 얼마나 죄악된지를 깨닫고 천국이 얼마나 사모할 만한 곳인지 깨닫고 또 하나님의 원하시는 바가 거룩과 의임도 깨달아야 한다. 다윗은 시편 39:6에서 병중에서 사람의 삶이 그림자 같고 헛된 일에 분요하며 재물을 쌓으나 누가 취할지 알지 못한다고 고백했다. 또 시편 119:67, 71은, "고난 당하기 전에는 내가 그릇 행하였더니 이제는 주의 말씀을 지키나이다," "고난 당한 것이 내게 유익이라. 이로 인하여 내가 주의 율례를 배우게 되었나이다"라고 말한다.

넷째로, 이성적으로, 양심적으로 생각할 때, 세상에서 사람의 생명보다 귀한 것은 없다. 물질적 이익이 생명의 가치를 대신할 수 없다. 그러므로 경제적 부담 때문에 생명을 죽일 수 있다는 생각은 매우 비인간적인 생각이다. 예수께서도 "사람이 만일 온 천하를 얻고도 제 목숨을 잃으면 무엇이 유익하리요"라고 말씀하셨다(마 16:26).

안락사는 일종의 살인 행위이다. 사람의 생명은 오직 하나님의 손에 달렸다. 그것은 자신이나 타인에 의해 고의적으로 손상되어서는 안 된다. 남의 생명에 대한 고의적 손상은 분명히 살인이다. 우리는 어떤 어려운 상황 속에서도 우리의 영혼을 미쁘신 조물주께 부탁해야 한다(벧전 4:19). 사람은 심한 고통 중에서 진통제를 맞을 수는 있으나 자신이나 타인의 생명을 끊으려 해서는 안 된다.

안락사(Euthanasia)

단지, 의학적으로 치료 불가능한 질병의 경우, 의학적, 인공적 수단(인공호흡기 사용, 수액공급, 영양공급 등)이 병을 고치기보다 단지 죽음의 자연스런 진행과정을 방해할 뿐이라면, 그러한 무의미한 생명 연장은 하나님의 섭리에 대항하는 것일 수 있다. 심장과 폐의 기능이 정지된 심폐사(心肺死)(이것을 보통 죽음이라고 말함) 이전에 뇌사(腦死) 상태에 이런 경우가 발생한다. 뇌사란 뇌 전체 기능의 소실로 인해 인지 기능이 중단되고 의식이 분명치 않은 상태를 말한다.

대한의학협회는 1993년 3월 4일 "뇌사에 관한 선언"을 발표했는데, 그것은 심폐기능의 정지인 심폐사(心肺死)와 구별해 전뇌(全腦) 기능의 소실을 가리키며, 뇌사의 판정은 생명존엄성을 훼손하는 무의미한 연명치료행위의 중단이나 장기공여의 경우에만 시행한다고 말하고, 뇌사판정기준은 원인질환이 확정돼 있고 치료가능성이 없는 기질적 뇌병변이 있을 때, 또 깊은 혼수상태로 자발호흡이 없고 치료가능한 급성약물중독이나 대사성 또는 내분비성 장애의 증거가 없고, 직장 온도 32도 이하의 저체온이나 쇼크상태가 아닌 때 등의 조건을 달았고, 구체적 판정기준으로 양쪽 눈 동공의 확대 고정, 뇌간반사의 완전 소실, 무호흡검사 등을 실시하고 이를 6시간 뒤 재확인한 후에 최종 판정토록 규정했다(조선일보, 1993. 3. 5, 30쪽). 1968년 이후, 오늘날에 프랑스, 미국, 핀란드, 호주, 대만, 필리핀 등 세계의 여러 나라는 뇌사를 죽음으로 인정하고 있다고 한다(조선일보, 2001. 11. 17, 21쪽).

사람은 죽어야 할 존재이기 때문에 하나님의 섭리에 순응하지 않고 대항하여 죽음을 피하려는 것은 하나님을 경외하는 자의 올바른 태도가 아니다. 그러므로 치료 불가능한 질병이라는 의사의 판정이 있거나 뇌사 판정이 있는 경우, 환자가 사전 혹은 사후 동의가 있다면, 또 환자가 여러 날 의식이 없을 때 가족들이 동의한다면, 무의미한 생명 연장의 인공적, 의학적 조치는 중단될 수 있다고 본다.

제6계명

자살

문명이 발달하고 사회가 복잡해질수록 자살은 심각한 사회 문제가 되고 있다. 2021년 우리나라는 OECD(경제협력개발기구) 38개 국가들 중 자살률이 인구 10만명 당 26명으로 1위이며 OECD평균 11.1명보다 두 배가 높고, 자살자는 하루 평균 36.5명이고, 1년에 13,352명이었다고 한다. 특히 10대부터 30대까지 사망 원인의 1위는 자살이라고 한다. 전세계적으로는 매년 100만명 이상이 자살한다고 한다(프레시안, 2023. 6. 17; https://www. worldometers.info/kr). 자살은 현대사회의 매우 심각한 윤리적 문제이다.

고대에 세네카와 스토아 학파는 각 사람은 고통에서 자신을 자유케 할 권리가 있다고 주장하면서 자살의 권리를 옹호하였다. 그러나 사람이 심각한 질병이나 천재지변이나 큰 사고나 노환으로 죽는 것은 사람이 거역할 수 없는 하나님의 뜻이며 섭리이고, 또 가족이나 친구를 위해 자기 목숨을 희생하는 경우나, 전쟁에서의 희생적 죽음이나 합법적 권위에 의한 사형 집행으로 인한 죽음 등은 허용되지만, 사람이 다른 이의 생명을 개인적 감정으로 죽이는 것이나 또 자신의 목숨을 끊는 것은 허용될 수 없는 죄악이다.

자살이 죄악이라는 것은 다음 몇 가지 점을 생각할 때 분명하다. 첫째로, 사람의 생명은 타인의 것이나 자신의 것이나 다 하나님께서 주신 것이며 생명의 소유권은 오직 하나님께만 있다. 시편 24:1, "땅과 거기 충만한 것과 세계와 그 중에 거하는 자가 다 여호와의 것이로다." 시편 100:3, "여호와께서 우리 하나님이신 줄 너희는 알지어다. 그는 우리를 지으신 자시요 우리는 그의 것이니 그의 백성이요 그의 기르시는 양이로다." 에스겔 18:4, "모든 영혼이 다 내게 속한지라." 사도행전 17:25, "이[하나님께서]는 만민에게 생명과 호흡과 만물을 친히 주시는 자이심이라." 따라서 사람에게 생명을 주신 하나님께서만 그 생명을 거두실 권한을 가지고 계시며 사람은 그것을 끊을 권한이 없다. 하나님의 권한을 침해하는 것은 분명히 죄악된 일이다.

둘째로, 사람의 생명은 하나님의 형상을 반영한 귀한 것이다. 그러므로 하나님께서는 '살인하지 말라'는 계명을 주셨고 살인은 사형의 벌로 엄하게 다스리게 하셨다. 창세기 9:6, "무릇 사람의 피를 흘리면 사람이 그 피를 흘릴 것이니 이는 하나님께서 자기 형상대로 사람을 지었음이니라." 그러므로 사람은 다른 이의 생명을 존중해야 한다. 이와 같이 사람은 자신의 생명도 존중해야 하며 그것을 잘 보존하고 지켜야 한다. 그것은 사람의 기본적 의무이다(마 22:39; 엡 5:28). 그러므로 하나님께서 주신 지극히 고귀한 것, 즉 하나님의 형상인 자기 목숨을 고의로 파괴하는 것은 분명히 죄악된 일이다.

셋째로, 사람은 존재의 목적을 가지고 세상에 태어났다. 하나님께서는 사람을 만드실 때 목적 있게 만드셨다. 하나님께서 사람을 만드신 목적은 하나님의 영광을 위해 살며 하나님을 찬송하며 사는 것이다. 이사야 43:7, 21, "무릇 내 이름으로 일컫는 자 곧 내가 내 영광을 위하여 창조한 자를 오게 하라. 그들을 내가 지었고 만들었느니라," "이 백성은 내가 나를 위하여 지었나니 나의 찬송을 부르게 하려 함이니라." 그러므로 사람이 자신의 존재 목적을 저버리고 고의로 자기 목숨을 끊는 것은 하나님의 뜻을 거스르는 악한 일이다.

넷째로, 더욱이 구원 얻은 성도의 목숨은 자신의 것이 아니고 예수 그리스도께서 피 흘려 사신 것이다. 고린도전서 6:19-20, "너희 몸은 너희가 하나님께로부터 받은 바 너희 가운데 계신 성령의 전인 줄을 알지 못하느냐? 너희는 너희의 것이 아니라 값으로 산 것이 되었으니 그런즉 하나님의 것인 너희 몸과 너희 영으로 하나님께 영광을 돌리라"(전통사본). 그러므로 성도는 주의 것을 가지고 주의 영광을 위해 바르게 사용해야지 자기 마음대로 그것을 파괴할 수 없는 것이다. 우리의 몸은 주의 핏값으로 사신 바된 몸이다. 그러므로 자신의 것이 아닌 자신의 목숨을 임의로 끊는 행위는 확실히 죄악된 일이다.

비록 자살하는 자에게 인간적으로 동정할 만한, 견딜 수 없이 고통스러운 사정이 있다 할지라도, 비록 자살이 중죄(重罪)가 아닌 경우가 있다 할지라도, 특히 우울증 같은 정신적 연약 때문에 발생하는 자살의 경우는 특별히 고려해야 한다 할지라도, 또 비록 자살하는 자의 구원 문제는 우리가 판단할 문제가 아니고 하나님께서 판단하실 일이라 할지라도, 자살은 분명히 허용되어서는 안 될 죄악이다. 자살은 선한 일이 아니고 악한 일이다. 그러므로 애국자의 할복 자살이라도 성도에게는 합당치 않다고 본다.

성경에서 성도가 자살한 예는 없다. 성경에 기록된 자살의 예들은 다 악을 행하던 자들이었다. 하나님 앞에 불순종의 죄를 짓다가 버림당했던 사울은 결국 블레셋과의 전쟁에서 중상을 입고 자기 칼 위에 엎드려 죽었다(삼상 31:4; 대상 10:4). 다윗의 모사이었던 아히도벨은 후에 압살롬의 반역에 가담하여 하나님의 기름 부음 받은 왕 다윗을 대적하였고 압살롬 앞에 베푼 자기 모략이 시행되지 못함을 보고 집으로 돌아가 집을 정리한 후 스스로 목매어 죽었다(삼하 17:23). 반역으로 7일간 왕이 되었던 시므리는 오므리의 반격을 받고 왕궁 도피처에 들어가서 왕궁에 불을 놓고 그 가운데서 죽었다(왕상 16:18). 3년 동안 주를 따랐으나 그를 배신하고 은 30에 그를 팔아 넘겼던 가룟 유다는 주께서 정죄되심을 보고 스스로 후회하여 그 은 30을 대제사장들에게 도로 갖다 주며 물러가서 스스로 목매어 죽었다(마 27:3-5).

삼손의 경우(삿 16:28-30)는 전쟁 상황에서 원수들을 죽이는 일을 통해 자신도 죽은 경우로 자살과 다르다. 자살이란 외적으로 불가피한 상황이 아닌 데도 자기 목숨을 고의적으로 끊는 행위를 가리키며, 원수들과의 전쟁에서 자신을 바쳐 죽는 것을 의미하지는 않는다.

자살

오늘날 유명 인사들이 자신들의 도덕적 비리, 예를 들어 불륜이나 외도의 사실이나 불법 자금을 받은 일 등 부끄러운 일이 드러났을 때 그것을 덮기 위해 자살하는 경우들이 간혹 있다. 그러나 그것은 매우 잘못된 일이다. 첫째, 그것은 사람의 생명을 존중하는 태도가 아니다. 사람의 생명은 그렇게 쉽게 끊을 만큼 가치 없는 것이 아니다. 둘째, 그것은 사회에 정의를 세우는 일과 반대된다. 범죄한 사람이 그렇게 자기 목숨을 끊어버린다면 어떻게 사회 정의가 바로 세워지겠는가? 셋째, 그것은 젊은 세대에게 본이 되지 못한다. 사회의 지도적 인물들이 그렇게 생을 마친다면 젊은 사람들이 무엇을 배우겠는가? 넷째, 그것은 비겁한 행동이다. 사람은 자기의 행위에 대해 책임을 져야 한다. 그렇지 못하다면 그것은 사람답지 못한 비겁한 행동에 불과하다. 다섯째, 사람은 누구나 실수할 수 있기 때문에 자신의 잘못을 인정하고 당당히 처벌을 받아야 한다. 사람은 그렇게 완전한 존재가 아니다. 의인 노아도, 믿음의 조상 아브라함도, 경건한 다윗도, 부끄러운 실수가 있었다. 인격자라면 자신의 실수를 인정하고 거기에 합당한 벌을 받아야 한다. 물론, 우리는 이런 부끄러운 일을 당하지 않도록 평소에 정직하게 살고 검소하게 자족하며 살고 범죄치 않도록 항상 조심해야 하며 결혼한 자들은 좋은 부부관계를 유지하도록 해야 한다.

사람들의 모든 슬픔과 고통과 절망은 죄의 결과이다. 오늘날 자살의 중요한 원인인 우울증도 죄의 결과이다. 그러나 죄인들의 구주이신 예수 그리스도께서는 "수고하고 무거운 짐 진 자들아, 다 내게로 오라. 내가 너희를 쉬게 하리라"고 말씀하셨다(마 11:28). 구주 예수 그리스도 안에 참 평안과 안정과 기쁨이 있다. 여기에 자살을 극복할 수 있는 좋은 길이 있다. 그러므로 우리는 슬픔과 고통과 절망 속에 있는 자들을 사랑의 관심을 가지고 도우려 해야 하고 무엇보다 그들에게 구주 예수 그리스도와 구원의 복음을 알려주어야 한다.

제6계명

사형

오늘날 많은 이들은 사형제도가 비인간적 제도이므로 폐지되어야 한다고 말한다. 1989년 유엔 총회는 사형제도 폐지를 위한 모든 조처를 강구하도록 하는 국제인권규약을 채택하기도 하였다.

사형제도의 폐지를 주장하는 이유들은 대체로 다음과 같다.

첫째로, 사형은 사람의 존엄성을 해치는 야만적 행위라고 한다.

둘째로, 국가는 사람의 생명을 죽일 권리가 없다고 한다.

셋째로, 사형제도는 구약의 율법과 함께 폐지되었다고 한다.

넷째로, 성경에 사형으로 처리되지 않은 경우들이 있다고 한다. 예를 들어, 가인이 살인자이지만 죽지 않았고(창 4장), 다윗이 간음자요 살인자이지만 죽지 않았고(삼하 11장), 요한복음 8장에 기록되어 있는 간음하다가 현장에서 잡힌 한 여인도 죽지 않았다고 한다.

다섯째로, 사형은 사람의 개선에 도움이 되지 않는다고 한다.

여섯째로, 사형은 예수 그리스도의 사랑의 교훈에 모순된다고 한다. 마태복음 5:39, 44, "나는 너희에게 이르노니 악한 자를 대적지 말라. 누구든지 네 오른편 뺨을 치거든 왼편도 돌려 대라," "너희 원수를 사랑하며 너희를 핍박하는 자를 위하여 기도하라."

일곱째로, 흉악범에 대한 책임은 많은 경우 범죄한 당사자에게만 있지 않고 사회 환경에도 있고 따라서 사형은 지나친 벌이라고 한다.

여덟째로, 재판은 항상 오판(誤判)의 가능성이 있고 사형에 대한 오판은 돌이킬 수 없는 잘못이 되므로 사형은 합당치 않다고 한다.

그러나, 사형제도는 다음과 같은 이유들 때문에 정당하다.

첫째로, 하나님께서는 바로 사람의 존엄성 때문에 사형을 명하셨다. 창세기 9:6, "무릇 사람의 피를 흘리면 사람이 그 피를 흘릴 것이니 이는 하나님께서 자기 형상대로 사람을 지었음이니라." 사람은 하나님의 형상대로 존귀하게 창조되었기 때문에, 살인과 간음 등 사람에 대한 큰 악은 사형이라는 형벌로 다스려져야 한다는 뜻이다.

둘째로, 하나님께서는 국가에게 사형의 권세를 주셨다.

셋째로, 율법, 특히 도덕법은 하나님의 본성과 의지를 반영한 것이며 율법의 정신은 신약 아래서도 유효하다. 실상, 하나님께서 사형을 명하신 창세기 9:6은 모세의 율법이 있기 전에 주어진 말씀이다. 사형은 중대한 죄에 대한 하나님의 공의로운 보응이며, 또 구약의 율법이 예수 그리스도에 의해 성취되었을지라도 율법의 정신은 유효하다. 마태복음 5:17-18, "내가 율법이나 선지자나 폐하러 온 줄로 생각지 말라. 폐하러 온 것이 아니요 완전케 하려[이루려] 함이로라. 진실로 너희에게 이르노니 천지가 없어지기 전에는 율법의 일점일획이라도 반드시 없어지지 아니하고 다 이루리라." 로마서 7:12, "율법도 거룩하며 계명도 거룩하며 의로우며 선하도다." 디모데전서 1:8, "사람이 율법을 법 있게 쓰면 율법은 선한 것인 줄 우리는 아노라."

넷째로, 성경에서 사형으로 처리되지 않은 경우들(가인, 다윗, 간음하다가 현장에서 잡힌 여인 등)은 하나님께서 예외적으로 허용하신 것들이며 예외적인 경우들이 성경에 명시된 사형제도의 폐지의 근거가 될 수 없다. 사실, 가인은 사람들이 자기를 죽일까봐 두려워했고 (창 4:14), 다윗도 죽어야 마땅한 자임을 인정하였고(삼하 12:5, 7, 13), 간음했던 여인의 경우도 주께서 단지 사람들의 죄를 깨닫게 하시고 용서와 구원을 교훈하신 것이었다.

다섯째로, 사형의 목적은 사람의 개선이 아니라 공정한 형벌이며, 사형은 여전히 사회의 질서 유지와 범죄 억제를 위한 최상의 방책이다. 중대한 악은 사회에서 제거되어야 하며 그렇게 함으로써 사회의 도덕 질서가 잘 유지되어야 한다. 죽음에 대한 경고가 최선의 범죄 억제책이라는 것은 상식적이다. 성경도 그것을 말한다. 신명기 21:21, "그 성읍의 모든 사람들이 그를 돌로 쳐죽일지니 이같이 네가 너의 중에 악을 제하라. 그리하면 온 이스라엘이 듣고 두려워하리라." 신명기 13:11, "그리하면 온 이스라엘이 듣고 두려워하여 이 같은 악을 다시는 너희 중에서 행하지 못하리라"(신명기 17:13; 19:20 등도).

여섯째로, 주 예수께서 교훈하신 "악한 자를 대적지 말라. 누구든지 네 오른편 뺨을 치거든 왼편도 돌려 대라" "너희 원수를 사랑하며 너희를 핍박하는 자를 위하여 기도하라"(마 5:39, 44)는 말씀은 성도 개인이 취할 행동 규범을 말한 것이지, 사회적 질서를 위해 필요한 사형제도를 부정한 것이 아니다. 사실, 신약성경도 사형을 인정한다. 요한복음 19:11, "예수께서 대답하시되 위에서 주지 아니하셨더면 나를 해할 권세가 없었으리니 그러므로 나를 네게 넘겨 준 자의 죄는 더 크니라." 사도행전 25:11, "만일 내가 불의를 행하여 무슨 사죄(死罪)를 범하였으면 죽기를 사양치 아니할 것이나 만일 이 사람들의 나를 송사하는 것이 다 사실이 아니면 누구든지 나를 그들에게 내어줄 수 없삽나이다." 로마서 13:4, "네가 악을 행하거든 두려워하라. 그[그 위정자]가 공연히 칼을 가지지 아니하였으니 곧 하나님의 사자가 되어 악을 행하는 자에게 진노하심을 위하여 보응하는 자니라."

일곱째로, 흉악범에 대한 책임이 부분적으로 사회 환경에도 있다 하더라도 사람은 자신의 중대한 악행에 대한 책임을 져야 한다.

여덟째로, 재판에 대한 오판(誤判)의 가능성이 성경에 명시된 사형제도를 부정할 정당한 이유가 될 수는 없다.

구약의 율법에서 사형에 해당하는 죄들은 다음과 같다.

첫째는, 우상숭배의 죄이다. 무당(출 22:18), 다른 신에게 제사하는 자(출 22:20), 자식을 몰렉에게 주는 자(레 20:2), 신접한 자와 박수를 추종하는 자(레 20:6), 거짓 선지자(신 13:5), 이단을 전하거나 따르는 자(신 13:6-10) 등이 여기에 해당한다.

둘째는, 하나님의 이름을 훼방하는 죄이다. 레위기 24:16, "여호와의 이름을 훼방하면 그를 반드시 죽일지니 온 회중이 돌로 그를 칠 것이라. 외국인이든지 본토인이든지 여호와의 이름을 훼방하면 그를 죽일지니라."

셋째는, 안식일을 범하는 죄이다. 출애굽기 31:14-15, "너희는 안식일을 지킬지니 이는 너희에게 성일이 됨이라. 무릇 그 날을 더럽히는 자는 죽일지며 무릇 그 날에 일하는 자는 그 백성 중에서 그 생명이 끊쳐지리라. 엿새 동안은 일할 것이나 제7일은 큰 안식일이니 여호와께 거룩한 것이라. 무릇 안식일에 일하는 자를 반드시 죽일지니라."

넷째는, 부모에게 악을 행하는 죄이다. 부모를 치는 자(출 21:15), 부모를 저주하는 자(출 21:17; 레 20:9), 부모를 거역하고 패역한 자(신 21:18-21)가 여기에 해당한다.

다섯째는, 살인하는 죄이다. 사람을 쳐죽인 자(출 21:12), 짐짓 모살한 자(출 21:14) 등이 여기에 해당한다.

여섯째는, 간음하는 죄이다. 남의 아내와 간음하는 자(레 20:10), 계모와 동침하는 자(레 20:11), 며느리와 동침하는 자(레 20:12), 남자와 교합하는 자(동성애)(레 20:13), 장모를 취하는 자(레 20:14), 짐승과 교합하는 자(레 20:15), 자매를 취하는 자(레 20:17), 월경하는 여인을 취하는 자(레 20:18), 이모나 고모를 범하는 자(레 20:19), 백숙모를 범하는 자(레 20:20), 남의 약혼한 자를 범한 자(신 22:23-24), 그를 들에서 강간한 자(신 22:25) 등이 여기에 해당한다.

이 외에도, 인신매매자(출 21:16)와 오만하게 제사장이나 재판장의 말을 듣지 않는 자(신 17:12)도 사형에 해당하였다.

사형은 하나님께서 율법에 정하신 제도이다. 국가는 정당한 재판을 통해 사형을 시행함으로 중대한 범죄를 예방하며 억제하고 사회의 도덕 질서를 유지해야 한다. 그것은 하나님의 뜻이라고 본다. 우리는 모든 죄를 피하고, 특히 사형에 해당하는 큰 죄를 피해야 한다.

제6계명

전쟁

인류는 일찍부터 많은 전쟁을 치루어왔다. 영토의 확장이나 경제적 동기나 지배권을 위한 전쟁으로부터 종교적 갈등 때문에나 이념의 실현을 위한 전쟁까지 인류 역사는 많은 다양한 전쟁을 경험하였다. 특히 20세기 초엽과 중엽에 인류는 두 개의 세계대전이라는 참혹한 전쟁을 경험했다. 1, 2차 세계대전으로 전세계에서 7천 8백만명 이상이 사망하였다(최 석, "전쟁," 동아 세계대백과사전, 24권, 481쪽). 전쟁의 참혹한 결과는 말할 것도 없고, 2차 세계대전이 끝난 후, 인류는 원자폭탄을 비롯하여 화학무기, 생물학무기 등 대량 살상무기(WMD)로 인해 심각한 두려움 가운데 놓여 있다. 전쟁은 참혹한 일이다. 그리스도인은 전쟁에 대해 어떤 태도를 가져야 하는가?

어떤 이들은 모든 종류의 전쟁이 악하며 우리는 어떤 종류의 전쟁에도 참여해서는 안 된다고 주장한다. 이런 평화주의적 견해를 가진 자들은 대략 다음과 같이 주장한다.

첫째로, 모든 종류의 살인이 옳지 않으며 특히 전쟁은 대량 학살을 가져오기 때문에 옳지 않다고 한다.

둘째로, 모든 전쟁이 탐욕에 근거하고, 가족과 친구들의 죽음, 신체 불구, 가정 파탄, 여러 가지 질병과 기아 등 많은 불행한 일들을 만들며, 전쟁이 또다른 전쟁을 일으키므로 악하다고 한다.

셋째로, 하나님께서는 성경에서 전쟁을 명령하신 적이 없다고 한다. 평화주의자들은 구약시대의 전쟁의 예들이 신정국가의 특수한 경우들이며 하나님께서 허용하신 것일 뿐이라고 한다.

넷째로, 주 예수께서는 악을 악으로 응징하지 말고 악한 자를 대적지 말고 원수까지 사랑하라고 말씀하셨고(마 5:38-44) 또 검을 가지는 자는 검으로 망하리라고 말씀하셨다(마 26:52)고 한다.

그러면 과연 평화주의자들의 이런 주장들은 옳은 것인가? 그리스도인의 바른 전쟁관은 무엇인가? 성경은 전쟁에 대해 어떻게 말하는가? 우리는 전쟁과 관련하여 다음의 몇 가지 사실을 생각해야 한다.

첫째로, 우리는 국가 혹은 정부의 권세에 복종해야 한다. 예수께서는 정부의 권세를 인정하셨다. 요한복음 19:11, "예수께서 대답하시되 위에서 주지 아니하셨더면 나를 해할 권세가 없었으리니 그러므로 나를 네게 넘겨 준 자의 죄는 더 크니라." 사도 바울도 통치자들의 권세를 인정하고 거기에 복종할 것을 교훈했다. 로마서 13:1-4, "각 사람은 위에 있는 권세들에게 굴복[복종]하라. 권세는 하나님께로 나지 않음이 없나니 모든 권세는 다 하나님의 정하신 바라. 그러므로 권세를 거스르는 자는 하나님의 명을 거스름이니 거스르는 자들은 심판을 자취하리라. 관원들은 선한 일에 대하여 두려움이 되지 않고 악한 일에 대하여 되나니 네가 권세를 두려워하지 아니하려느냐? 선을 행하라. 그리하면 그에게 칭찬을 받으리라. 그는 하나님의 사자가 되어 네게 선을 이루는 자니라. 그러나 네가 악을 행하거든 두려워하라. 그가 공연히 칼을 가지지 아니하였으니 곧 하나님의 사자가 되어 악을 행하는 자에게 진노하심을 위하여 보응하는 자니라." 디도서 3:1, "너는 저희로 하여금 정사와 권세 잡은 자들에게 복종하며 순종하며 모든 선한 일 행하기를 예비하게 하라." 사도 베드로도, "인간에 세운 모든 제도를 주를 위하여 순복하되 혹은 위에 있는 왕이나 혹은 악행하는 자를 징벌하고 선행하는 자를 포장하기 위하여 그의 보낸 방백에게 하라"고 교훈하였다(벧전 2:13-14).

국가나 정부는 하나님께서 은혜로 주신 기관이다. 하나님께서는 사회의 질서와 평안을 위해 통치자들에게 백성을 다스리는 권세를 주셨다. 국가는 백성들을 보살피고 가르치는 역할을 하고 백성들은 자기 나라에 복종할 의무가 있다고 한 헬라철학자 플라톤의 생각은 기본적으로 옳은 생각이다. 물론 자기 나라에 불만족한 자는 기회가 된다면 다른 나라로 이민 갈 수 있다. 국가나 정부는 사회의 혼란을 막는 도구로서 역할을 어느 정도 수행하고 있다. 그러므로 악한 정부라도 무정부(無政府) 상태의 혼란보다 낫다. 우리는 국가나 정부의 역할과 권세를 인정하고 그 권세에 복종해야 한다.

물론, 국가나 정부가 하나님의 뜻에 명백히 어긋나는 악한 명령을 할 때, 하나님의 백성은 그 명령을 복종해서는 안 될 것이다. 그것은 하나님의 명령이 더 높고 절대적이기 때문이다. 성경에는 그런 예들이 많다. 이스라엘 백성이 애굽에서 학대를 받고 있었을 때, 히브리 산파들은 하나님을 두려워하여 남자아이가 나면 죽이라는 애굽 왕의 명을 어기고 남자아이들을 살렸다(출 1:17, 21). 다니엘의 세 친구들은 금 신상에 절하라는 바벨론 왕 느부갓네살의 명령에 복종치 않았다(단 3장). 예수 그리스도의 사도들은 예수님의 이름으로 말하지도 말고 가르치지도 말라는 유대인 공회의 명령을 복종하지 않았다(행 4:18-20). 그러나 하나님의 계명과 뜻에 어긋나지 않는 한, 그리스도인들은 국민으로서 국가와 정부에 복종해야 한다.

둘째로, 군인은 결코 나쁜 직업이 아니고 경건한 군인이 가능하며 세속 국가에서 군대 조직은 필요하다. 세례 요한은 군대 자체를 부정하지 않고 단지 군인들에게 "사람에게 강포하지 말며 무소(誣訴)[거짓되이 비난]하지 말고 받는 요(料)[봉급]를 족한 줄로 알라"고 말했다(눅 3:14). 예수께서는 자기 하인의 중풍병을 위해 간구한 한 백부장이 그 어떤 이스라엘 사람보다 큰 믿음을 가지고 있다고 증거하셨다(마 8:5-10). 성경은 온 가족과 함께 하나님을 경외하며 사람들을 많이 구제하고 하나님께 항상 기도했던 고넬료라는 백부장에 대해 증거하며 그의 기도와 구제가 하나님 앞에 상달하여 기억하신 바가 되었다는 천사의 증언을 기록하였다(행 10:2, 4). 또 사도 바울이 가이사랴에 구금되어 로마 총독 베스도의 심문을 받았을 때, 그는 로마시민으로서 가이사에게 호소하면서 그를 죽이려는 유대인들의 위협으로부터 그를 보호해줄 것을 요청하였다(행 25:8-11). 군대는 악한 조직체가 아니고 사회의 질서와 평안을 위해 필요한 조직체이다.

셋째로, 정당한 전쟁은 인정되어야 한다. 정당한 전쟁이란 이성과 양심에 비추어 정당성을 가지는 전쟁을 말한다. 한 국가가 다른 나라의 침략을 받았을 때 자기 나라와 그 국민을 지키기 위해 불가피하게 행하는 정당방위적 전쟁이나, 또는 다른 나라를 부당하게 침략하거나 악한 테러를 행하는 나라에 대해 여러 나라들이 연합하여 응징하는 전쟁 등은 정당한 전쟁이다. 국가가 이러한 정당한 전쟁을 수행하려 할 때 모든 국민은 그 전쟁에 참여하고 협력해야 할 것이다.

성경은 공의의 응징에 대해 가르친다. 이것은 국가가 행하는 사형의 정당성에서 확인된다. 창세기 9:6, "무릇 사람의 피를 흘리면 사람이 그 피를 흘릴 것이니 이는 하나님께서 자기 형상대로 사람을 지었음이니라." 또 성경은 정당 방위를 인정한다. 출애굽기 22:2, "도적이 뚫고 들어옴을 보고 그를 쳐죽이면 피 흘린 죄가 없으나." 아마 그런 의미에서 주께서는 제자들에게 검 없는 자는 검을 사라고 말씀하셨다(눅 22:36). 아브람이 조카 롯을 구출하기 위해 죽음의 위험을 무릅쓰고 행한 전쟁은 이런 전쟁이었다(창 14장). 또 유다 왕 아비야 때 하나님께서는 유다를 침공한 이스라엘 군대를 쳐서 패하게 하셨고(대하 13:15-16), 여호사밧 때에도 침략한 이방나라를 패배케 하셨다(대하 20:22-23, 29).

물론, 가능한 한 전쟁을 피하는 것은 선한 일이므로 전쟁을 피하기 위한 최선의 노력이 선행되어야 한다. 전쟁은 최후의 수단이어야 한다. 신명기 20:10-15, "네가 어떤 성읍으로 나아가서 치려 할 때에 그 성에 먼저 평화를 선언하라. 그 성읍이 만일 평화하기로 회답하고 너를 향하여 성문을 열거든 그 온 거민으로 네게 공(貢)을 바치고 너를 섬기게 할 것이요, 만일 너와 평화하기를 싫어하고 너를 대적하여 싸우려 하거든 너는 그 성읍을 에워쌀 것이며 네 하나님 여호와께서 그 성읍을 네 손에 붙이시거든 너는 칼날로 그 속의 남자를 다 쳐죽이고 오직 여자들과 유아들과 육축과 무릇 그 성중에서 네가 탈취한 모든 것은 네 것이니 취하라. 네가 대적에게서 탈취한 것은 네 하나님 여호와께서 네게 주신 것인즉 너는 그것을 누릴지니라." 이처럼 합법적 전쟁이라도, 포로들이나 여성과 어린이의 학대나 민간인 살상 등을 피해야 하며, 특히 오늘날 화학 무기, 생물학 무기, 핵무기 등 대량살상무기(WMD)의 사용은 금해야 할 것이다.

넷째로, 개인적 보복과 공적 보복은 구별되어야 할 것이다. 악한 자를 대적지 말라, 네 오른편 뺨을 치거든 왼편도 돌려 대라, 너희 원수를 사랑하라는 주의 교훈(마 5:38-44)이나 원수를 갚지 말고 선으로 악을 이기라는 사도 바울의 교훈(롬 12:19-21)은 악을 행하는 자에게 개인적 보복을 하지 말라는 뜻으로 이해된다. 이것은 주님 자신이나 스데반의 마지막 기도에서 볼 수 있듯이(눅 23:34; 행 7:60) 상대방의 영혼 구원을 위하는 사랑의 동기 때문이었다. 그러나 이런 말씀들이 사회의 평안을 유지하기 위한 정당한 전쟁을 부정하는 구절로 사용되어서는 안 될 것이다. 개인적 보복의 살인은 허용되지 않으나 공적인 사형 집행이 정당하듯이, 국가는 이성과 양심에 비추어 정당성을 가지는 전쟁을 수행할 수 있다고 본다.

그러므로 장로교회의 웨스트민스터 신앙고백 23:2는 다음과 같이 진술한다. "그리스도인들이 정부의 관리들의 직분에 부름을 받을 때 그것을 받아들이며 수행하는 것은 합법적이며, 그것을 수행함에 있어 그들은 각 국가의 건전한 법들에 따라 특히 경건과 의와 평화를 유지해야 하므로, 그 목적을 위해 지금 신약 아래서도 정당하고 필요한 경우에 합법적으로 전쟁을 수행할 수 있다." 우리는 위의 진술대로 오늘날에도 합법적 전쟁은 타당하다고 보아야 할 것이다.

혁명

혁명이란 급격한 방법으로 기존 질서를 전복시키는 행위를 가리킨다. 역사상 이루어진 혁명들의 방법은 보통 비합법적이고 폭력적인 방법이다. 폭력 시위로 사회 질서를 전복시키는 것도 같은 종류이다.

죄악된 인간은 반역적 성향을 가지고 있다. 하나님을 대항하는 그 성향은 사회에서도 나타난다. 애굽에서 나온 이스라엘 백성은 자주 반역적이었다. 열 정탐꾼의 불신앙적 보고를 들은 백성은 밤새도록 통곡했고 지도자 모세와 아론에게 불평하며 한 장관을 세우고 애굽으로 돌아가려고 했다(민 14:1-4). 또 고라와 그 동료들과 이스라엘의 유명한 족장 250명은 모세를 대적하는 반란을 도모했다(민 16:1-3).

또 다윗의 아들 압살롬은 아버지를 대항하여 반역을 도모하였다(삼하 15장). 솔로몬의 아들 르호보암 때 이스라엘 백성은 다윗 집을 배반해 북쪽 왕국을 세웠다(왕상 12:19). 북방 이스라엘의 후기 역사는 반복된 혁명과 반역의 역사이었다(왕하 11:1; 15:10, 25, 30).

세계사는 수많은 혁명들로 이어진 역사이다. 성공한 혁명은 정통적 역사로 이어지기도 하고 실패한 혁명은 반역으로 단죄되고 처형되어 역사에서 속히 잊혀지기도 하였다. 혁명들 중에 인류 역사상 20세기에 일어난 세계적 혁명은 **공산 혁명**이었다. 공산 혁명을 이해하기 위해서는 자본주의와 사회주의의 개념을 먼저 이해해야 한다.

자본주의는 개인의 재산권(사유재산권)을 인정하고 자유로운 경제 활동을 보장하는 제도이다. 이것을 자유시장제도라고 한다. 사회주의는 생산수단, 즉 토지, 노동력, 자본의 국유화에 근거한 경제적 평등 사회를 추구하는 제도이다. 사회주의는 분배를 강조한다. 우리나라의 고교 평준화의 생각이나 빈부격차를 줄이는 부(富)의 재분배에 대한 지나친 관심과 강조는 일종의 사회주의적 생각이다.

공산주의는 사회주의의 한 형태로 혁명적, 강제적 방식으로 경제

제6계명

적 평등 사회를 이루려는 이념이다. 19세기 독일의 경제학자와 사회철학자 칼 마르크스가 엥겔스와 함께 쓴 공산당 선언에 영향을 받은 레닌은 1917년 러시아에서 공산혁명을 일으켰고(1924년 사망) 오늘날 공산국가들은 대체로 이런 공산주의 이념을 따르고 있고 공산당의 독재적 통치를 받고 있다.

자본주의의 약점은 빈부의 격차가 크다는 데 있지만, 그것의 장점은 자유로운 경제 활동으로 자기가 노력한 만큼 경제적 소득을 얻고 사회적으로 경제적 발전을 이루어 가난을 모면하고 물질적 유여함을 가질 수 있다는 데 있다. 지난 한 세기 동안 구 소련(오늘날 러시아)과 중국은 사회주의, 공산주의를 실험했으나 그 결과는 실패이었다. 그들은 경제적으로 어려운 나라가 되었었다. 그러나 오늘날 중국은 자본주의적 방식을 채용하여 경제 부흥을 경험하고 있는 중이다.

20세기 초 러시아의 공산 혁명으로 시작된 공산주의 이념은 인류 역사상 유례 없는 대학살을 저질렀다. 후버연구소의 러시아 전문가 로버트 콘퀘스트(Robert Conquest)는 엄청난 폭력(*The Great Terror*)이라는 책에서 구소련의 전 수상(1958-64년) 후로시초프의 1956년 2월 전당대회에서의 증언에 근거해 1936년~1938년 사이에 1917년 10월 혁명 이전에 공산당에 입당한 사람의 90퍼센트와 그 후에 입당한 사람의 50퍼센트, 그리고 군 장성의 60퍼센트가 처형되었다고 말했다(김필재, "인류를 파괴해온 '악마적 사상들' (1): 러시아 공산혁명의 배후 세력은 '일루미나티,'" 미래한국, 2004. 8. 7, 12쪽).

1922년에 소련 공산당 서기장이 되었고 1953년 사망한 스탈린은 1934년 이후 혁명에 방해되는 대상에 대해서 전제적(專制的) 대숙청, 무자비한 처형을 단행하였다. 그는 1937-1938년에 이루어진 대숙청인 소위 '에조프시치나' 대학살로 세계를 경악시켰다. 약 150-170만명이 구속되고 약 140만명 이상이 형을 받았고 그 중에 약 70만명이

혁명

사형을 당하였다고 한다. 그의 군부 대숙청으로 5명의 원수 중에서 3명, 15명의 군사령관 중에서 13명, 85명의 군단장 중에서 57명, 195명의 사단장 중에서 110명, 406명의 여단장 중에서 220명 등 5,000명이 넘는 고급장교가 처형되었다. 혁명에 방해되는 군부의 고급 장교들은 두하체프스키 원수의 죄목에 뒤집어 씌워 처형되었다.

공산주의 흑서: 범죄, 폭력, 억압(The Black Book of Communism-- Crimes Terror Repression)(1997)이라는 책에 실린 통계를 보면, 1917년 러시아의 공산혁명 이후 지구에서 8,500만 내지 1억명의 생명이 숙청, 굶주림, 집단 추방, 강제 노역 등으로 죽임을 당하였다. 그 가운데는 중국이 6,500 내지 7,200만명, 구 소련이 2,000만명이다(미래한국, 2004. 8. 7, 12쪽).

북한의 김일성 정권은 남한을 공산화하기 위해 1950년 6월 25일에 남한을 무력 침공하여 약 3백 30만명의 우리 동족을 죽게 하였다. 그 중에는 국군 전사자가 23만명, 민간인 사망자가 99만명, 북한군 전사자가 54만명, 북한 민간인 사망자가 150만명으로 추산되며, 그 외에 미군 등 UN군 사망자가 3만 7천명이며 중공군 사망자가 90만명으로 추산된다(김상철, "악의 인정과 부정," 미래한국, 2005. 6. 25, 1쪽; 미래한국, 2004. 6. 5에 실린 국방부 군사편찬연구소 간 "한국전쟁피해 통계집"의 숫자도 참고할 것). 그것이 공산혁명의 한 결과이다. 또 북한은 현재 일인독재 체제이며 국민의 자유와 인권이 보장되지 않는 공포사회이다. 또 북한은 그 동안 온갖 테러를 행해왔고, 1990년대 이후에는 약 300만명의 주민이 굶어 죽어가는 상황에서도 군사력 증강에 몰두했다. 또 수용소 체험을 한 탈북자들의 증언에 의하면, 북한에는 지금도 5, 6개의 정치범 수용소에 20, 30만명 가량이 노예 같은 생활을 하고 있고, 1998년부터 2001년까지 당 간부 2만여명을 처형하는 등 1950년대부터 2001년까지 약 150만명의 정치범이 죽임을 당했다(김성욱, "북한 인권문제 원인은 수령독재," 미래한국, 2005. 5. 7, 3쪽; 오스틴 램지, "사악한 독재자 김정일 조명," 미래한국, 2005. 5. 28, 10쪽, Time, 23 May 2005에서 재인용함).

그러면 그리스도인은 혁명에 대해 어떤 태도를 가져야 할까? 혁명에 대한 바른 생각과 평가와 대책은 무엇인가?

혁명은 옳지 않다. 혁명은 정당성을 가지지 못한다. 그것은 일종의 불법적 테러이다. 그것은 조직 폭력배의 행위와 다를 바 없다. 비록 의도가 좋을지라도 방법이 옳지 않은 것은 옳지 않은 것이다.

첫째로, 혁명은 "살인하지 말라"는 하나님의 계명을 고의로 범하기 때문에 옳지 않다. 혁명은 많은 사람을 부당하게 학살한다. 집단 학살은 악마적이다. 그러므로 우리가 공산주의를 악마적인 이념이라고 부르는 것이다. 그런 이념은 어떤 이유로도 용납되어서는 안 된다.

둘째로, 혁명은 통치자들에게 복종하라는 하나님의 뜻을 거역하는 것이기 때문에 옳지 않다. 성도는 통치자에게 복종해야 한다. 로마서 13:1, "각 사람은 위에 있는 권세들에게 굴복하라. 권세는 하나님께로 나지 않음이 없나니 모든 권세는 다 하나님의 정하신 바라." 베드로전서 2:13, "인간에 세운 모든 제도를 주를 위하여 순복하라." 성도는 국가 통치자들을 위해 기도하고(딤전 2:1-2) 정해진 세금을 내며(롬 13:7) 그들에게 복종해야 한다. 왕들이나 통치자들을 반역하는 것은 옳지 않다. 성경은 반역을 정죄한다. 잠언 24:21, "내 아들아, 여호와와 왕을 경외하고 반역자로 더불어 사귀지 말라."

혁명은 더 나은 사회를 만든다는 보장이 없다. 그것은 때때로 사회적 퇴보와 혼란을 가져온다. 공산 혁명은 공산당 독재의 국가와 공포 사회를 만들었다. 공산주의 사회는 인권의 존중, 신앙의 자유, 언론과 집회의 자유 같은 것이 없는 사회이고, 모두가 다 평등하게 잘 사는 사회이기는커녕 일종의 귀족계급 사회로 전락하였다. 그것은 모든 사람을 위한 최선의 사회 구조가 아님이 입증되었다. 하나님을 두려워함이 없는 자는 다 악하고 이기적이다. 혁명은 정당성이 없다.

제7계명

출애굽기 20:14, "간음하지 말지니라."

제7계명에서 요구된 의무와 금지된 죄

[웨스트민스터 소요리문답 제70문] 제7계명은 무엇인가?
[답] 제7계명은 "간음하지 말라"이다(출20:14).

[제71문] 제7계명이 요구하는 것이 무엇인가?
[답] 제7계명이 요구하는 것은 마음과 말과 행동으로 우리 자신과 이웃의 순결을 보존하는 것이다(마 5:27-32; 엡 4:29; 5:3-4; 골 4:6).
마태복음 5:27-32, "나는 너희에게 이르노니 여자를 보고 음욕을 품는 자마다 마음에 이미 간음하였느니라. 만일 네 오른눈이 너로 실족케 하거든 빼어 내버리라. 네 백체 중 하나가 없어지고 온 몸이 지옥에 던지우지 않는 것이 유익하며 또한 만일 네 오른손이 너로 실족케 하거든 찍어 내버리라. 네 백체 중 하나가 없어지고 온 몸이 지옥에 던지우지 않는 것이 유익하니라. 또 일렀으되 누구든지 아내를 버리거든 이혼 증서를 줄 것이라 하였으나 나는 너희에게 이르노니 누구든지 음행한 연고 없이 아내를 버리면 이는 저로 간음하게 함이요 또 누구든지 버린 여자에게 장가드는 자도 간음함이니라."
에베소서 4:29, "무릇 더러운 말은 너희 입밖에도 내지 말고 오직 덕을 세우는 데 소용되는 대로 선한 말을 하여 듣는 자들에게 은혜를 끼치게 하라."
에베소서 5:3-4, "음행과 온갖 더러운 것과 탐욕은 너희 중에서 그 이름이라도 부르지 말라. 이는 성도의 마땅한 바니라. 누추함과 어리석은 말이나 희롱의 말이 마땅치 아니하니."
골로새서 4:6, "너희 말을 항상 은혜 가운데서 소금으로 고루게 함 같이 하라. 그리하면 각 사람에게 마땅히 대답할 것을 알리라."

[제72문] 제7계명이 금하는 것이 무엇인가?
[답] 제7계명이 금하는 것은 모든 깨끗지 못한 생각과 말과 행동이다(마 5:28; 엡 4:29; 5:3-4).

제7계명

결혼

결혼의 의미

하나님께서는 사람을 남녀로 창조하셨다. 창세기 1:27, "하나님께서 자기 형상 곧 하나님의 형상대로 사람을 창조하시되 남자와 여자를 창조하시고." 하나님께서는 처음에 남자를 만드시고 사람의 혼자 있는 것이 좋지 못하여 그를 깊이 잠들게 하신 후 그의 갈비뼈 하나로 여자를 만드셔서 그를 돕는 자가 되게 하셨다(창 2:18, 21-22).

하나님께서는 그 여자를 남자에게로 이끌어 오셔서 부부가 되게 하셨는데, 이것이 최초의 결혼이었다. 결혼제도는 하나님께서 창세 초에 만드신 제도이며 사람의 타락 전부터 있었던 제도이다.

하나님의 사람 모세의 설명인 창세기 2:24는 결혼이 무엇인지 보이는 하나님의 진리이다. 거기에 보면, "이러므로 남자가 부모를 떠나 그 아내와 연합하여 둘이 한 몸을 이룰지로다"라고 말했다.

이 말씀은 결혼이 무엇인지 보인다. 결혼은 자녀가 성장하여 부모와 분리되어 독립 가정을 형성하는 것이다. 특히, 본문은 남자가 부모를 떠난다고 표현한다. 그것은 세대의 분리를 강조한다.

또 결혼은 남자가 그의 아내와 연합하는 것이다. 본문은 결혼 관계를 한 몸이 되는 것이라고 표현한다. 부부관계는 자식과 부모의 관계보다 더 친밀한 관계이다. 결혼은 남편과 아내가 영육으로 한 몸을 이루는 것이다. 그것은 결혼의 신비한 의미를 보인다.

'한 몸'이라는 말은 심오한 표현이다. 부부는 서로 별개의 인격으로 사는 것이 아니다. 결혼은 단순히 동거(同居)가 아니다. 부부는 친구 정도로 살아서도 안 된다. 결혼은 부부가 한 몸으로 사는 것이다.

'한 몸'이라는 말은 생각과 의향과 목표와 가치관, 심지어 돈주머니까지 하나이어야 함을 보이는 표현이다. 사람의 생활에서 가장 밀접한 관계인 성 관계도 부부간에만 가능하다. 그러므로 창세기 2:25는

결혼

"아담과 그 아내 두 사람이 벌거벗었으나 부끄러워 아니하니라"고 말한다. 벌거벗어도 부끄러워하지 않을 수 있는 것은 오직 부부관계에서만 가능하다. 한 몸은 그러한 친밀함을 의미한다.

그러므로 신약성경은 결혼을 그리스도와 교회의 연합에 비유한다. 에베소서 5:30-32, "우리는 그[그리스도의] 몸의 지체임이니라. 이러므로 사람이 부모를 떠나 그 아내와 합하여 그 둘이 한 육체가 될지니 이 비밀이 크도다. 내가 그리스도와 교회에 대하여 말하노라."

결혼은 또한 언약적 성격을 가진다. 주 예수께서는 결혼을 "하나님께서 짝지어 주신 것"(마 19:6)이라고 말씀하셨다. 잠언 2:17은 음녀를 "소시(少時)의 짝을 버리며 그 하나님의 언약을 잊어버린 자"라고 말한다. 말라기 2:14는 아내를 "너와 맹약한 아내[네 언약의 아내]"라고 표현하며 하나님께서 부부간의 증인이셨다고 한다. 결혼은 적어도 이 세상에서 죽을 때까지 계속 지켜져야 할 언약적 관계이다.

결혼의 목적

결혼의 목적은 무엇인가? 첫째로, 결혼은 상호 협조를 위해 제정되었다. 창세기 2:18, "사람의 독처하는 것이 좋지 못하니 내가 그를 위하여 돕는 배필[돕는 자]을 지으리라." 사람은 다른 이와 함께 사는 사회적 존재이다. 사람은 서로 돕고 위로하고 격려하는 친구가 필요하고 교제가 필요하다. 아내는 하나님께서 주신 좋은 친구요 협조자다. 가정은 피곤한 세상 생활에서 휴식과 위로의 보금자리이다.

둘째로, 결혼은 자녀의 출산을 위해 제정되었다. 성경은 결혼의 한 목적이 출산이며 많은 자녀들의 출산 즉 다산(多産)이 하나님의 복임을 증거한다. 창세기 1:28, "하나님께서 그들에게 복을 주시며 그들에게 이르시되 생육하고 번성하여 땅에 충만하라." 창세기 9:1, "하나님께서 노아와 그 아들들에게 복을 주시며 그들에게 이르시되 생육하고 번성하여 땅에 충만하라." 시편 127:4-5, "젊은 자의 자식은 장사의 수중의 화살 같으니 이것이 그 전통(箭筒)에 가득한 자는 복되도다." 화살통에 화살이 가득한 전사와 같이, 자녀들이 많은 가정은 복되다. 그러므로 부모의 건강이 매우 나쁘거나 경제 형편이 매우 어려운 경우가 아니라면 자녀의 수는 많은 것이 좋다.

역사상 위대한 어떤 인물들은 부모의 다산의 결과이었다. 감리교회의 창시자요 경건했던 요한 웨슬리는 그 부모의 15번째 아들이었다. 오늘날도 경건한 가정들이 많은 자녀들을 둔 예들을 볼 수 있다. 미국의 보수적 루터파 신문인 크리스챤 뉴스(*Christian News*)의 편집자 헤르만 오톤 목사는 6, 7명의 자녀를 두었고, 밥 존스 대학교 음악 교수인 멀펭거 교수는 11명의 자녀를 두었다.

셋째로, 결혼은 부정(不淨)의 방지를 위해, 즉 음행을 피하기 위해 제정되었다. 고린도전서 7:2, "음행의 연고로 남자마다 자기 아내를 두고 여자마다 자기 남편을 두라." 사람에게는 성적 감정과 욕구가 있고 그 감정은 결혼으로 해소된다. 악하고 음란한 세상 속에서 정당한 부부관계가 없다면, 사람은 음행의 죄에 떨어지기가 더 쉬울 것이다. 그러므로 사도 바울은 "서로 분방하지 말라[서로 거절하지 말라]. 다만 기도할 틈을 얻기 위하여 합의상 얼마 동안은 하되 다시 합하라. 이는 너희의 절제 못함을 인하여 사단으로 너희를 시험하지 못하게 하려 함이라"고 교훈하였다(고전 7:5).

그러나 사도 바울처럼 주를 위해 홀로 사는 것도 가능하며 때때로 더 나을 수도 있다. 고린도전서 7:8, "내가 혼인하지 아니한 자들과 및 과부들에게 이르노니 나와 같이 그냥 지내는 것이 좋으니라." 고린도전서 7:38, "처녀딸을 시집 보내지 아니하는 자가 더 잘하는 것이니라." 그러나 독신은 하나님께서 주시는 특별한 은혜가 필요하다.

결혼의 대상

결혼은 일부일처(一夫一妻) 즉 한 남자와 한 여자 간의 결혼이다.

결혼

이것은 처음에 하나님께서 한 남자와 한 여자를 창조하시고 그 둘이 부부가 되게 하신 사실에서 증거된다(창 2:21-24). 그러므로 신명기 17:17은 왕에게 "아내를 많이 두지 말라"고 명령했고 디모데전서 3:2는 감독이 "한 아내의 남편"이어야 한다고 말했다. 세상에 태어나는 남녀의 비율이 거의 같은 것도 일부일처가 하나님의 뜻임을 보인다. 웨스트민스터 신앙고백 24:1, "결혼은 한 남자와 한 여자 사이에 이루어져야 한다. 어떤 남자든지 동시에 한 아내 이상을 가지거나, 어떤 여자든지 동시에 한 남편 이상을 가지는 것은 합법적이지 않다."

성경 역사상, 야곱, 다윗, 솔로몬, 르호보암(대하 11:21), 그의 아들들(대하 11:23), 아비야(대하 13:21), 요아스(대하 24:3) 등이 여러 명의 아내를 취하였다. 그러나 성경이 그것을 기록한 것은 인간의 연약함을 보이는 역사적 사실을 증거한 것이지 하나님께서 그것을 인정하셨거나 권장하신 것을 의미하지 않는다. 특히 야곱의 경우는 본인의 의사에 의한 것이 아니었고, 솔로몬의 경우는 많은 아내들로 인하여 결국 신앙의 실패를 맛보았다(왕상 11:4-8).

<u>친족간의 결혼은 합당치 않다고 본다.</u> 레위기 18장은 근친상간뿐 아니라 친족간의 결혼, 즉 어머니, 계모, 자매, 손녀와 외손녀, 고모, 백숙모, 자부, 형제의 아내 등과의 결혼도 금지하는 법으로 이해된다.

<u>성도의 결혼 대상은 믿는 사람이어야 한다.</u> 성도는 불신자와 결혼해서는 안 된다. 신명기 7:3, "너는 가나안 족속들과 혼인하지 말라." 고린도전서 7:39, "아내가 그 남편이 살 동안에 매여 있다가 남편이 죽으면 자유하여 자기 뜻대로 시집갈 것이나 주 안에서만 할 것이니라." 고린도후서 6:14, "믿지 않는 자와 멍에를 같이하지 말라."

창세기 6:2에 "하나님의 아들들이 사람의 딸들의 아름다움을 보고 자기들의 좋아하는 모든 자로 아내를 (삼은 것)"은 경건한 셋의 자손인 아들들이 불경건한 가인의 자손인 딸들과 결혼한 것을 가리키는

것으로 본다. 그런 결혼은 하나님의 진노를 일으켰다. 또 유다 왕국의 역사에서 유다 왕들은 믿음 없는 아내들로 인해 범죄한 일이 많았다. 역대하 21:6, "저가 이스라엘 왕들의 길로 행하여 아합의 집과 같이 하였으니 이는 아합의 딸이 그 아내가 되었음이라." 또 에스라 9-10 장은 이방인들과의 결혼의 죄를 지적하였고 이스라엘 백성이 회개하고 이방 여인들을 돌려보낸 일을 기록하였다.

믿지 않는 자와 결혼하는 것은 영적으로 죽은 자와 결혼하는 것이다. 그러므로 불신자나 이방 종교인이나 천주교인이나 이단 종파에 속한 자나 자유주의 신앙을 가진 자와 결혼하는 것은 옳지 않다. 그런 자와 결혼한 자에게는 영적 고통이 뒤따를 것이다. 그런 자에게는 성수주일, 십일조, 술 담배, 제사, 장례식 등 실제 문제에 어려움이 많을 것이다.

결혼을 위한 준비

결혼을 위해 준비할 것들은 무엇인가? <u>첫째로, 가장 중요한 것은 바른 믿음의 준비이다.</u> 이를 위해 신랑과 신부는 결혼 전에 성경읽기와 기도생활에 힘써야 한다. 자녀들이 생기고 힘들고 바쁜 시간이 오기 전에 그렇게 해야 한다. 잠언 19:14, "집과 재물은 조상에게서 상속하거니와 슬기로운 아내는 여호와께로서 말미암느니라." 잠언 31:10, "누가 현숙한 여인을 찾아 얻겠느냐? 그 값은 진주보다 더하니라." 잠언 31:30, "고운 것도 거짓되고 아름다운 것도 헛되나 오직 여호와를 경외하는 여자는 칭찬을 받을 것이라." 이상적 결혼 관계와 가정은 하나님께서 세워주셔야 세워진다. 시편 127:1-2, "여호와께서 집을 세우지 아니하시면 세우는 자의 수고가 헛되며 여호와께서 성을 지키지 아니하시면 파수꾼의 경성함이 허사로다. 너희가 일찌기 일어나고 늦게 누우며 수고의 떡을 먹음이 헛되도다."

<u>둘째로, 결혼할 자는 인격적 성숙을 준비해야 한다.</u> 인격적 성숙은 참 믿음에서 나온다. 결혼은 사랑과 순종의 인격적 관계이며 부부는

결혼

사랑, 이해심, 관용, 인내, 명랑함 등의 덕을 가져야 한다. 잠언 12:4, "어진 여인은 그 남편의 면류관이나 욕을 끼치는 여인은 그 남편으로 뼈가 썩음 같게 하느니라." 잠언 14:1, "무릇 지혜로운 여인은 그 집을 세우되 미련한 여인은 자기 손으로 그것을 허느니라." 잠언 15:17, "채소를 먹으며 서로 사랑하는 것이 살진 소를 먹으며 서로 미워하는 것보다 나으니라." 잠언 17:1, "마른 떡 한 조각만 있고도 화목하는 것이 육선(肉饍, 고기 반찬)이 집에 가득하고 다투는 것보다 나으니라." 잠언 21:9, "다투는 여인과 함께 큰집에서 사는 것보다 움막에서 혼자 사는 것이 나으니라." 잠언 21:19, "다투며 성내는 여인과 함께 사는 것보다 광야에서 혼자 사는 것이 나으니라."

셋째로, 결혼할 자는 건강을 준비해야 한다. 건강은 이 세상의 삶을 위해 매우 필요하다. 적절한 운동과 영양 섭취는 중요하다. 남자가 몸이 허약하면 가정을 위한 경제적 책임을 다하기 어렵고, 여자가 몸이 허약하면 가사의 일을 잘 감당하기 어렵다. 집안 일은 실상 중노동이다. 여자가 시부모를 모시는 경우, 건강은 더욱 필수적이다.

넷째로, 결혼할 자는 경제적 안정을 준비해야 한다. 잠언 24:27, "네 일을 밖에서 다스리며 밭에서 예비하고, 그 후에 네 집을 세울지니라." 이 말씀은 사람이 경제적 안정을 준비한 후 결혼하라는 뜻이다. 학생은 학교를 졸업하고 직장을 가진 후 결혼하는 것이 좋다.

마지막으로, 결혼을 준비하는 이들은 교제 시 범죄치 않도록 주의해야 한다. 남녀의 친근한 교제는 자연스러운 것이며 남녀가 서로에게 호감을 가지고 서로 끌려야 결혼에 이를 수 있지만, 성도의 결혼 전 남녀 교제는 항상 공개적이며 인격적이어야 하고 육감적이어서는 안 된다. 방에서나 차를 타서나 단 두 사람만의 은밀한 교제는 피해야 하고, 춤, 수영, 음란한 영화나 T.V. 프로나 인터넷, 손을 잡거나 포옹하는 것 등도 피해야 한다. 사람의 실수와 범죄는 순간적이다.

제7계명

부부의 의무, 성 관계

부부의 의무

결혼은 부부가 한 몸으로 사는 것이며, 부부의 의무는 아내가 남편에게 순종하는 것이며 남편은 아내를 사랑하는 것이다.

첫째로, 아내의 의무는 남편에게 순종하는 것이다. 바울은 에베소서 5:22-24에서 "아내들이여, 자기 남편에게 복종하기를 주께 하듯 하라. 이는 남편이 아내의 머리됨이 그리스도께서 교회의 머리됨과 같음이니 그가 친히 몸의 구주시니라. 그러나[그러므로(KJV, BDAG)] 교회가 그리스도에게 하듯 아내들도 범사에 그 남편에게 복종할지니라"고 교훈했고, 골로새서 3:18에서도, "아내들아, 남편에게 복종하라. 이는 주 안에서 마땅하니라"고 했다.

사도 베드로도 같은 교훈을 했다. "아내된 자들아, 이와 같이 자기 남편에게 순복하라. 이는 혹 도를 순종치 않는 자라도 말로 말미암지 않고 그 아내의 행위로 말미암아 구원을 얻게 하려 함이니 너희의 두려워하며 정결한 행위를 봄이라. 너희 단장은 머리를 꾸미고 금을 차고 아름다운 옷을 입는 외모로 하지 말고 오직 마음에 숨은 사람을 온유하고 안정한 심령의 썩지 아니할 것으로 하라. 이는 하나님 앞에 값진 것이니라. 전에 하나님께 소망을 두었던 거룩한 부녀들도 이와 같이 자기 남편에게 순복함으로 자기를 단장하였나니 사라가 아브라함을 주라 칭하여 복종한 것같이 너희가 선을 행하고 아무 두려운 일에도 놀라지 아니함으로 그의 딸이 되었느니라"(벧전 3:1-6).

위의 구절들의 교훈대로, 아내는 자기 남편을 주님처럼 생각하며 순종해야 한다. 하나님께서는 남편을 그 아내의 머리가 되게 하셨다. 아내가 남편에게 순종하는 것은 하나님께서 정해주신 질서이다. 그러므로 아내는 남편을 존중하고 그에게 순종해야 한다.

순종하는 아내는 남편과 다투지 않는다. 교회가 자신의 머리이신

부부의 의무, 성 관계

그리스도와 다툴 수 없듯이, 아내는 남편과 다투지 말아야 한다. 다툼은 부부의 좋은 관계를 깨뜨리고 사랑을 식게 만든다. 남편이 잘못을 범하였을 때라도 즉시 비판하거나 다투지 말고 그를 위해 기도하고 기회를 봐서 그에게 조용히 충고해주는 것이 지혜로운 일이다. 지혜로운 아내는 남편을 존중하고 자기의 집을 세우지만, 어리석은 아내는 사사건건 남편과 다투며 자기의 집을 허물 것이다(잠 14:1).

남편을 사랑하는 아내는 가사의 의무에 충실한 주부가 될 것이다. 남편을 돕는 일은 우선 가사의 일을 포함할 것이다. 참 사랑은 봉사, 희생, 수고를 동반한다. 훌륭한 아내는 모범적인 주부이어야 할 것이다. 시편 128:3은 아내를, "네 집 내실에 있는 네 아내"라고 표현한다. 일반적으로, 매끼 식사 준비는 아내에게 맡겨진 중요한 의무이다.

잠언 31장은 모범적 여자를 '현숙한 여자'라고 표현한다. '현숙한 여자'라는 원어(에쉐트 카일 אֵשֶׁת חַיִל)는 '능력 있는 여자'라는 뜻으로 '지혜와 덕성과 현실 대처능력이 있는 여자'를 뜻한다고 본다. 그는 살아 있는 동안 그의 남편에게 선을 행하고 악을 행치 않으며(12절), 부지런히 손으로 일하며(13절), 밤이 새기 전에 일어나서 하루일과를 준비하며 집사람들에게 일을 배정하며(15절), 가난한 자를 구제하며(20절), 그 집안일을 보살피고 게을리 얻은 양식을 먹지 않는 자이며(27절), 무엇보다 여호와를 경외하는 자(30절)로 묘사되었다.

사도 바울도 디도서 2:4-5에서 나이든 여자들에게 말하기를, 젊은 여자들에게 가르치기를, "그 남편과 자녀를 사랑하며 근신하며 순전하며 집안일을 하며 선하며 자기 남편에게 복종하게 하라"고 했다.

또, 아내는 하나님 외에는 자기 남편을 가장 사모하고 사랑해야 한다. 그는 자기 남편 외에 다른 사람을 더 사랑해서는 안 된다. 심지어 자기 남편보다 부모나 자녀들이라도 더 사랑해서는 안 된다.

아내가 이런 선한 사람이 되려면 검소하고 절약하는 생활도 해야 한다. 여성도는 아담한[단정한] 옷을 입고, 머리 단장이나 금은보석이나 값진 옷의 단장을 조심하고, 심령의 온유함과 조용함, 또 염치와 정절로 단장해야 한다(딤전 2:9-10; 벧전 3:4).

<u>둘째로, 남편의 의무는 아내를 사랑하는 것이다.</u> 사도 바울은 에베소서 5:25에서 "남편들아, 아내 사랑하기를 그리스도께서 교회를 사랑하시고 위하여 자신을 주심같이 하라"고 교훈하였다. 예수 그리스도의 사랑은 조건 없는, 희생적 사랑이다. 이와 같이, 남편은 조건 없이, 희생적으로 아내를 사랑해야 한다. 사도 바울은 골로새서 3:19에서도 "남편들아, 아내를 사랑하며 괴롭게 하지 말라"고 교훈했다.

사도 베드로는 베드로전서 3:7에서 교훈하기를, "남편된 자들아, 이와 같이 지식을 따라 너희 아내와 동거하고 저는 더 연약한 그릇이요 또 생명의 은혜를 유업으로 함께 받을 자로 알아 귀히 여기라. 이는 너희 기도가 막히지 아니하게 하려 함이라"고 하였다.

아내에 대한 사랑은 정신적으로, 육체적으로, 또 물질적으로 표현되어야 할 것이다. 남편은 아내에게 따뜻한 말과 사랑의 고백 그리고 적절한 칭찬과 감사의 말을 함으로 마음의 평안과 기쁨을 주어야 할 것이다. 아내에게 마음의 상처를 줄 수 있는 말이나 욕설을 해서는 안 된다. 상대에게 불안과 두려움을 주는 것은 사랑이 아니다.

지금부터 3,500년 전 옛날에, 모세는 하나님의 감동 가운데 교훈하기를, "사람이 새로이 아내를 취하였거든 그를 군대로 내어보내지 말 것이요 무슨 직무든지 그에게 맡기지 말 것이며 그는 1년 동안 집에 한가히 거하여 그 취한 아내를 즐겁게 할지니라"고 하였다(신 24:5).

남편은 아내를 인격적으로 존중해야 한다. 남편은 어떤 중대한 일을 결정할 때 아내의 의견을 듣고 그와 의논하고 하나님께 함께 기도해야 할 것이다. 그것이 아내를 인격적으로 존중하는 태도이다. 또한 집안일이 무미건조하고 피곤한 일임을 인식하고 시간과 힘이 있으면 설거지, 청소, 빨래 등의 일을 도와주어야 할 것이다. 또 남편은 아내의 취미나 관심 분야를 존중하고 배려해야 할 것이다. 또 어떤 경우에라도 남편은 아내를 구타하거나 말로라도 학대해서는 안 된다.

또 남편은 가정의 경제에 대해 책임을 져야 한다. 그렇기 때문에 그는 부지런해야 한다. 우리가 손으로 수고한 대로 먹는 것이 복이다(시 128:2). 물질의 복은 근면한 남자에게 주어진다. 그러나 하나님께서 주신 물질을 남편이 자기 것으로 여겨 아내를 가난하게 해서는 안 될 것이다. 보통, 가정 경제의 관리를 아내가 맡는 것이 좋은 것 같고 중요한 일들은 적어도 부부가 같이 의논하며 처리하는 것이 좋다.

성경은 사랑이 무엇인지 잘 증거한다. 잠언 10:12는, "미움은 다툼을 일으켜도 사랑은 모든 허물을 가리우느니라"고 말한다. 고린도전서 13:4-7은 사랑의 성격에 대해 잘 증거한다. 거기에 보면, "사랑은 오래 참고 사랑은 온유하며 투기하는 자가 되지 아니하며 사랑은 자랑하지 아니하며 교만하지 아니하며 무례히 행치 아니하며 자기의 유익을 구치 아니하며 성내지 아니하며 악한 것을 생각지 아니하며 불의를 기뻐하지 아니하며 진리와 함께 기뻐하고 모든 것을 참으며 모든 것을 믿으며 모든 것을 바라며 모든 것을 견디느니라"고 말한다. 남편은 이처럼 아내를 배려하고 자신의 유익보다 아내의 유익을 먼저 생각하며 사랑해야 할 것이다.

이와 같이, 남편과 아내의 관계는 사랑과 순종의 관계이다. 진실과 신뢰를 동반하는 참된 사랑과 순종은 주 안에서만 가능하므로 이상적 부부관계는 하나님을 경외하는 참 신앙 안에서만 가능하다. 부부가 함께 기도하며 서로를 위해 기도해주고 하나님의 은혜와 도우심을 함께 구할 때, 부부의 온전한 사랑과 순종이 가능하다고 본다.

성(性, sex) 관계

성(性)은 하나님께서 사람을 창조하실 때부터, 즉 사람이 타락하기

제7계명

전부터 하나님께서 주신 것이다. 성(性)은 결코 나쁘거나 죄악된 것이 아니고 하나님께서 만드신 선하고 아름다운 것이다(창 2:24-25). 그러므로 부부의 성 관계는 하나님께서 주신 아름다운 사랑의 표현이요 부부의 사랑을 유지하고 증진시키는 수단이다. 부부의 성 관계에 문제가 생기면 부부의 사랑에도 문제가 생기기 쉽다. 잠언 5:18-19, "네가 젊어서 취한 아내를 즐거워하라. 그는 사랑스러운 암사슴 같고 아름다운 암노루 같으니 너는 그 품을 항상 족하게 여기며 그 사랑을 항상 연모하라." 전도서 9:9, "네 헛된 평생의 모든 날에 사랑하는 아내와 함께 즐겁게 살라. 이것이 하나님께서 주신 분복이라."

또 부부의 성 관계는, 육신의 연약한 감정을 가진 인생이 음란한 이 세상에서 음행을 피하는 방법이다. 그러므로 고린도전서 7:2-5는, 부부가 상대의 몸을 거절하지 말라고 교훈한다: "음행의 연고로 남자마다 자기 아내를 두고 여자마다 자기 남편을 두라. 남편은 그 아내에게 대한 의무를 다하고 아내도 그 남편에게 그렇게 할지라. 아내가 자기 몸을 주장하지 못하고 오직 그 남편이 하며, 남편도 이와 같이 자기 몸을 주장하지 못하고 오직 그 아내가 하나니, 서로 분방하지 말라[서로 거절하지 말라]. 다만 기도할 틈을 얻기 위하여 합의상 얼마 동안은 하되 다시 합하라. 이는 너희의 절제 못함을 인하여 사단으로 너희를 시험하지 못하게 하려 함이라."

물론, 성은 반드시 정당한 부부관계에서만 사용되어야 한다. 부부관계 이외의 모든 성행위, 예를 들어, 간음, 음행, 결혼전 성관계, 성매매, 동성애 등은 다 하나님 앞에서 죄가 된다. 레위기 20:10, "누구든지 남의 아내와 간음하는 자 곧 그 이웃의 아내와 간음하는 자는 그 간부(姦夫)와 음부(淫婦)를 반드시 죽일지니라." 레위기 20:13, "누구든지 여인과 교합(交合)하듯 남자와 교합하면 둘 다 가증한 일을 행함인즉 반드시 죽일지니." 레위기 20:15-16, "남자가 짐승과 교합하면 반드시 죽이고 그 짐승도 죽일 것이며 여자가 짐승에게 가까이하여 교합하거든 너는 여자와 짐승을 죽이되 이들을 반드시 죽일지니."

또 성은 부부관계에서만 허용되므로 은밀함이 유지되어야 할 것이다. 오늘날 남녀의 키스, 애무, 성행위까지 영화나 인터넷 동영상으로 표현되고 공개되는 풍조는 한마디로 사람의 죄악된 감정을 자극하는 죄악된 음란 풍조이다. 소위 성인 영화는 하나님 앞에서 다 음란물로서 그것은 세상을 더욱 음란한 세상으로 만드는 사탄의 도구로 사용되고 있다. 그러므로 성도는 어른이나 아이나 이런 풍조를 대적하고 깨어 대처해야 할 것이다. 우리가 우리 자신과 우리 자녀들을 이런 풍조로부터 멀리하지 않으면 우리는 죄에 빠지고 멸망할 것이다.

또 성 문제에서 필요한 교훈은 절제에 대한 것이다. 성은 아름다운 것이지만, 하나님의 영광과 우리 자신의 유익을 위하여 절제가 필요하다. 절제는 금욕과 다르다. 금욕은 성행위를 완전히 끊는 것을 뜻하지만, 절제는 필요하다고 판단될 때 끊는 것을 뜻한다. 금욕은 그런 은사를 받은 자에게만 가능하지만, 절제는 모든 성도에게 요구된다. 성도에게는 하나님께서 첫째이시고, 하나님께서 주신 부부의 사랑은 둘째이므로, 성도가 육신적 즐거움에 빠져 경건 생활이나 봉사 생활에 지장을 가져서는 안 될 것이다. 무엇이든지 지나친 것은 죄가 된다. 성도는 모든 일을 하나님의 영광을 위해 절제할 수 있어야 한다.

절제를 교훈한 중요한 두 성경구절이 있다. 고린도전서 6:12-13, "모든 것이 내게 가하나 다 유익한 것이 아니요 모든 것이 내게 가하나 내가 아무에게든지 제재를 받지 아니하리라. 식물은 배를 위하고 배는 식물을 위하나 하나님께서 이것저것 다 폐하시리라. 몸은 음란을 위하지 않고 오직 주를 위하며 주는 몸을 위하시느니라." 고린도전서 9:25, "이기기를 다투는 자마다 모든 일에 절제하나니 저희는 썩을 면류관을 얻고자 하되 우리는 썩지 아니할 것을 얻고자 하노라."

제7계명

이혼, 별거, 재혼

결혼은 하나님께서 정하신 신성한 제도이며 일평생 동안 유지해야 할 관계의 시작이다. 그러나 오늘날은 이혼이 많은 시대이다. 이혼은 가능한 것인가? 가능하다면 그것은 어떤 경우에 가능한 것인가? 또 별거는 가능한 것인가? 또 이혼한 성도는 재혼할 수 있는가?

일반적으로 말해, 결혼은 일평생 동안 유지하고 충실히 지켜야 할 언약 관계이다. 사람은 결혼을 할 때도 신중히 해야 하지만, 결혼한 후에는 그 결혼 관계를 충실히 지켜야 한다. 그러므로 하나님께서는 이혼을 미워하신다. 말라기 2:16, "여호와가 이르노니 나는 이혼하는 것과 학대로 옷을 가리우는[옷으로 학대를 가리우는](KJV) 자를 미워하노라." 마태복음 19:6, "이러한즉 이제 둘이 아니요 한 몸이니 그러므로 하나님께서 짝지어 주신 것을 사람이 나누지 못할지니라."

그러면 **이혼**은 어떤 경우에도 불가능한가? 그렇지는 않다고 본다. 물론, 성격적 혹은 인격적 결함, 경제적 문제, 질병, 자녀를 낳지 못함, 집안 상호간의 갈등 등이 이혼의 합당한 이유가 될 수는 없다. 그러나 다음 몇 가지 경우는 이혼의 합당한 경우일 것이다.

첫째로, 상대가 간음을 행하였을 경우이다. 마태복음 5:32, "나는 너희에게 이르노니 누구든지 음행한 연고 없이 아내를 버리면 이는 저로 간음하게 함이요." 마태복음 19:9, "내가 너희에게 말하노니 누구든지 음행한 연고 외에 아내를 내어버리고 다른 데 장가드는 자는 간음함이니라." '음행'이라는 말(포르네이아 πορνεία)은 정당하지 않은 성관계 일반을 가리키는 말로서 여기서는 결혼한 사람이 행하는 간음을 가리켰다고 보인다. 즉 상대방이 간음을 행하였을 때 정당한 이혼이 가능하다는 뜻이다. 웨스트민스터 신앙고백 24:5는 "약혼 후에 범한 간음이나 음행은, 결혼 전에 발견될 때, 순결한 편에서 약혼을 취소할 정당한 이유가 된다. 결혼 후 간음의 경우에는, 순결한 편이 이혼 소송을 제기하는 것과, 이혼 후 범죄한 편이 죽었다는 듯이 다른 사람과 결혼하는 것은 정당하다"고 진술하였다.

둘째로, 신앙적 이유로 이혼하는 경우이다. 고린도전서 7:15, "혹 믿지 아니하는 자가 나뉘거든 나뉘게 하라. 형제나 자매나 이런 일에 구속받을 것이 없느니라. 그러나 하나님께서는 화평 중에서 너희를 부르셨느니라." 이 말씀은 믿지 않는 배우자가 믿음의 문제 때문에 믿는 배우자와 헤어지기를 원한다면 그렇게 하라는 교훈이다. 하나님과의 관계는 가족 관계보다 더 중요하다. 믿지 않는 배우자가 같이 살기를 원하면 같이 살고 또 가능하면 같이 살려고 노력해야 하지만, 신앙 문제 때문에 이혼하기를 원하면 거절할 것이 없다는 뜻이다.

셋째로, 고의적으로 상대를 버린 경우이다. 이것은 남편 혹은 아내가 일방적으로 상대를 버리고 떠난 경우이다. 이것은 버림받은 쪽의 문제가 아니다. 물론 상대가 떠나는 데는 어떤 이유가 있을 것이며 그러므로 자신의 부족을 먼저 돌아보아야 할 것이다. 그러나 남편 혹은 아내가 일방적으로 상대를 버리고 떠난 경우 이혼은 불가피할 것이다.

웨스트민스터 신앙고백 24:6은 진술하기를, "비록 사람의 부패성은 하나님께서 결혼에서 짝지어 주신 자들을 부당하게 나누려는 변론들을 궁리하기 쉬울지라도; 간음이나, 혹은 교회나 정부 관리가 치료할 방법이 없는 고의적 버림 외에는 아무것도 결혼의 속박을 풀 충분한 원인이 되지 못한다. 이러한 경우에는, 공적이며 질서 있는 소송 절차가 준수되어야 하며, 당사자들이 그들 자신의 사건에서 그들 자신의 의지와 판단에 버려두어져서는 안 된다"고 했다. 웨스트민스터 신앙고백은 '교회나 정부 관리가 치료할 방법이 없는 고의적 버림'의 경우를 이혼의 합당한 사유에 포함하였다.

그 외에, 구타나 학대 등의 심히 비인간적인 고통을 당하는 경우나 전쟁으로 인한 분리의 경우도 이혼이 가능하지 않겠는가 생각된다.

제7계명

결혼은 사람을 위해 있는 것이지, 사람이 결혼을 위해 있는 것이 아니며, 또 하나님께서는 사람의 행복을 원하시며 사람의 큰 심적, 육적 고통을 동정하시기 때문에, 극히 부득이한 경우 가능하리라고 본다.

이와 같이, 이혼은 없어야 하지만, 앞에서 말한 바대로, 부득이 몇 가지 경우 가능하다고 본다. 그렇지만 이혼은 사사로이 당사자들에게 맡겨져서는 안 되고 교회와 사회의 합법적 절차를 따라 이루어져야 할 것이다. 웨스트민스터 신앙고백의 진술대로, 그것을 위해, "공적이며 질서 있는 소송 절차가 준수되어야 하며" 당사자들의 "의지와 판단에 버려두어져서는 안 된다."

부부가 **별거**하는 문제도 이혼의 원리와 비슷하다. 부부의 별거는 바람직하지 않다. 하나님의 정하신 결혼 이유들 중에는 음행의 방지라는 이유가 있다. 고린도전서 7:5, "서로 분방하지 말라. 다만 기도할 틈을 얻기 위하여 합의상 얼마 동안은 하되 다시 합하라. 이는 너희의 절제 못함을 인하여 사단으로 너희를 시험하지 못하게 하려 함이라." 그러므로 부부는 이 악하고 음란한 세상에서 시험에 떨어지지 않도록 항상 함께 있어야 하고 그것이 정상적인 생활이다.

그러나 이혼의 경우와 같이, 부득이한 경우, 부부의 별거는 가능할 것이다. 사도 바울은 교훈하기를, "혼인한 자들에게 내가 명하노니 (명하는 자는 내가 아니요 주시라.) 여자는 남편에게서 나뉘지 말고 (만일 나뉠지라도 그냥 지내든지 다시 그 남편과 화합하든지 하라.) 남편도 아내를 버리지 말라"고 하였다(고전 7:10-11).

또 잠언의 세 구절들은 그런 일에 대해 말한다. 잠언 21:9, "다투는 여인과 함께 큰 집에서 사는 것보다 움막에서 혼자 사는 것이 나으니라." 잠언 21:19, "다투며 성내는 여인과 함께 사는 것보다 광야에서 혼자 사는 것이 나으니라." 잠언 25:24, "다투는 여인과 함께 큰 집에서 사는 것보다 움막에서 혼자 사는 것이 나으니라."

이혼, 별거, 재혼

성도가 **재혼(再婚)**하는 것은 가능한가? 가능하다고 본다. 성도가 재혼이 가능한 경우는 두 가지일 것이다.

첫째는 결혼한 상대가 죽었을 경우이다. 로마서 7:2-3, "남편 있는 여인이 그 남편 생전에는 법으로 그에게 매인 바 되나 만일 그 남편이 죽으면 남편의 법에서 벗어났느니라. 그러므로 만일 그 남편 생전에 다른 남자에게 가면 음부(淫婦)라 이르되 남편이 죽으면 그 법에서 자유케 되나니 다른 남자에게 갈지라도 음부가 되지 아니하느니라." 고린도전서 7:39, "아내가 그 남편이 살 동안에 매여 있다가 남편이 죽으면 자유하여 자기 뜻대로 시집갈 것이나 주 안에서만 할 것이니라." 이것은 남편의 경우나 아내의 경우에 다 해당한다고 본다.

둘째는 정당한 이혼이 이루어진 경우이다. 하나님께서는 사람의 연약함을 아신다. 그러므로 정당한 이혼이 이루어진 경우 재혼하는 것은 가능한 일이며 죄가 아니라고 본다. 마태복음 5:32, "나는 너희에게 이르노니 누구든지 음행한 연고 없이 아내를 버리면 이는 저로 간음하게 함이요, 또 누구든지 버린 여자에게 장가드는 자도 간음함이니라." 이 말씀은 정당하지 않은 경우 재혼이 간음의 죄가 되지만 정당한 이혼의 경우는 재혼이 죄가 아님을 의미한다고 본다.

웨스트민스터 신앙고백 24:5는, "약혼 후에 범한 간음이나 음행은, 결혼 전에 발견될 때, 순결한 편에서 약혼을 취소할 정당한 이유가 된다. 결혼 후 간음의 경우에는, 순결한 편이 이혼 소송을 제기하는 것과, 이혼 후 범죄한 편이 죽었다는 듯이 다른 사람과 결혼하는 것은 정당하다"고 말하였다(24:5).

물론 재혼도 신중히 결정해야 하며 또 공적으로 이루어져야 하고, 재혼한 자는 그것을 남은 평생 지키려고 충실히 노력해야 할 것이다. 우리는 결혼제도를 통해 세상에서 범죄치 않고 하나님을 영화롭게 하고 기쁘고 즐거운 삶, 선하고 복된 삶을 살아야 할 것이다.

제7계명

동성애

동성애(同性愛)는 동성(同性) 간의 성행위를 말한다. 말세를 당하여 현대사회는 동성애를 인정하고 용납해야 한다는 소리가 강해지고 교회들 안에서도 동성애를 용납하려는 움직임이 세계적으로 일어나고 있다. 그러나 성경적 교회들은 동성애를 용납해서는 안 된다.

동성애에 관한 오늘날 교회들의 죄악된 일들을 먼저 열거해보자. 1972년, 미 연합그리스도교회(UCC)는 동성애자 윌리암 존슨의 안수를 허락했다. 그는 미국의 대교단에서 안수받은 첫 번째의 동성애자이었다(Christian News, 27 October 1997, p. 5). 1980년, 미 연합그리스도교회는 남녀 동성애 목사들을 공식적으로 허용한 최초의 대교단이 되었다(Christian News, 13 April 1992). 1985년, 2년마다 모이는 미 연합그리스도교회 총회는 동성애 목사들의 허락를 압도적 표수로 결정하였다(Christian News, 29 April 1985, p. 3).

1988년, 카나다 연합교회(UCC)는 카나다에서 동성애자들의 목사 안수를 합법화한 최초의 교단이 되었다(Christian News, 27 October 1997, p. 5).

1997년 9월, 미국 네브라스카 주 오마하 제일연합감리교회의 지미 크리치 목사(Jimmy Creech)는 그의 교인들 중 두 명의 여자 동성애자들을 위해 결혼식을 거행하였다(Christian News, 24 November 1997, p. 11). 1998년 1월, 연합감리교회(UMC) 목사들 일부가 동성애를 옹호하는 성명을 발표하였다(크리스챤신문, 1998. 1. 26, 2쪽).

1999년 1월 16일, 한 여성 동성애 부부가 미국 캘리포니아 주 새크라멘토에서 1,500명의 사람들 앞에서 95명의 연합감리교회 목사들에 의해서 그들의 말로 '축복'을 받았다(Christianity Today, 1 March 1999). 물론 그것은 결코 복이 아니다. 그들은 그 의식을 동성애자의 권리를 옹호하고, 동성애자들의 결합에 대한 그들 교단의 금지 조치에 항의

하기 위해 사용하였다(*Calvary Contender*, 15 March 1999).

미국의 대표적 동성애교회인 메트로폴리탄 커뮤니티 교회 세계협회의 지도자 그윈 깃보드(Gwynne Guidbord)는 1999년 미국교회협의회(NCC) 총회에서 연사로서 따뜻한 환영을 받았다. 회집된 교회협의회 대표들 중 최소한 절반은 서서 그 여자에게 박수를 쳤다(*National Liberty Journal*, February 1999; *Calvary Contender*, 15 February 1999). 2001년, 그윈 깃보드라는 그 여자는 캘리포니아 교회협의회 회장으로 선출되었다(*Calvary Contender*, 15 April 2001).

2000년 2월, 미 감독교회(ECA) 올림피아 교구 세인트 마크 대성당에서는 동성애자 로버트 테일러 주교의 수석주교 임명식이 거행되었다. 200명에 달하는 교구 대표들과 세계 각지에서 온 수백명의 성직자와 교회 대표들이 그 의식에 참석하였다(기독신문, 2000. 3. 15, 8쪽).

2003년 6월 7일, 미국 뉴햄프셔 주 관구는 미 감독교회 역사상 최초로 동성애자 진 로빈슨(V. Gene Robinson)을 주교로 선출했다. 로빈슨은 13년 전, 결혼서약을 깨뜨리고 그의 아내와 두 어린 딸을 버리고 그의 남자 배우자와 함께 이사한 자이었다(*Friday Church News Notes*, 13 June 2003; *Christian News*, 23 June 2003, p. 2).

1999년, 미합중국 장로교회는 동성애 전도자 제인 스파(Jane Spahr)를 그 해의 '신앙의 여성' 수상자로 지명하였다. 두 명의 자녀를 둔 이 이혼모는 그 교단을 섬기는 첫 번째 동성애자이었다(*Calvary Contender*, 1 April 1992).

2000년 5월, 미합중국 장로교회 총회재판국은 동북대회 재판국의 판결에 불복하여 올라온 두 건의 상소 사건을 다루면서, 목사의 동성애자 결합식 주례를 인정하며 동성애자 목사후보생을 인정하는 대회 재판국의 판결을 정당하다고 판결하였다(기독신문, 2000. 5. 31, 8쪽).

2001년 6월, 미합중국 장로교회 총회는 동성애 성직자 안수에 관한

제7계명

금지조항을 제거하도록 317 대 208로 결정했다. 그러나 이 결의안은 전국노회 투표에서 부결되었다(*Huntsville Times*, 16 June 2001; *Calvary Contender*, 1 July 2001; 크리스챤 신문, 2002. 3. 4, 2쪽). 그러나 미합중국 장로교회는 도덕성을 지키는 위험수위를 넘었다고 보인다.

2011년 5월, 미합중국 장로교회는 목사, 장로, 집사가 되려면 "결혼이나 독신의 경우 순결을 지켜야 한다"는 교단 헌법규정을 삭제함으로써 동성애자의 임직의 길을 열어놓았다(미래한국, 2011. 5. 23, 56쪽).

2015년 3월, 미합중국 장로교회는 결혼의 정의를 "한 남자와 한 여자의 결합"에서 "두 사람 사이, 전통적으로 한 남자와 한 여자 사이의 결합"으로 수정한 결의안을 노회 과반수 찬성으로 확정했다(기독신문, 2015. 3. 25, 22쪽). 이것은 동성 결혼 인정에 더 가까워져 보인다.

1993년 11월, 세계교회협의회(WCC)는 미국 미네아폴리스에서 리-이메이징(Re-imaging) 대회를 후원하였다. 그 대회 연사들 중 다수는 여성 동성애를 조장하였고 약 100명의 여성 동성애자들은 동성애를 자축하기 위해 앞으로 나아와 기립 박수를 받았다. 그 대회에서 미국 장로교회에서 스스로 동성애 여목회자라고 공언한 제인 스파는, 그의 신학 지식은 무엇보다도 그의 동성애 배우자인 "코니와 사랑함"으로써 얻었다고 말하였다(*Christian News*, 27 October 1997, p. 5).

심지어, 일부 복음주의자들도 동성애를 옹호한다. 랄프 블레어가 인도하는 '관심 있는 복음주의자들'이라는 친(親)동성애 단체는 연례 여름수련회들을 가진다. 여러 해에 걸쳐 그 단체의 강사들의 명단에 풀러신학교 윤리학 은퇴교수 루이스 스미즈 등도 포함되었다(*Calvary Contender*, 15 August 1998).

1992년 11월, 라틴아메리카 선교회(LAM)의 토마스 행크스는 복음주의신학회 연례 모임에서 동성애에 관한 그들의 부정적인 사고를 수정하라는 도전적 강연을 했다(*Calvary Contender*, 1 July 1993).

동성애

　이와 같이, 오늘날 동성애를 용납하려는 생각과 용납하는 일들이 교회들 안에까지 들어와 있다. 그러나 동성애는 하나님 앞에서 분명히 큰 죄악이다. 동성애를 용납하려는 생각과 용납하는 일들은 오늘날 교회들의 배교와 불순종의 한 증거일 뿐이다.

　동성애는 사람을 창조하신 하나님의 뜻에 위배된다. 다른 생물들과 같이, 하나님께서는 사람도 남녀로 창조하셨고 한 남자와 한 여자가 결혼하여 부부가 되게 하셨고 가정을 이루며 자녀를 낳고 번성케 하셨다. 그러나 사람은 일부일처의 결혼 관계를 깨뜨리고 일부다처와 간음을 행하였고 심지어 동성애의 음행을 저질렀던 것이다.

　성경에서 맨 처음 동성애를 말한 것은 소돔과 고모라 성의 사건에서이다(창 19장). 소돔 성의 사람들은 어느 날 저녁 롯의 집에 유숙하러 들어온 사람들과 성 관계를 갖기를 원하였다. 어떤 이는 소돔 성의 이야기가 동성애 문제가 아니라고 하지만 그것은 잘못된 해석이다. 창세기 19:5을 직역하면, 그 성 '남자들'(안쉐 אַנְשֵׁי) 곧 소돔 '남자들'(안쉐 אַנְשֵׁי)은 "네게 온 그 '남자들'(하아나쉼 הָאֲנָשִׁים)이 어디 있느냐? '그 남자들을 이끌어내라'(호치엠 הוֹצִיאֵם). 우리가 '그 남자들과'(오삼 אֹתָם) 상관하리라"고 말했다. 이것은 남자들이 다른 남자들과 성 관계를 갖겠다는 뜻이다. '상관한다'는 말(야다 יָדַע)은 성경에서 성 관계의 의미로 17번 사용되었다(BDB).

　사사 시대에도 소돔 성의 일과 비슷한 일이 있었다. 그것은 기브아의 사건이다(삿 19장). 기브아의 불량배들은 거기 살던 노인의 집에 유숙하기 위해 들어온 레위인을 내어놓으라고 요구하며 우리가 그를 상관하리라고 말했다. 사사기 19:22, "벨리알의 '아들들'(베네 בְּנֵי)인 그 성의 '남자들'(안쉐 אַנְשֵׁי)은 . . . 말하기를, 네 집에 들어온 '남자'(하이쉬 הָאִישׁ)를 끌어내라. 우리가 '그 남자와 상관하리라'(웨네다엔누 וְנֵדָעֶנּוּ)." 그들이 동성애 관계를 원했다는 것은 분명하다.

제7계명

하나님께서는 심히 악하고 음란했던 소돔 고모라 성을 유황불로 심판하셨다. 창세기 19:24-25, "여호와께서 하늘 곧 여호와에게로서 유황과 불을 비같이 소돔과 고모라에 내리사 그 성들과 온 들과 성에 거하는 모든 백성과 땅에 난 것을 다 엎어 멸하셨더라." 이 심판은 동성애의 죄가 얼마나 하나님을 진노케 하였음을 잘 보인다.

또 사사 시대에 심히 음란했던 기브아와 베냐민 지파 전체는 이스라엘 백성의 징벌을 받아 이스라엘과의 전쟁에서 광야로 도피한 6백명 외에 다 죽었다. 그것은 분명히 하나님의 심판과 징벌이었다. 그것은 동성애가 하나님 앞에서 큰 죄악임을 보이는 사건이었다.

율법은 부부 관계를 벗어난 모든 성 행위를 정죄한다. 그것은 결혼 전 혹은 결혼 외의 성 행위를 다 포함한다. 레위기 18장은 근친상간, 동성애, 짐승과의 성 관계를 음행의 죄로 명시하였다. 그것들은 다 "간음하지 말라"는 제7계명을 어기는 죄들이다. 레위기 18:22, "너는 여자와 교합함같이 남자와 교합하지 말라. 이는 가증한 일이니라." 신명기 23:17, "이스라엘 남자 중에 미동(美童, 카데쉬 קָדֵשׁ, 동성애자)이 있지 못할지니." 열왕 시대에도 남색(男色, 동성애)은 큰 악으로 정죄되었다(왕상 14:24; 15:12; 22:46; 왕하 23:7).

어떤 과학자가 Xq28 유전자나 일란성 쌍둥이의 경우를 들어 동성애가 유전적이라고 주장했으나 그렇지 않다는 것이 과학적으로 증명되었다고 하며(이태희, 세계관 전쟁 (두란노, 2016), 114-117쪽), 동성애와 에이즈(AIDS)[후천성 면역결핍증]가 연관이 없다는 주장도 사실이 아니다. 1985년 미국에서의 한 보도에 의하면, 에이즈 환자 12,067명 중 남성이 92%인데, 그 중 78%가 동성애자이었다(*Times*, 12 August 1985). 에이즈가 남자동성애자들을 통해 퍼지고 있다는 사실은 부정할 수 없다. 에이즈 질병은 현대 사회의 동성애의 죄에 대해 내리시는 하나님의 징벌이며 시대적 재앙이다. 유엔 에이즈 계획(UNAIDS)

동성애

에 의하면, 2011년 현재 에이즈 바이러스(HIV) 감염자수는 세계적으로 약 3,400만명이라고 한다(조선일보, 2012. 11. 22, A16쪽). 참 교회는 동성애의 죄로부터 성별되어야 한다.

율법은 동성애의 죄에 대한 형벌이 사형이어야 함을 말한다. 레위기 20:13, "누구든지 여인과 교합하듯 남자와 교합하면 둘 다 가증한 일을 행함인즉 반드시 죽일지니 그 피가 자기에게로 돌아가리라."

신약성경도 동성애를 큰 죄로 간주하며 그 죄를 짓는 자는 천국에 들어가지 못할 것이라고 분명히 증거하였다. 로마서 1:26-27, "이를 인하여 하나님께서 저희를 부끄러운 욕심에 내어버려 두셨으니 곧 저희 여인들도 순리대로 쓸 것을 바꾸어 역리로 쓰며(매춘, 동성애), 이와 같이 남자들도 순리대로 여자 쓰기를 버리고 서로 향하여 음욕이 불일듯하매 남자가 남자로 더불어 부끄러운 일을 행하여 저희의 그릇됨에 상당한 보응을 그 자신에 받았느니라." 고린도전서 6:9-10, "불의한 자가 하나님의 나라를 유업으로 받지 못할 줄을 알지 못하느냐? 미혹을 받지 말라. 음란하는 자나 우상숭배하는 자나 간음하는 자나 탐색하는 자나 남색하는 자나 도적이나 탐하는 자나 술 취하는 자나 욕하는 자나 강탈하는 자들은 하나님의 나라를 유업으로 받지 못하리라." 디모데전서 1:10, (죄의 예들) "음행하는 자며 남색하는 자며." '남색하는 자'(아르세노코이테스 $\dot{\alpha}\rho\sigma\epsilon\nu o\kappa o i\tau\eta\varsigma$)는 '남자 동성애자'를 가리키고, '탐색하는 자'(말라코스 $\mu\alpha\lambda\alpha\kappa o\varsigma$)는 남색의 상대자, 역시 동성애자를 가리킨다. 이와 같이, 동성애가 죄라는 것과 하나님의 진노의 대상이라는 것은 성경에서 너무나 명백하다.

모든 죄인들은 다 구원의 대상이다. 우리는 죄인들을 미워해서는 안 되고 그들을 불쌍히 여기고 구원으로 초청해야 하지만, 동성애의 죄 자체는 매우 가증한 죄로서 다른 죄들과 같이 하나님의 교회에서 결코 용납될 수 없고 오직 철저히 회개하고 버려야 한다.

제7계명

산아제한과 피임, 생물의학적 문제들

산아제한과 피임

산아제한은 임신과 출산을 자연적 혹은 인위적 방법으로 제한하는 것을 말한다. 낙태가 태아 살해의 죄라고 앞에서 말하였으므로, 자연적 혹은 인위적 방법을 통한 피임의 문제만 생각해보자. 산아제한 즉 피임은 성도에게 가능한 생각이며 합당한 생각인가?

결혼의 한 목적은 자녀 출산이다. 사람이 결혼해서 자녀를 출산하는 것은 하나님의 뜻이며 자녀를 많이 가지는 것은 성도에게 복된 일이다. 하나님께서는 맨 처음 사람을 창조하시고 복 주시며 "생육하고 번성하여 땅에 충만하라"고 말씀하셨다(창 1:28). 또 그는 홍수 심판 후에도 노아와 그 아들들에게 복을 주시며 그들에게 "생육하고 번성하여 땅에 충만하라"고 말씀하셨다(창 9:1). 시편 127편은 "젊은 자의 자식은 장사의 수중의 화살 같으니 이것이 그 전통(箭筒)(화살통)에 가득한 자는 복되도다"라고 말하였다(시 127:4-5).

생육하고 번성하라는 하나님의 명령과 뜻이 변함이 없다는 사실을 생각할 때, 산아제한과 피임은 성도에게 합당치 않다고 보인다. 인구 폭발이나 식량 고갈을 염려해 산아제한을 주장하는 것은 인간적인 염려에 불과하다. 하나님의 완전한 계획을 알지 못하고 지구의 장래를 인간 스스로만 해결해야 할 과제로 보는 것은 바른 생각이 아니다. 지구는 전지전능하신 하나님의 작정과 섭리 안에서 예언된 종말을 향해 진행하고 있다. 더욱이, 우리나라는 2022년 출산율이 0.78명이며 (중앙일보, 2023. 2. 23) 2020년 OECD(경제협력개발기구) 평균 출산율 1.59명의 절반 이하로 처음 떨어졌다고 하며, 이것은 심각한 경제적 위기와도 직결된다고 한다. 인류 역사의 시초에 생육하고 번성하라고 명령하신 하나님의 뜻은 그 이후에 변경된 적이 없다. 그러므로 우리는 오늘날도 하나님의 그 명령에 충실해야 한다고 본다.

산아제한과 피임, 생물의학적 문제들

찰스 프로반에 의하면, 루터는 산아제한을 동성애와 같다고 말하였고 칼빈은 그것을 미래의 인격들에 대한 살인이라고 주장했으며 도르트 회의는 피임이 낙태와 동일한 것이라고 진술한 성경주석을 출간하였고 웨슬리는 피임법을 사용하는 것은 부자연스럽고 그것을 행하는 자들의 영혼들을 파괴할 것이라고 말했다(Charles D. Provan, "The Bible's View of Birth Control," Christian News, 29 February 1988, pp. 1, 11-14).

오늘날 피임이 음란과 부도덕의 은폐의 수단으로 사용되는 것은 심히 죄악된 일이다. 임신만 안 하면 결혼 전 혹은 결혼 외의 성 관계가 가능하거나 허용되는 것이 아니다. 그것은 여전히 명백한 죄악이다. 특히, 오늘날 피임 방법 중 '사후 피임약'(RU-486이나 Norlevo)을 사용하는 것은 피임이 아니고 태아 살해에 해당한다. '사후 피임약'은 '응급 피임약' 혹은 '경구 피임약'이라고도 불리는데, 수정란의 자궁 착상을 방해하여 피임케 하는 것이다. 그러나 수정란은 생명의 시작이므로 그 약은 일종의 낙태약이다.

그러나 피임이 하나님의 일반적인 뜻에 반대되지만, 특별한 경우, 예컨대, ① 부모의 건강이 심각히 나쁘다거나, ② 심각한 경제적 어려움이 있다든지, ③ 목사나 선교사의 사명 때문에 자녀를 많이 가질 수 없다고 판단되는 경우 등에는 피임이 가능하리라고 생각된다.

생물의학적 문제들

현대 의학의 발전 속에서 여러 생물의학적 문제들이 제기되었다(노르만 가이슬러, 기독교윤리학 (기독교문서선교회, 1991), 220-248쪽).

1. 장기 혹은 조직의 채취와 기증

몸의 장기나 조직의 일부(예를 들어, 신장이나 간)를 채취하여 꼭 필요한 가족들을 위해 사용하도록 주는 것은 가능한 일인가? 또 사람이 죽은 후 자신의 장기를 필요한 이에게 제공하겠다고 약속하는 것은 선한 일인가? 장기 혹은 조직의 채취와 기증은 선한 일이기 때문에, 기증자의 몸에 특별한 해나 위험이 없고 기증자가 동의한다면 그런 일은 가능한 일이라고 본다. 단지 그것을 위해 돈 거래가 이루어지는 것, 즉 몸의 일부를 매매하는 것은 합당치 않다고 본다.

2. 배아 줄기세포 연구

난치병 치료를 목표로 한 줄기세포 연구 중, 배아 줄기세포 연구가 있다. 이 연구의 문제점은, 사람의 배아들(수정란)을 만든 후 그 중에서 몇 개의 줄기세포를 확보한 후 그 배아들을 폐기처분하는 데 있다. 황 모 교수는 그의 실험에서 185개의 난자에 체세포 핵이식을 통해 사람의 배아를 만든 후 여기에서 11개의 줄기세포를 확보했다고 한다. 줄기세포가 추출된 배아들과 나머지 배아들은 폐기처분된 것이다. 그러나 사람의 배아는 태아로 자랄 수 있는 인간 생명이므로, 그것들을 폐기하는 것은 배아 살해에 해당한다. 그러므로 이런 실험은 즉시 중단되어야 한다. 그러나 환자의 골수나 피부에서 분리한 '성체 줄기세포'나 태아의 탯줄에서 분리한 '제대혈 줄기세포'를 이용하는 줄기세포 연구는 가능하고 난치병 치료를 위해 바람직한 일이다.

3. 인공 수정, 시험관 수정, 대리모

인공 수정은 정자를 채취하여 의료기구를 사용하여 여성의 자궁에 집어넣는 것 등의 인위적 방법으로 임신케 하는 것을 가리킨다. 그러나 인공 수정에서 남편 이외의 다른 기증자의 정자를 사용하는 것은 간접적 간음에 해당하며, 그것은 성도들에게 합당치 않다.

시험관 수정은 정자와 난자를 채취하여 시험관에서 결합시켜 수정란을 만든 후 여성의 자궁에 넣어 착상케 하는 것이다. 이것이 남편과 아내에 의해 이루어지는 것이라면 허용될 수 있을 것이지만, 여러

개의 수정란을 만들고 그 중에 몇 개를 사용하고 나머지는 폐기하는 것은 일종의 배아 살해이므로 성도에게 합당치 않다. 또 시험관 수정으로 얻은 수정란을 대리모의 자궁에 착상시켜 출산하게 하는 것도 성경적으로 합당치 않다.

4. 성 전환 수술, 냉동 보존술, 인간 복제, 유전자 접합

성 전환 수술이란, 남자로 태어났지만 본래 여성적 본성을 가졌거나 반대로 여자로 태어났지만 본래 남성적 본성을 가진 자가 자신이 태어날 때 가진 성을 인위적으로 바꾸는 의술 행위이다. 이것은 오늘날 의술의 발달로 가능한 일이 되었다고 한다. 그러나 하나님께서 주신 성을 인위적으로 바꾸는 것은 하나님께서 주신 창조 질서를 거역하는, 극히 부자연스러운 일이라고 보인다.

냉동 보존술은 사람의 몸을 냉동 상태로 보존하였다가 훗날 고도의 의술이 발달된 때에 다시 소생시키겠다는 방법이다. 그것이 이론적으로 가능한 것 같다. 그러나 냉동된 몸은 생명이 떠난 상태이므로 그 영혼이 현재 천국 혹은 지옥에 있을 것인데, 장차 생명이 소생된다면 그 영혼이 과연 그에게로 돌아올 것인가? 또 사람이 한 번 죽는 것은 하나님의 정하신 일이므로, 냉동 보존술이 몸의 죽음을 회피하는 생각으로 행해지는 것은 하나님 앞에서 합당치 않다.

인간 복제(human cloning)란 체세포 핵이식 기술로 사람을 복제하는 것을 말한다. 정자와 난자가 결합된 수정란은 수정 후 3-4일까지는 2개, 4개, 8개 등으로 분할해도 분할된 수정란들은 동일한 유전자 구조를 가질 뿐 아니라 정상적 상태로 성장하는데 아무런 지장이 없고, 또 분할된 수정란은 2-3일 정도 배양하면 다시 원래 상태로 성장하며, 끊임없는 세포분열을 통해 완전한 태아로 성숙한다고 한다. 이런 수정란 복제는 일란성 쌍둥이의 출산 원리와 같다고 한다. 수정란 분할에는 '미세조작기계'라는 의료 장비가 사용되는데 이것은 국내의

제7계명

불임전문병원들에도 있다고 하며, 수정란 복제는 국내에서도 가능한 시술이라고 한다(조선일보, 1993. 10. 28, 30쪽).

그러나 수정란 복제라 하더라도 인간 복제는 하나님의 창조 질서를 혼란시키고 창조자 하나님께 도전하는 행위이다. 또 복제된 사람은 부모도 없고 원본 인간과 구별할 수도 없으므로 복제된 사람 개인의 심리적 혼란과 사회적 큰 혼란이 일어날 수밖에 없다(기독신문, 1998. 1. 14, 16쪽; 크리스챤신문, 1998. 1. 26, 2쪽). 그러므로 인간 복제는 하나님 앞에서 옳지 않은 일이라고 판단되며, 이런 시도는 행해져서는 안 된다고 본다. 그것은 인류 사회의 큰 혼란과 재앙이 될 것이다.

유전자 접합이란, 유전자 조작 기술을 통해 더 개선된 사람, 예를 들어 지능이 좋고 건강한 사람을 만들어낼 수 있다는 생각이다. 이것은 식물계나 동물계에서 얻은 유전학적 기술을 사람에게도 적용해보려는 시도이다. 그러나 이것은 첫 사람을 창조하시고 사람들을 세상에 출생케 하시는 하나님을 부정하고 사람을 창조의 주인으로 만들려는 사람의 교만일 뿐이며, 옳지 않은 생각이라고 본다.

인본주의(humanism)는 하나님을 부정하고 사람이 생명의 주인이라고 생각한다. 거기에는 절대적 윤리 기준이 없다. 그러나 하나님을 경외하고 주 예수 그리스도를 믿는 성도들은 성경을 사람의 사상과 도덕의 기준으로 삼기 때문에 사람의 생명을 존중하고 결혼과 부부 관계를 존중해야 하고 살인하지 말아야 하고 간음하지 말아야 한다.

그러므로 우리는 이런 기준으로 오늘날 일어나는 모든 생물의학적 문제들을 보아야 한다. 우리는 할 수 있는 대로 결혼과 출산을 귀히 여겨야 하고, 또 배아 줄기세포 연구의 문제점을 인식해야 하고, 인공 수정이나 시험관 수정도 조심해야 하고, 또 대리모나 성 전환 수술, 냉동보존술, 인간 복제, 유전자 접합은 금해야 한다. 우리는 성경말씀대로 믿고 성경말씀대로 사는 온전한 성도가 되기를 원한다.

참 아름다움, 변질된 아름다움

아름다운 세상

아름다움은 하나님의 한 속성이다. 하나님께서 지으신 세상은 참 아름다운 세상이다. 그것은 하나님께서 보시기에 좋았다. 창세기 1장에는 "하나님의 보시기에 좋았더라"라는 말이 여섯 번 나오며(창 1:4, 10, 12, 18, 21, 25) 일곱 번째는 "하나님께서 그 지으신 모든 것을 보시니 보시기에 심히 좋았더라"고 했다(31절). 푸른 하늘과 아름다운 산들과 들판들, 울창한 나무들과 숲들, 강들과 골짜기들, 맑고 푸른 바다들과 호수들, 봄이면 아름답게 피는 수많은 꽃들, 나무들, 풀들, 아름다운 각양 색깔의 새들과 크고 작은 들짐승들과 물고기들--이 모든 것들이 하나님께서 창조하신 아름다운 세상의 모습이다.

그 가운데 사람은 가장 아름다운 존재로 창조되었다. 오늘날 모든 사람의 모습이 아름답지는 않지만, 사람의 본래 모습은 심히 아름다웠을 것이며 천국에서 영생할 사람의 모습도 그러할 것이다. 아브라함의 아내 사라는 나이가 상당히 많았을 때까지도 아름다운 외모를 지닌 여인이었다(창 12:14). 욥의 딸들도 매우 아름다웠다(욥 42:15).

사람들은 창조 세계의 아름다움을 예술로 표현하고 나타내기도 한다. 예술적인 아름다움은 실상 하나님에게서 시작된 것이다. 하나님께서는 훌륭한 미술가나 조각가와 같으시고 훌륭한 음악가와 같으시다. 하나님께서는 우주 만물을 다양한 색상과 모양으로 단장시키셨고 또 다양한 음색과 소리로 장식하셨다. 사람들, 남성과 여성의 아름다운 목소리는 하나님께서 만드신 가장 훌륭한 악기와 같다.

몸의 단장--머리, 화장, 옷

사람들은 자신들의 몸을 아름답게 단장하려고 한다. 머리도 아름답게 단장하고 얼굴 화장도 하고 옷도 아름답게 입으려고 한다. 그것은 하나님께서 주신 미적 감각에서 나오는 자연스런 현상이다.

그러나 성경은 이 문제에 대해 교훈하기를, 외모를 단정하게 하되 너무 사치스럽게 하지 말고, 외모의 단장보다 내면적 단장을 힘쓰라고 한다. 이 문제에 대해 교훈하는 대표적 두 구절은 다음과 같다.

디모데전서 2:9-10, "이와 같이 여자들도 아담한[단정한] 옷을 입으며 염치와 정절로 자기를 단장하고 땋은 머리와 금이나 진주나 값진 옷으로 하지 말고 오직 선행으로 하기를 원하라. 이것이 하나님을 공경한다 하는 자들에게 마땅한 것이니라."

베드로전서 3:3-4, "[아내들에게] 너희 단장은 머리를 꾸미고 금을 차고 아름다운 옷을 입는 외모로 하지 말고 오직 마음에 숨은 사람을 온유하고 안정한[조용한] 심령의 썩지 아니할 것으로 하라. 이는 하나님 앞에 값진 것이니라."

이 말씀들은 머리 단장과 금은보석으로의 치장과 값비싼 옷 착용을 성도답지 못한 행위로 말한다. 베드로전서 3:3의 '머리를 꾸민다'는 말은 디모데전서 2:9의 '머리를 땋는다'는 말과 비슷한 뜻을 가진 단어이다. 얼굴 화장 문제도 같은 원리라고 본다.

이 말씀들은 여성에게 주신 교훈이지만, 남성에게도 같은 원리가 적용될 것이다. 외적 단장이 전혀 불필요하다는 뜻은 아니다. 여성의 2, 30대의 고운 피부가 40대 이후에도 계속되는 것이 아니므로 꺼칠하고 초췌해 보이는 피부를 위해 가볍게 기초화장을 하는 것은 필요할 것이다. 또 적절한 머리손질도 기본적인 일일 것이다. 남자도 매일 면도하고 애프터 쉐이브와 스킨 로숀을 바르는 것이 좋을 것이다.

성경이 금하는 것은 지나친 외모 단장이다. 그것은 불경건한 세상 사람들이 하는 일이다. 아합 왕의 아내이며 열렬한 바알 숭배자이었던 이세벨은 "눈을 그리고 머리를 꾸미고" 있다가 죽임을 당하였다 (왕하 9:30). 장차 주 예수 그리스도의 재림으로 올 영광스런 세상을

참 아름다움, 변질된 아름다움

바라며 사는 성도는 외모 단장에 큰 의미와 가치를 두지 않을 것이다.

그러므로 지나친 외모 단장, 예를 들어 값비싼 파마와 고데, 값비싼 화장품, 값비싼 금은보석 장신구들, 값비싼 옷들 등으로 외모를 치장하는 것은 성도다운 일이 아닐 것이다. 또 여성이 얼굴에 파운데이션을 많이 쓰거나 눈 화장을 짙게 하거나 입술에 루즈를 짙게 바르거나 손톱에 짙은 색 매니큐어를 칠하는 것 등이 하나님을 경외하고 내세의 천국에 소망을 둔 성도들로서 적절한지 의문스럽다.

옷에 대해서도, 성경은 아담한 옷을 입으라고 교훈한다. 디모데전서 2:9의 '아담한'이라는 원어(코스미오스 κόσμιος)는 '단정한, 품위 있는, 수수한'이라는 뜻이다. 옛날 영어성경은 "단정한 의복(modest apparel)으로 단장하라"는 뜻으로 번역했다(KJV). 하나님께서는 성도들이 아담한 옷, 단정한 옷, 수수한 옷 입기를 원하신다.

또한 성경에는 여자는 여자다운 옷을 입고 남자는 남자다운 옷을 입으라는 교훈도 있다. 신명기 22:5, "여자는 남자의 의복을 입지 말 것이요 남자는 여자의 의복을 입지 말 것이라. 이같이 하는 자는 네 하나님 여호와께 가증한 자니라." 아직도 우리에게는 여자의 단정한 복장이 치마라는 관념이 있다. 그러므로 여자는 바지보다는 치마를 입는 것이 여성답다고 본다. 물론, 추운 겨울에 치마를 입는 것이나 또 치마에 뒤따르는 스타킹이 어떤 이들에게 약간의 부담이 될 수 있겠지만, 할 수 있으면 여성도 치마를 입는 것이 좋다는 뜻이다.

성경은 성도들에게 외적 단장을 조심하고 내면적 단장에 힘쓰라고 교훈한다. 성경은 특히 여성도들이 염치와 정절, 온유와 안정된 심령, 선행 등으로 단장하라고 말한다. '염치'는 부끄러움을 아는 마음이고, '정절'은 조심하는 마음이다. '안정한'이라는 말은 '조용한'이라는 뜻이다. 성경은 부끄러움을 아는 마음, 조심함, 단정함, 부드럽고 조용함, 선행 등이 여성의 참된 아름다움이라고 말하는 것이다.

제7계명

변질된 아름다움

음란한 풍조--음란한 복장과 예술

오늘날 세상에는 변질된 아름다움이 있다. 세상은 유혹적인 미(美)를 좋아한다. 많은 여성들이 자기 몸의 노출을 부끄러워하지 않는 것 같다. 사람들은 '성적 매력이 있다'(sexy)는 말을 부끄럼 없이 사용하는 것 같다. 세상 사람들은 노출이 심한 복장을 좋아하는 것 같다. 이것은 다 변질된 아름다움을 좋아하는 풍조 곧 음란한 풍조이다.

단정치 못한 아름다움은 옛날부터 있었다. 잠언 7:10-11은 창녀가 그의 특유의 옷을 입고 떠들며 억세고 그 발이 집에 머물지 않는다고 묘사한다. 창녀의 복장이란 자극적이고 음란한 복장이다. 또 에스겔 23:40은 창녀들이 "눈썹을 그리며 스스로 단장한다"고 표현한다.

오늘 시대의 풍조인 미니 스커트, 어깨 파인 옷, 딱 들러붙는 바지류 등은 성도다운 복장은 아니다. 성도는 이런 풍조를 대항해야 한다. 성도의 치마는 기장이 무릎 밑으로 내려가는 단정한 것이어야 한다.

예술의 영역도 그렇다. 예술은 도덕적으로 중립적 요소도 있으나 사람의 죄성 때문에 죄악된 요소들도 없지 않다. 특히 오늘날의 음악이나 연극이나 영화 등은 하나님께서 주신 아름다움을 떠나 무질서하고 음란하고 부도덕한 요소들이 있다. 성도들은 변질되고 부패된 아름다움을 배격하고 순수한 아름다움을 추구해야 한다.

인터넷 음란물

현대는 4차 산업혁명 시대라고 불린다. 증기기관의 발명과 기계화 생산을 1차 산업혁명(1760-1840년)이라고 하고, 전기와 전화의 발명과 대량생산을 2차 산업혁명(1870-1914년)이라고 하며, 컴퓨터 발명과 인터넷 개발을 3차 산업혁명(1960년대 이후)이라고 하고, 빅데이터, 인공지능, 로봇공학을 4차 산업혁명(오늘날)이라고 한다고 한다.

참 아름다움, 변질된 아름다움

현대사회는 인터넷망을 통해 거의 무한대한 정보를 활용하며 신속하고 종합적인 정보 처리와 통신을 하게 되었으나, 오늘날 인터넷망은 음란물을 개인들에게 가져다 주며 음란 풍조를 조장하는 사탄의 도구로 사용되고 있다. 유해정보 차단 전문업체인 플랜티넷에 의하면, 2013년 5월 초, 전세계의 유해사이트는 약 641만개이며, 그 중 98.5퍼센트(약 631만개)가 음란사이트라고 한다(파이낸셜 뉴스, 2013. 11. 3). 음란물들은 결혼 전 혹은 결혼 외의 성 관계, 성 매매의 확산, 성폭력, 감금과 인신매매, 각종 성병들, 가정 파탄, 기형아 출산 등의 수많은 사회악을 낳고 있다. 인터넷 음란물은 현대인의 큰 시험거리이며 오늘날 그리스도인들이 직면하는 마귀의 큰 시험거리이다.

우리는 인터넷 사용을 조심하고 자녀들에게도 조심시켜야 한다. 성에 대한 호기심과 충동은 누구에게나 있다. 특히 성적 충동은 보는 데서 자극된다. 음란한 영상(影像)은 사람의 머리 속에 각인(刻印)되어 상당히 지속된다. 그것은 사람의 생각을 더럽히고 죄악된 행동을 자극한다. 그러므로 성도는 음란물을 보지 말아야 한다. 다윗은 여인의 목욕하는 것을 보았을 때 음욕을 품었다(삼하 11:2). 마음에 음욕을 품는 것은 간음하는 것과 같다(마 5:28). 사도 바울은 "너희가 악한데 미련하기를 원하노라"(롬 16:19), "악에는 어린아이가 되라"(고전 14:20)고 교훈하였다. 성도는 악에 대해 미련한 것이 좋다.

세상적인 아름다움과 가치의 표준은 외적인 것, 육체적인 것, 물질적인 것에 있다. 그러나 하나님의 표준은 다르다. 잠언 31:30, "고운 것도 거짓되고 아름다운 것도 헛되나 오직 여호와를 경외하는 여자는 칭찬을 받을 것이라." 우리는 아름다운 세상에서 오직 하나님을 경외하고 그에게 소망을 두고, 죄악된 세상이 장차 불타 없어질 '장망성(將亡城)'임을 알고. 외적인 단장보다 내면적 단장에 힘써야 하며, 변질된 아름다움을 좋아하는 세상의 음란 풍조를 경계해야 한다.

제8계명

출애굽기 20:15, "도적질하지 말지니라."

제8계명에서 요구된 의무와 금지된 죄

[웨스트민스터 소요리문답 제73문] 제8계명은 무엇인가?
[답] 제8계명은 "도둑질하지 말라"이다(출 20:15).

[제74문] 제8계명이 요구하는 것이 무엇인가?
[답] 제8계명이 요구하는 것은 우리 자신과 남의 재물과 재산을 적법하게 획득하고 증진시키라는 것이다(잠 10:4; 살후 3:10-12; 레 6:4-6; 잠 12:27).

잠언 10:4, "손을 게으르게 놀리는 자는 가난하게 되고 손이 부지런한 자는 부하게 되느니라."

데살로니가후서 3:10-12, "우리가 너희와 함께 있을 때에도 너희에게 명하기를 누구든지 일하기 싫어하거든 먹지도 말게 하라 하였더니 우리가 들은즉 너희 가운데 규모 없이 행하여 도무지 일하지 아니하고 일만 만드는 자들이 있다 하니 이런 자들에게 우리가 명하고 주 예수 그리스도 안에서 권하기를 종용히 일하여 자기 양식을 먹으라 하노라."

잠언 12:27, "게으른 자는 그 잡을 것도 사냥하지 아니하나니 사람의 부귀는 부지런한 것이니라."

[제75문] 제8계명이 금하는 것은 무엇인가?
[답] 제8계명이 금하는 것은 우리 자신과 남의 재물과 재산을 불의하게 방해하거나 혹 방해될 만한 일이다(잠 21:6; 겔 22:29; 엡 4:28; 잠 28:19; 약 5:4; 말 3:9).

잠언 21:6, "속이는 말로 재물을 모으는 것은 죽음을 구하는 것이라. 곧 불려다니는 안개니라."

에베소서 4:28, "도적질하는 자는 다시 도적질하지 말고 돌이켜 빈궁한 자에게 구제할 것이 있기 위하여 제 손으로 수고하여 선한 일을 하라."

성도의 직업, 근면

다양한 직업들

이 세상에는 다양한 직업들이 있다. 첫 사람 아담은 에덴 동산에서 토지를 경작했다(창 2:15; 3:23). 가인은 농사를 하였고 아벨은 양을 쳤다. 가인의 후손인 유발은 수금과 통소 잡은 자들의 조상이 되었고 두발가인은 동철로 각양 날카로운 기계를 만드는 자가 되었다(창 4:21-22). 노아는 큰 배를 짓는 방법을 알고 있었다(창 6장).

오늘날 사회는 고도로 복잡해졌다. 오늘날도 여전히 인간 생활에 기본적인 직업들이 있다. 예컨대, 농작물을 재배하는 농업, 가축들을 기르는 목축업, 석탄이나 광석 등을 캐는 광업, 집, 기계, 자동차, 배, 비행기 등을 만드는 공업, 고기 잡는 어업, 물건을 사고 파는 상업 등이 있다. 오늘날 이런 일들의 어떤 분야들은 고도로 기술화되고 세계적 규모로 매우 커졌다(예컨대, 아파트, 고층빌딩, 백화점, TV, 냉장고, 컴퓨터, 스마트폰, 전자상거래 등). 그 외에도, 학교, 병원, 의술, 약품, 신문, 방송, 통신, 출판, 교통, 금융, 미술, 음악, 영화, 특히 첨단 과학의 여러 분야들, 예컨대 반도체, 인공지능(AI), 로봇, 로켓, 인공위성, 군수산업 등 실로 매우 다양해졌고 복잡해졌다.

이런 것들 위에, 사회를 지도하고 사회의 안보와 질서를 유지하는 자들이 있다. 정치가, 경제정책가, 행정가, 국회의원, 법조인, 공무원, 교육가, 신문 방송 언론인, 경찰, 군인 등이 있고, 또 이런 자들보다 앞서서, 정치 이념, 사회 이념, 경제 이념, 역사관 등을 정립하고 보급하는 철학, 역사 등 각 분야의 학자들과 사상가들이 있다.

성도의 직업 선택

하나님께서는 사람에게 재능을 주셔서 그것에 맞는 직업을 가지게 섭리하신다. 그래서 직업을 흔히 천직(天職, vocation)이라고 부른다.

모든 재능은 다 하나님께로부터 온 것이다. 각양 좋은 은사와 선물이 다 위로부터 빛들의 아버지께로서 내려온다(약 1:17). 모든 것이 다 하나님께로부터 나온다(롬 11:36). 하나님께서는 모세 시대에 브살렐과 오홀리압에게 지혜의 영을 주셔서 성막을 만드는 모든 일들을 잘 행하게 하셨다(출 31:2-6; 35:30-35; 36:2). 그러므로 어떤 직업이든지, 사람은 하나님께서 자기에게 주신 재능과 적성에 맞는 직업을 '천직'으로 알고 그 일에 충실하는 것이 필요하다.

노동은 천하지 않다. 하나님께서는 범죄한 아담에게 "얼굴에 땀이 흘러야 식물을 먹을 것이라"는 선언하셨다(창 3:19). 하나님께서는 그 사람을 에덴 동산에서 내어 보내어 그의 근본된 토지를 갈게 하셨다(창 3:23). 사도 바울은 성도들에게 손으로 수고하여 선한 일을 하고(엡 4:28), 조용히 일하여 자기 양식을 먹으라고 교훈했다(살후 3:12). 무슨 일이든지 손으로 일하는 것은 결코 부끄러운 것이 아니다.

성도가 직업 선택에서 고려할 점은 그것이 적성에 맞는가 하는 것과 그것이 계명에 위반하는 죄악된 것이 아닌가 하는 것뿐이다. 죄악된 직업은 비록 아무리 물질적 소득이 좋을지라도 성도에게 합당치 않다. 잠언 16:8, "적은 소득이 의를 겸하면 많은 소득이 불의를 겸한 것보다 나으니라." 잠언 20:17, "속이고 취한 식물은 맛이 좋은 듯하나 후에는 그 입에 모래[자갈]가 가득하게 되리라." 잠언 28:6, "성실히[온전히] 행하는 가난한 자는 사곡히 행하는 부자보다 나으니라."

성도의 직업의 목표

성도는 직업을 가질 때 어떤 목표를 가져야 하는가? 우선, 성도는 물질적 부요에 목표를 두어서는 안 된다. 세상과 물질은 다 허무하다. 전도서 1:2, "전도자가 가로되 헛되고 헛되며 헛되고 헛되니 모든 것이 헛되도다." 주께서는 "썩는 양식을 위하여 일하지 말고 영생하도록 있는 양식을 위하여 하라"고 말씀하셨다(요 6:27). 그것은 하나님을 경외하고 예수 그리스도를 믿는 믿음으로 사는 것을 말한다. 이 세상의 것들은 다 지나가는 것들이다. 요한일서 2:15, 17, "이 세상이나 세상에 있는 것들을 사랑치 말라," "이 세상도, 그 정욕도 지나가되 오직 하나님의 뜻을 행하는 이는 영원히 거하느니라."

그러므로 성경은 우리에게 부자가 되려고 하지 말라고 교훈한다. 잠언 23:4-5, "부자 되기에 애쓰지 말고 네 사사로운 지혜를 버릴지어다. 네가 어찌 허무한 것에 주목하겠느냐? 정녕 재물은 날개를 내어 하늘에 나는 독수리처럼 날아가리라." 디모데전서 6:9-10, "부하려 하는 자들은 시험과 올무와 여러 가지 어리석고 해로운 정욕에 떨어지나니 곧 사람으로 침윤과 멸망에 빠지게 하는 것이라. 돈을 사랑함이 일만 악의 뿌리가 되나니 이것을 사모하는 자들이 미혹을 받아 믿음에서 떠나 많은 근심으로써 자기를 찔렀도다."

세상의 모든 것은 하나님의 소유물이다. 창조자께서는 천지 만물과 인류의 주인이요 소유자이시다(시 24:1; 대상 29:11, 14, 16). 우리는 청지기와 관리인이다. 그러므로 우리는 모든 일을 하나님의 영광을 위하여 해야 한다. 그것이 하나님께서 우리를 창조하신 목적이다. 이사야 43:7, "무릇 내 이름으로 일컫는 자 곧 내가 내 영광을 위하여 창조한 자를 오게 하라. 그들을 내가 지었고 만들었느니라." 고린도전서 10:31, "너희가 먹든지 마시든지 무엇을 하든지 다 하나님의 영광을 위하여 하라." 여기에 성도들의 세상 직업의 목표가 있다.

불의의 이익

성도는 불의의 이익을 멀리해야 한다. 디모데전서 3:3[전통본문], 8, "더러운 이를 탐하지 아니하고." 신명기 23:18, "창기의 번 돈과 개 같은 자의 소득은 아무 서원하는 일로든지 네 하나님 여호와의 전에 가져오지 말라. 이 둘은 다 네 하나님 여호와께 가증한 것임이니라."

어떤 것이 불의한 것인가? 예를 들면, 도적질한 것, 속여서 취한 것,

제8계명

저울이나 되를 속이는 것(레 19:35-36; 신 25:13-15; 잠 11:1; 20:10), 땅의 경계표를 옮기는 것(신 19:14; 27:17; 잠 22:28; 23:10), 계약 위반(롬 1:31), 돈 떼어 먹기(딛 2:10), 품삯 안 주기(신 24:14-15; 약 5:4), 강도, 강탈, 착취(고전 6:10), 인신 매매(출 21:16; 신 24:7; 딤전 1:10), 고리대금(네쉐크 נֶשֶׁךְ)(출 22:25; 레 25:35-37; 신 23:19-20; 시 15:5; 잠 28:8), 뇌물(출 23:8; 신 16:19; 27:25; 사 1:23; 5:23; 암 5:12; 미 3:11), 매점(買占)(사재기), 부동산(땅, 집) 투기, 투기성 주식 투자 등이 그러하다. 성도들은 이런 일을 해서는 안 된다.

근면

성경은 근면에 대해 많이 교훈한다. 특히 잠언은 근면에 대해 많이 교훈하고 강조한다. 잠언 6:6-11, "게으른 자여, 개미에게로 가서 그 하는 것을 보고 지혜를 얻으라. 개미는 두령도 없고 간역자도 없고 주권자도 없으되 먹을 것을 여름 동안에 예비하며 추수 때에 양식을 모으느니라. 게으른 자여, 네가 어느 때까지 눕겠느냐? 네가 어느 때에 잠이 깨어 일어나겠느냐? 좀더 자자, 좀더 졸자, 손을 모으고 좀더 눕자 하면 네 빈궁이 강도같이 오며 네 곤핍이 군사같이 이르리라." 잠언 10:4, "손을 게으르게 놀리는 자는 가난하게 되고 손이 부지런한 자는 부하게 되느니라." 잠언 10:26, "게으른 자는 그 부리는 사람에게 마치 이에 초 같고 눈에 연기 같으니라." 잠언 12:24, "부지런한 자의 손은 사람을 다스리게 되어도 게으른 자는 부림을 받느니라." 잠언 18:9, "자기의 일을 게을리 하는 자는 패가(敗家)하는 자의 형제니라." 잠언 21:5, "부지런한 자의 경영은 풍부함에 이를 것이나 조급한 자는 궁핍함에 이를 따름이니라."

우리는 경건 생활은 물론이고, 세상 생활에서도 부지런해야 한다. 로마서 12:11, "부지런하여 게으르지 말고 열심을 품고 주를 섬기라." 에베소서 5:16, "세월을 아끼라[시간을 최선용하라]. 때가 악하니라."

구제

성경은 구제에 대해 많이 가르친다. 가난한 자들을 구제하는 것은 하나님의 뜻이며 명령이다. 또 그것은 역사상 경건한 성도들이 힘썼던 바이었고 의인들의 특징이었다. 교회의 헌금의 주용도는 전도와 구제이다. 성경은 우리가 구제할 때 가져야 할 올바른 태도에 대해서도 교훈하고 또 구제에 대한 하나님의 복에 대해서도 증거한다.

하나님의 뜻

구제는 하나님의 뜻이다. 하나님께서는 모세의 율법에서 구제에 대해 강조하여 교훈하셨다. 신명기 15:7-11, "네 하나님 여호와께서 네게 주신 땅 어느 성읍에서든지 가난한 형제가 너와 함께 거하거든 그 가난한 형제에게 네 마음을 강퍅히 하지 말며 네 손을 움켜쥐지 말고 반드시 네 손을 그에게 펴서 그 요구하는 대로 쓸 것을 넉넉히 꾸어주라. 삼가 너는 마음에 악념을 품지 말라. 곧 이르기를 제7년 면제년이 가까왔다 하고 네 궁핍한 형제에게 악한 눈을 들고 아무것도 주지 아니하면 그가 너를 여호와께 호소하리니 네가 죄를 얻을 것이라. 너는 반드시 그에게 구제할 것이요 구제할 때에는 아끼는 마음을 품지 말 것이니라. 이로 인하여 네 하나님 여호와께서 네 범사와 네 손으로 하는 바에 네게 복을 주시리라. 땅에는 언제든지 가난한 자가 그치지 아니하겠는 고로 내가 네게 명하여 이르노니 너는 반드시 네 경내 네 형제의 곤란한 자와 궁핍한 자에게 네 손을 펼지니라." 하나님께서는 이스라엘 백성이 그들 경내에 사는 가난한 자들에게 손을 펴서 그 요구대로 반드시 넉넉히 꾸어주라고 명령하셨고 그렇게 하지 않으면 죄가 된다고 경고하셨다. 구제는 하나님의 엄숙한 명령이다. 그것은 우리가 해도 되고 안 해도 되는 문제가 아니다.

예수께서도 가난한 자들을 위한 구제에 대해 교훈하셨다. 마태복음 6:19-21, "너희를 위하여 보물을 땅에 쌓아 두지 말라. 거기는 좀과 동록이 해하며 도적이 구멍을 뚫고 도적질하느니라. 오직 너희를 위하여 보물을 하늘에 쌓아 두라. 거기는 좀이나 동록이 해하지 못하며 도적이 구멍을 뚫지도 못하고 도적질도 못하느니라. 네 보물 있는 그 곳에는 네 마음도 있느니라." 누가복음 12:33-34, "너희 소유를 팔아 구제하여 낡아지지 아니하는 주머니를 만들라. 곧 하늘에 둔 바 다함이 없는 보물이니 거기는 도적도 가까이 하는 일이 없고 좀도 먹는 일이 없느니라. 너희 보물 있는 곳에는 너희 마음도 있으리라." 주께서는 그에게 영생의 길을 묻는 청년에게 "네가 온전하고자 할진대 가서 네 소유를 팔아 가난한 자들을 주라. 그리하면 하늘에서 보화가 네게 있으리라. 그리고 와서 나를 좇으라"고 말씀하셨다(눅 19:21).

사도들도 구제에 대해 많이 교훈하였다. 로마서 12:13, "성도들의 쓸 것[필요한 것들]을 공급하라[함께 나누라]." 고린도후서 8:7, "오직 너희는 믿음과 말과 지식과 모든 간절함과 우리를 사랑하는 이 모든 일에 풍성한 것같이 이 은혜[가난한 성도들을 위한 구제 헌금]에도 풍성하게 할지니라." 에베소서 4:28, "도적질하는 자는 다시 도적질하지 말고 돌이켜 빈궁한 자에게 구제할 것이 있기 위하여 제 손으로 수고하여 선한 일을 하라." 히브리서 13:16, "오직 선을 행함과 서로 나눠주기를 잊지 말라. 이 같은 제사는 하나님께서 기뻐하시느니라." 요한일서 3:17-18, "누가 이 세상 재물을 가지고 형제의 궁핍함을 보고도 도와줄 마음을 막으면 하나님의 사랑이 어찌 그 속에 거할까 보냐? 자녀들아, 우리가 말과 혀로만 사랑하지 말고 오직 행함과 진실함으로 하자." 가난한 형제에 대한 구제는 확실히 하나님의 뜻이요 명령이다. 그것은 성도의 선한 삶의 열매이며 형제 사랑의 증거이다.

성도들이 힘쓴 일

구제는 옛날부터 하나님을 경외하는 성도들이 힘쓴 일이었다. 욥은, "내가 의로 옷을 삼아 입었으며 나의 공의는 도포와 면류관 같았느니라. 나는 소경의 눈도 되고 절뚝발이의 발도 되고 빈궁한 자의 아비도 되며 생소한 자의 일을 사실(査實)하여 주었었느니라"고 말했다(욥 29:14-16). 구제는 하나님의 계명을 순종하는 의인의 특징이었다. 시편 37:25-26, "내가 어려서부터 늙기까지 의인이 버림을 당하거나 그 자손이 걸식함을 보지 못하였도다. 저는 항상 은혜를 베풀고 꾸어주니 그 자손이 복을 받는도다." 잠언 21:26, "어떤 자는 항상 탐하기만 하나 의인은 아끼지 아니하고 시제(施濟)[구제]하느니라."

초대 예루살렘 교회는 교회 내의 가난한 자들을 구제하였다. 사도행전 2:44-45, "믿는 사람이 다 함께 있어 모든 물건을 서로 통용하고 또 재산과 소유를 팔아 각 사람의 필요를 따라 나눠주고." 사도행전 4:32, 34-35, "믿는 무리가 한 마음과 한 뜻이 되어 모든 물건을 서로 통용하고 제 재물을 조금이라도 제 것이라 하는 이가 하나도 없더라," "그 중에 핍절한 사람이 없으니 이는 밭과 집 있는 자는 팔아 그 판 것의 값을 가져다가 사도들의 발 앞에 두매 저희가 각 사람의 필요를 따라 나눠줌이러라." 예루살렘 교회는 교인들을 구제하는 일을 위하여 일곱 명의 봉사자들[집사들]을 뽑았다(행 6:1-6).

사도들과 신약시대 성도들도 구제에 힘썼다. 갈라디아서 2:10, "우리에게 가난한 자들 생각하는 것을 부탁하였으니 이것을 나도 본래 힘써 행하노라." 사도행전 9:36, "욥바에 다비다라 하는 여제자가 있으니 그 이름을 번역하면 도르가라. 선행과 구제하는 일이 심히 많더니." 사도행전 10:2, "[고넬료가] 경건하여 온 집으로 더불어 하나님을 경외하며 백성을 많이 구제하고 하나님께 항상 기도하더니."

교회의 헌금의 주용도는 구제이었다. 고린도전서 16:1-2, "성도를 위하는 연보에 대하여는 내가 갈라디아 교회들에게 명한 것같이 너희도 그렇게 하라. 매주일 첫 날에 너희 각 사람이 이(利)를 얻은 대로 저축하여 두어서 내가 갈 때에 연보를 하지 않게 하라." 고린도후서 8:1-4, "하나님께서 마게도냐 교회들에게 주신 은혜를 우리가 너희에게 알게 하노니 환난의 많은 시련 가운데서 저희 넘치는 기쁨과 극한 가난이 저희로 풍성한 연보를 넘치도록 하게 하였느니라. 내가 증거하노니 저희가 힘대로 할 뿐 아니라 힘에 지나도록 자원하여 이 은혜[구제 헌금]와 성도 섬기는 일에 참여함에 대하여 우리에게 간절히 구하니." 고린도후서 9:1, "성도를 섬기는 일[구제의 일]에 대하여." 로마서 15:25-26, "이제는 내가 성도를 섬기는 일로 예루살렘에 가노니 이는 마게도냐와 아가야 사람들이 예루살렘 성도 중 가난한 자들을 위하여 기쁘게 얼마를 동정하였음이라."

구제의 태도

성경은 구제할 때 가져야 할 올바른 태도에 대해서도 교훈하는데, 첫째는 즐거운 마음으로 하는 것이며 둘째는 은밀히 하는 것이다.

구제는 즐거운 마음으로 해야 한다. 신명기 15:7-8, 10, "네 마음을 강퍅히 하지 말며 네 손을 움켜쥐지 말고," "반드시 네 손을 그에게 펴서 그 요구하는 대로 쓸 것을 넉넉히 꾸어주라. 아끼는 마음을 품지 말 것이니라." 이것은 헌금의 정신에 대한 말씀과도 같다. 고린도후서 9:7, "각각 그 마음에 정한 대로 할 것이요 인색함으로나 억지로 하지 말지니 하나님께서는 즐겨 내는 자를 사랑하시느니라."

또 구제는 은밀히 해야 한다. 마태복음 6:1-4, "사람에게 보이려고 그들 앞에서 너희 의[구제](전통본문)를 행치 않도록 주의하라. 그렇지 아니하면 하늘에 계신 너희 아버지께 상을 얻지 못하느니라. 그러므로 구제할 때에 외식하는 자가 사람에게 영광을 얻으려고 회당과 거리에서 하는 것같이 너희 앞에 나팔을 불지 말라. 진실로 너희에게 이르노니 저희는 자기 상을 이미 받았느니라. 너는 구제할 때에 오른손의 하는 것을 왼손이 모르게 하여 네 구제함이 은밀하게 하라."

빚 보증

성경은 구제를 교훈하는 반면에 남의 빚을 보증하지 말라고 가르친다(잠 11:15; 17:18; 22:26). 돈을 대신 갚아줄 경제적 힘이 있거나 상대방을 충분히 신뢰할 수 있거나 손해를 볼 각오를 한다면, 보증하는 일이 가능할 것이다. 그러나 그런 경우가 아닌데도 보증을 서는 것은 명예심이나 모험심에 불과한 어리석은 일이고 그런 자는 속임을 당하고 큰 손해를 입을 것이다. 남의 빚을 보증하는 것은, 사랑의 행위일지는 몰라도 어리석은 일이다. 우리는 다른 이에게 빚의 보증을 요청하지도 말고 그의 빚을 보증하지도 말아야 할 것이다.

하나님께서 복 주심

성경은 구제하는 자가 받을 복에 대해서도 교훈한다. 신명기 15:10, "너는 반드시 그에게 구제할 것이요, 구제할 때에는 아끼는 마음을 품지 말 것이니라. 이로 인하여 네 하나님 여호와께서 네 범사와 네 손으로 하는 바에 네게 복을 주시리라." 마태복음 6:4, "네 구제함이 은밀하게 하라. 은밀한 중에 보시는 너의 아버지가 [드러나게](전통본문) 갚으시리라." 잠언 19:17, "가난한 자를 불쌍히 여기는 것은 여호와께 꾸이는[빌려드리는] 것이니 그 선행을 갚아주시리라."

그러므로 구제하는 자는 그와 그 자손들이 풍족함과 복을 얻을 것이다. 잠언 11:24-25, "흩어 구제하여도 더욱 부하게 되는 일이 있나니 과도히 아껴도 가난하게 될 뿐이니라. 구제를 좋아하는 자는 풍족하여질 것이요 남을 윤택하게 하는 자는 윤택하여지리라." 시편 37:25-26, "내가 어려서부터 늙기까지 의인이 버림을 당하거나 그 자손이 걸식함을 보지 못하였도다. 저는 종일토록 은혜를 베풀고 꾸어주니 그 자손이 복을 받는도다." 우리가 구원 얻은 성도일진대, 우리는 우리 주위의 어려운 교우들과 이웃들에게 구제하기를 힘써야 한다.

제8계명

경제 제도

오늘날 세상에는, 사회의 경제 제도에 대해 크게 두 가지 이론이 있다. 첫째는 자본주의인데, 그것은 개인의 사유재산권을 인정하고 개인의 자유 선택과 자유 경쟁에 의한 경제 활동을 보장하는 제도이다. 자본주의는 자유기업제도 혹은 자유시장제도라고도 한다.

둘째는 사회주의인데, 그것은 생산수단의 국유화, 즉 개인이 아니고 국가가 토지, 노동력, 자본 등을 소유하는 것과 계획에 의한 경제 활동으로 경제적 평등 사회를 추구하는 제도이다. 사회주의 실현을 위한 한 방법론으로 혁명적 사회주의 곧 공산주의가 제안되었다.

19세기 독일의 경제학자와 사회철학자 마르크스는 1848년 프리드리히 엥겔스와 함께 쓴 공산당 선언(*Communist Manifesto*)에서 공산주의 개념을 발표했다. 그는 그 책자에서 "공산주의라는 유령이 유럽에 떠돌고 있다"는 말로 시작해 인간의 모든 역사는 계급투쟁의 역사 즉 지배계급과 노동계급의 투쟁의 연속이라고 보았고, 프롤레타리아(노동자계급) 주도의 공산사회를 만드는 것이 모든 공산주의자들의 최고 목적이며, 기독교 사회주의, 봉건적 사회주의, 부르주아적 사회주의, 사변적 사회주의 등 기존의 사이비 사회주의를 비판하고, 노동계급 혁명의 첫걸음은 노동계급이 지배력을 장악해서 민주주의(즉 민중민주주의)를 확립하는 것이며, 노동자계급은 사회의 생산수단을 국가가 아니라 노동자계급의 손에 두게 해야 하고, 자신들의 목적은 기존의 모든 사회 질서를 전복해야만 달성될 수 있음을 공공연하게 선언하였고, 자본주의는 결국 사회주의에 의해 대치될 것이며, 승리한 노동계급은 생산수단의 공동 소유에 근거한 경제적 평등 사회를 세울 것이라고 주장하였다. 그는 그 책자의 끝에 국제적 단결의 중요성을 강조하며 이렇게 말했다. "공산주의 혁명에서 프롤레타리아가 잃을 것은 족쇄뿐이고 그들이 얻을 것은 전세계이다. 전세계 노동자들이여, 단결하라"(https://ko.wikipedia.org/wiki "선부론").

사회주의의 실현의 다른 한 방법으로 제안된 것은 민주적 사회주의이다. 민주적 사회주의는 칼 마르크스의 이론에 영향을 입었으나 혁명과 폭력적 방법이나 독재적 통치를 반대하며 민주적인 방식을 통한 부(富)의 공평한 분배를 추구한다(*The World Book Encyclpedia*, XVIII, 560-62). 비공산권 국가들에서도 이런 이념을 가진 정당과 인물들이 적지 않다. 우리나라의 고교 평준화의 생각이나 빈부격차를 줄이는 부의 재분배에 대한 강조는 사회주의적 생각이다.

마르크스가 주장했던 공산주의는 개인의 사유재산권을 부정하고 개인의 자유를 통제하는 사회주의의 한 형태로 혁명적, 강제적 방식을 통해 경제적 평등을 추구하는 제도이다. 1917년 레닌은 마르크스의 사상을 러시아 혁명으로 실현하려 했다. 오늘날 공산주의 국가들은 공산혁명에 의해 세워졌고 공산당의 일당 독재적 통치체제이다 (*The World Book Encyclpedia*, IV, 893-99).

그러면, 성경적 경제 제도는 무엇인가? 이 문제를 위해 생각해야 할 몇 가지 점이 있다. 우선, 성경은 절대적 혹은 궁극적 의미에서 만물의 소유권을 하나님께 돌린다. 레위기 25:23, "토지는 영영히 팔지 말 것은 토지는 다 내 것임이라. 너희는 나그네요 우거하는 자로서 나와 함께 있느니라." 시편 24:1, "땅과 거기 충만한 것과 세계와 그 중에 거하는 자가 다 여호와의 것이로다." 그러므로 실상 세상에 '나의 것,' '우리의 것'이란 하나도 없다. 개인이나 공동체의 모든 소유는 궁극적으로 다 하나님의 것이다. 하나님께서는 천지만물의 창조자요 소유자이시다.

그러나 성경은 위탁적 의미에서 개인의 재산권을 인정한다. 그러므로 도적질이나 강제로 남의 물건을 빼앗는 행위는 죄로 간주된다. 출애굽기 20:15, "도적질하지 말지니라." 출애굽기 20:17, "네 이웃의 집을 탐내지 말지니라. 네 이웃의 아내나 그의 남종이나 그의 여종이나 그의 소나 그의 나귀나 무릇 네 이웃의 소유를 탐내지 말지니라."
신명기 19:14, "선인(先人)이 정한 네 이웃의 경계표를 이동하지 말지니라." 잠언 22:28, "네 선조의 세운 옛 지계석을 옮기지 말지니라." 고린도전서 6:9-10, "불의한 자가 하나님의 나라를 유업으로 받지 못할 줄을 알지 못하느냐? 미혹을 받지 말라. 음란하는 자나 우상숭배하는 자나 간음하는 자나 탐색하는 자나 남색하는 자나 도적이나 탐람하는 자나 술취하는 자나 후욕하는 자나 토색하는[강탈하는] 자들은 하나님의 나라를 유업으로 받지 못하리라." 국가가 강제로 국민의 재산을 몰수한다면, 그것은 강탈과 같은 종류의 악이다.

또 성경은 이런 위탁적 의미의 사유재산권을 하나님의 청지기라는 말로 표현한다. 주 예수께서는 달란트 비유나 므나 비유에서 우리가 이 세상에서 가진 소유가 하나님께서 맡기신 것임을 교훈하셨다(마 25:14-30; 눅 19:11-26). 또 주께서는 누가복음 16장의 불의한 청지기 비유에서도 비슷한 교훈을 하셨다(눅 16:1-13). 우리가 이 세상에서 가진 모든 것은 창조주 하나님께서 우리에게 맡기신 것이며 우리가 바르게 잘 관리하고 사용해야 할 것이다.

그러므로 성경은 현 세상에서 사회주의보다 자본주의 경제 제도를 인정한다. 개인의 사유재산을 부정하고 생산수단의 공유를 주장하는 것은 분명히 성경적이지 않다. 특히, 공산주의와 같이 개인의 자유와 생명과 인권을 빼앗고 침해하는 것은 큰 잘못이다. 공산주의는 인류 역사상 유례 없는 대학살을 저질렀다. 1917년 러시아 혁명 이후 지구에서는 8,500만 내지 1억명의 생명이 숙청, 굶주림, 집단 추방, 강제 노역 등으로 죽임을 당했다고 한다(*The Black Book of Communism-- Crimes Terror Repression*, 1997; 미래한국, 2004. 8. 7, 12쪽). 또 지금까지도 공산세계에는 개인의 자유, 특히 종교의 자유가 매우 통제되고 인권이 침해되고 있다는 소식을 듣는다. 북한도 그 중의 하나이다.

경제 제도

　그러나 성경이 부자들의 이기적 행위나 불법적 행위를 승인하는 것은 아니다. 성경은 이기적인 부(富)의 축적을 책망하고 정죄하며 그 부를 선하게 사용하라고 교훈한다. 에스겔 16:49, "네 아우 소돔의 죄악은 이러하니 그와 그 딸들에게 교만함과 식물의 풍족함과 태평함이 있음이며 또 그가 가난하고 궁핍한 자를 도와주지 아니하며." 마태복음 6:19, "너희를 위하여 보물을 땅에 쌓아 두지 말라." 디모데전서 6:9-10, "부하려 하는 자들은 시험과 올무와 여러 가지 어리석고 해로운 정욕에 떨어지나니 곧 사람으로 침륜과 멸망에 빠지게 하는 것이라. 돈을 사랑함이 일만 악의 뿌리가 되나니 이것을 사모하는 자들이 미혹을 받아 믿음에서 떠나 많은 근심으로써 자기를 찔렀도다." 야고보서 5:5, "너희가 땅에서 사치하고 연락하여 도살의 날에 너희 마음을 살지게 하였도다." 디모데전서 6:17-18, "네가 이 세대에 부한 자들을 명하여 마음을 높이지 말고 정함이 없는 재물에 소망을 두지 말고 오직 . . . 하나님께 두며 선한 일을 행하고 선한 사업에 부하고 나눠주기를 좋아하며 동정하는 자가 되게 하라."
　자본주의 체제에서 정부의 역할은 개인이나 기업의 자유로운 경제 활동이 질서 있게 이루어지도록 최대한 보장하고 권장하는 것과 또 법에 근거하여 도덕적 비리들을 단속하고 징벌하는 것이다. 정부의 지나친 통제는 사회 전반의 경제 활동을 위축시킬 것이다. 소외 계층에 대한 배려는 어느 때나 선한 일이지만, 자본주의 체제에서 경제적 평등은 원칙적으로 기회의 균등한 제공에서 찾아야 할 것이다.
　자본주의가 현실적 약점을 가질지라도 그것은 체제 자체의 문제라기보다는 사람의 이기적이고 죄악된 심성의 문제이다. 자유경쟁에 의한 물질적 유여함의 추구는 기본적으로 정당하다. 빈부의 격차가 크다는 것이 자본주의의 약점이지만, 경제적 발전을 이루어 가난을 모면하고 물질적 유여함을 가질 수 있다는 것은 확실히 그것의 장점이다. 러시아 혁명 이후 거의 반세기 동안 구소련과 중국은 사회주의, 공산주의 실험에 실패하였고 다같이 못 사는 나라가 되었었다.

그러나 1978년 12월 중국공산당 중앙위원회에서 덩샤오핑이 개혁개방을 나타내는 선부론(先富論), 즉 능력있는 사람이 먼저 부자가 되고 그런 후 낙오된 사람을 도우라는 이론을 주창하였고 또 이어서 흑묘백묘(黑猫白猫)론, 즉 검은 고양이든 흰고양이든 쥐만 잘 잡으면 된다는 이론을 말하였다. 그것은 공산주의냐 자본주의냐에 관계없이 인민들이 당면한 문제인 생활수준향상을 이끌어 낼 수 있는 것이면 그것이 제일이라는 의미의 말이었다고 한다(https://namu.wiki, "흑묘백묘론"). 그러므로 중국은 그들의 정치이념인 공산주의는 고수하되 경제정책은 자본주의적 방법론을 수용하는 개방정책을 도입함으로써 경제발전을 도모했고, 그 결과 오늘날 보듯이 중국은 상당한 경제부흥을 경험하였고 러시아에서도 비슷한 일이 일어났다고 보인다. 이것은 경제발전에 있어서 중앙통제적 사회주의 체제보다 자본주의 체제가 낫다는 것을 증명한 일이었다고 보인다.

잠언 10:4는, "손을 게으르게 놀리는 자는 가난하게 되고 손이 부지런한 자는 부하게 되느니라"고 말했다. 부지런한 자는 부해지고 게으른 자가 가난해진다. 이것은 하나님의 진리이며 우리가 이 세상 살면서 경험할 수 있는 바이다. 가난은 사회의 구조적 문제 때문에 오기보다 개인적으로 게으름 때문에 오는 경우가 많다고 보인다. 그러므로 가난의 극복은 단순히 사회 제도와 법의 개선뿐 아니라, 근면하고 절약하는 삶의 실천을 통해서 이루어진다고 본다. 단지, 성경의 많은 구절들에서 교훈하는 바대로, 우리는 얻은 물질적 부를 이웃 사랑과 구제의 교훈에 따라 선하게 사용하고 소외 계층의 사람들을 배려하는 마음이 모든 성도들과 국민들에게 요구된다. 그러나 구제와 선행은 강제적으로가 아니고 자발적으로 이루어져야 할 것이다.

제9계명

출애굽기 20:16, "네 이웃에 대하여 거짓증거하지 말지니라."

제9계명에서 요구된 의무와 금지된 죄

[웨스트민스터 소요리문답 제76문] 제9계명은 무엇인가?
[답] 제9계명은 "네 이웃에 대하여 거짓 증거하지 말라"이다(출 20:16).

[제77문] 제9계명이 요구하는 것은 무엇인가?
[답] 제9계명이 요구하는 것은 특히 증언할 때에 사람과 사람 사이의 진실함과 또 우리와 이웃의 명예를 보존하며 증진케 하라는 것이다(엡 4:15, 25; 잠 14:5, 25; 고전 13:4-5; 잠 22:1; 빌 4:8).

에베소서 4:15, 25, "오직 사랑 안에서 참된 것을 하여 범사에 그에게까지 자랄지라. 그는 머리니 곧 그리스도라," "그런즉 거짓을 버리고 각각 그 이웃으로 더불어 참된 것을 말하라. 이는 우리가 서로 지체가 됨이니라."

잠언 14:5, 25, "신실한 증인은 거짓말을 아니하여도 거짓 증인은 거짓말을 뱉느니라," "진실한 증인은 사람의 생명을 구원하여도 거짓말을 뱉는 사람은 속이느니라."

빌립보서 4:8, "종말로 형제들아, 무엇에든지 참되며 무엇에든지 경건하며 무엇에든지 옳으며 무엇에든지 정결하며 무엇에든지 사랑할 만하며 무엇에든지 칭찬할만하며 무슨 덕이 있든지 무슨 기림이 있든지 이것들을 생각하라."

[제78문] 제9계명이 금하는 것이 무엇인가?
[답] 제9계명에 금하는 것은 무엇이든지 진실함에 해되는 일이나 혹은 이웃의 명예를 상하게 하는 것이다(레 19:15; 잠 19:5; 빌 3:18-19; 벧후 2:2).

레위기 19:15, "너희는 재판할 때에 불의를 행치 말며 가난한 자의 편을 들지 말며 세력 있는 자라고 두호하지 말고 공의로 사람을 재판할지며."

제9계명

거짓말

진실은 하나님의 속성이며 거짓은 마귀의 속성임

하나님께서는 진리의 하나님이시다. 성경의 많은 구절들은 하나님의 진실하심, 신실하심에 대해 증거한다. '진실,' '신실,' '성실'이라고 번역된 원어(에메스 אֶמֶת, 에무나 אֱמוּנָה)의 뜻은 비슷하다. 출애굽기 34:6, "여호와께서 그의 앞으로 지나시며 반포하시되 여호와로라, 여호와로라, 자비롭고 은혜롭고 노하기를 더디하고 인자와 진실이 많은 하나님이로라." 시편 40:10-11, "내가 주의 성실[신실하심]과 구원을 선포하였으며 내가 주의 인자와 진리를 대회 중에서 감추지 아니하였나이다. 여호와여 . . . 주의 인자와 진리로 나를 항상 보호하소서." 시편 115:1, "여호와여, 영광을 우리에게 돌리지 마옵소서. . . . 오직 주의 인자하심과 진실하심을 인하여 주의 이름에 돌리소서."

그러나 마귀는 거짓말쟁이요 거짓의 아비이다. 요한복음 8:44, "[마귀는] 거짓을 말할 때마다 제것으로 말하나니 이는 저가 거짓말장이[거짓말쟁이]요 거짓의 아비가 되었음이니라." 모든 이단은 거짓말이요 마귀적이다. 요한일서 2:21, "모든 거짓은 진리에서 나지 않음을 인함이니라." 요한일서 4:6, "우리는 하나님께 속하였으니 하나님을 아는 자는 우리의 말을 듣고 하나님께 속하지 아니한 자는 우리의 말을 듣지 아니하나니 진리의 영과 미혹의 영을 이로써 아느니라."

거짓을 버리고 참된 것을 말하라

그러므로 우리는 거짓말을 버리고 진실을 말해야 한다. 출애굽기 20:16, "네 이웃에 대하여 거짓 증거하지 말지니라." 시편 15:2-3, "[하나님의 성산에 거할 자는] 그 마음에 진실을 말하며." 잠언 6:19, "[하나님의 미워하시는 것 6, 7가지 중에] 거짓을 말하는 망령된 증인과." 스가랴 8:16-17, "너희는 각기 이웃으로 더불어 진실을 말하며 너희

성문에서 진실하고 화평한 재판을 베풀고 . . . 거짓 맹세를 좋아하지 말라. 이 모든 일은 나의 미워하는 것임이니라." 에베소서 4:25, "그런즉 거짓을 버리고 각각 그 이웃으로 더불어 참된 것을 말하라. 이는 우리가 서로 지체가 됨이니라." 골로새서 3:9, "너희가 서로 거짓말을 말라." 디모데전서 1:10, "[악인들의 목록] 거짓말하는 자며 거짓 맹세하는 자와." 디모데전서 3:8, "[집사의 자격] 일구이언(一口二言)을 하지 아니하고." 베드로전서 2:1, "모든 악독과 모든 거짓과 외식과 시기와 모든 비방하는 말을 버리라."

거짓의 예들은 많다. 그것은 개인적 약속 위반, 국가적 동맹 파기, 학생들의 대리 출석, 시험 때의 부정행위, 각종 위조문서, 가짜 졸업증명서, 가짜 성적증명서, 가짜 학위증명서, 가짜 추천서, 가짜 기부금 증명서, 위장전입 등을 포함한다.

거짓말은 남을 해치는 일임

거짓말은 대체로 남을 해치는 일이다. 남에 대한 거짓된 헛소문을 퍼뜨리는 것은 남의 명예를 손상시킨다. 출애굽기 23:1, "너는 허망한 풍설을 전파하지 말며 악인과 연합하여 모함하는 증인이 되지 말라." 아첨하는 것도 그의 발 앞에 그물을 치는 것과 같으니(잠 29:5), 거짓말로 남을 비방하거나 공연히 남의 약점을 찾아내려는 것은 악하다. 그것은 남을 무시하고 미워하거나 시기 질투하는 데서 나온다.

사도 요한은 교인들 중 으뜸 되기를 좋아하는 디오드레베가 악한 말로 자신을 부당하게 비난한 일에 대해 지적하고 그를 경계하라고 말했다(요삼 10). 감독과 집사의 아내들은 '참소하지 않는 자'이어야 한다(딤전 3:11). 그러나 말세에 어려운 때가 되면 참소하는 풍조가 있을 것이라고 예언되었다(딤후 3:3). 일반적으로 악을 선하다고 말하거나 선을 악하다고 말하는 것은 다 악한 일이다(잠 17:15). 고의적인 거짓말이든지 무지함이나 편견에서 나온 말이든지 다 그러하다.

제9계명

'선의의 거짓말'도 하지 말아야

사람들은 '선의의 거짓말'(white lies), 즉 선한 의도를 가진 거짓말은 괜찮다고 생각한다. 선의의 거짓말을 합리화시키기 위해 인용되는 두 개의 대표적 성경구절들이 있다.

출애굽기 1:19, "[히브리] 산파가 바로에게 대답하되 히브리 여인은 애굽 여인과 같지 아니하고 건장하여 산파가 그들에게 이르기 전에 해산하였더이다 하매."

매튜 풀(Matthew Poole)은 이 구절에 대해 이렇게 주석하였다.

> 이것은 많은 사람이 추상하듯이 거짓말이 아니고 그들 중 많은 이들에 대한 진실일 것이며, 또 그 산파들은 모든 사람이 그렇다고 주장하지도 않는다. . . . 그러므로 여기에는 진실 외에 다른 것이 없다. 비록 그들이 전체의 진실을 말하지 않았지만, 그들이 그렇게 말할 의무는 없었다(*Commentary on the Holy Bible*, I, 118).

여호수아 2:4-6, "그 여인[여리고 성의 기생 라합]이 그 두 사람을 이미 숨긴지라. 가로되 과연 그 사람들이 내게 왔었으나 그들이 어디로서인지 나는 알지 못하였고 그 사람들이 어두워 성문을 닫을 때쯤 되어 나갔으니 어디로 갔는지 알지 못하되 급히 따라가라. 그리하면 그들에게 미치리라 하였으나 실상은 그가 이미 그들을 이끌고 지붕에 올라가서 그 지붕에 벌여놓은 삼대에 숨겼더라."

매튜 풀은 이 구절에 대해 이렇게 주석하였다.

> 그의 대답은 . . . 명백히 거짓되었고 따라서 의심할 수 없이 죄악되었으나, 그의 의도는 선하였다. 그러나 매우 가능한 사실은, 그가 이방인이었기 때문에 어떤 그리스도인들이 생각하고 말한 바와 같이 선의의 거짓말은 불법적이지 않다고 생각했거나, 혹은 최악의 경우, 이것이 그의 연약함이었으나 하나님께서 은혜로 그것을 용서하셨고 그의 믿음을 크게 상 주셨을 것이라는 것이다(위의 책, 410쪽).

그 외에, 엘리사가 자기를 잡기 위해 도단 성을 포위한 아람 군대에게 "이는 그 길이 아니요 이는 그 성도 아니니 나를 따라오라. 내가

거짓말

너희를 인도하여 너희의 찾는 사람에게로 나아가리라"(왕하 6:19)고 한 말은 감추인 의미의 진실을 말하고 있다. 하나님께서 그들의 눈을 어둡게 하셨으므로 그것을 그들에게 알려줄 의무는 없었다.

또 여호수아가 아이 성을 정복할 때 쓴 복병전술도 은폐 행위이지 거짓 행위는 아니었다. 그들은 적군에게 자신들의 퇴각 행위의 목적을 알려줄 의무가 없었다. 아이 성 사람들은 이스라엘 군대의 퇴각의 목적을 몰랐기 때문에 속은 것뿐이었다.

우리는 선의의 거짓말을 허용해서는 안 된다고 본다. 만일 선의의 거짓말을 허용하면, 자기 합리화에 능숙한 부패된 인간 본성은 거짓말에 익숙해질 것이다. 성도는 어떤 경우든지 진실만을 말해야 한다.

거짓말하는 자는 지옥 형벌을 면키 어려움

거짓말하는 자는 결코 하나님의 형벌을 면치 못할 것이다. 구약의 잠언은 이 사실을 분명하게 증거한다. 잠언 19:5, 9, "거짓 증인은 벌을 면치 못할 것이요 거짓말을 내는 자도 피치 못하리라," "거짓 증인은 벌을 면치 못할 것이요 거짓말을 내는 자는 망할 것이니라." 잠언 21:28, "거짓 증인은 패망하려니와."

요한계시록은 거짓말하는 자들이 지옥 형벌을 받고 천국에서 제외될 것을 분명히 증거한다. 요한계시록 21:8, "그러나 두려워하는 자들과 믿지 아니하는 자들과 흉악한 자들과 살인자들과 행음자들과 술객들과 우상숭배자들과 모든 거짓말하는 자들은 불과 유황으로 타는 못에 참여하리니 이것이 둘째 사망이라." 요한계시록 21:27, "무엇이든지 속된 것이나 가증한 일 또는 거짓말하는 자는 결코 그리로 들어오지 못하되 오직 어린양의 생명책에 기록된 자들뿐이라." 요한계시록 22:15, "개들과 술객들과 행음자들과 살인자들과 우상숭배자들과 및 거짓말을 좋아하며 지어내는 자마다 성 밖에 있으리라." 우리는 모든 거짓을 버리고 오직 참된 것을 말하는 자들이 되어야 한다.

제10계명

출애굽기 20:17, "네 이웃의 집을 탐내지 말지니라. 네 이웃의 아내나 그의 남종이나 그의 여종이나 그의 소나 그의 나귀나 무릇 네 이웃의 소유를 탐내지 말지니라."

제10계명에서 요구된 의무와 금지된 죄

[웨스트민스터 소요리문답 제79문] 제10계명은 무엇인가?
[답] 제10계명은 "네 이웃의 집을 탐내지 말라. 네 이웃의 아내나 그의 남종이나 그의 여종이나 그의 소나 그의 나귀나 무릇 네 이웃의 소유를 탐내지 말라"이다(출 20:17).

[제80문] 제10계명이 요구하는 것이 무엇인가?
[답] 제10계명이 요구하는 것은 우리 자신의 처지를 온전히 만족하게 여기며, 이웃과 그의 모든 소유에 대하여 의롭고 사랑하는 마음을 품으라는 것이다(롬 12:15; 딤전 6:6; 히 13:5; 빌 2:4; 딤전 1:5).

디모데전서 6:6, "그러나 지족하는 마음이 있으면 경건이 큰 이익이 되느니라."

히브리서 13:5, "돈을 사랑치 말고 있는 바를 족한 줄로 알라. 그가 친히 말씀하시기를 내가 과연 너희를 버리지 아니하고 과연 너희를 떠나지 아니하리라 하셨느니라."

[제81문] 제10계명이 금하는 것이 무엇인가?
[답] 제10계명이 금하는 것은 우리 자신의 처지를 불만스럽게 여기거나 이웃의 행복을 시기 또는 비통해하거나 이웃의 소유에 대한 모든 불의한 행동과 감정이다(약 3:14-16; 롬 7:7; 골 3:5).

고린도전서 10:10, "저희 중에 어떤 이들이 불평하다가 멸망시키는 자에게 멸망하였나니 너희는 저희와 같이 불평하지 말라."

갈라디아서 5:26, "헛된 영광을 구하여 서로 격동하고 서로 투기하지 말지니라."

골로새서 3:5, "그러므로 땅에 있는 지체를 죽이라 곧 음란과 부정과 사욕과 악한 정욕과 탐심이니 탐심은 우상 숭배니라."

탐심, 자족, 절제, 자기 부정

탐심

  탐심은 정당하게 필요한 것 이상을 가지려는 마음, 즉 지나친, 과도한, 불의한 욕심이다. 그것은 특히 다른 이의 소유물을 가지고 싶어하는 마음이다. 하나님께서는 십계명의 열 번째 계명에서 네 이웃의 집과 소유를 탐내지 말라고 명하셨다(출 20:17).

  탐심은 천국에 들어가지 못할 큰 죄악이다. 로마서 1:29, "[죄악들의 목록] 모든 불의, 추악, 탐욕, 악의가 가득한 자." 고린도전서 6:10, "도적이나 탐하는 자나 술 취하는 자나 욕하는 자나 강탈하는 자들은 하나님의 나라를 유업으로 받지 못하리라." 에베소서 5:3, 5, "음행과 온갖 더러운 것과 탐욕은 너희 중에서 그 이름이라도 부르지 말라. 이는 성도의 마땅한 바니라," "너희도 이것을 정녕히 알거니와 음행하는 자나 더러운 자나 탐하는 자 곧 우상숭배자는 다 그리스도와 하나님 나라에서 기업을 얻지 못하리니." 골로새서 3:5, "땅에 있는 지체를 죽이라. 곧 음란과 부정과 사욕과 악한 정욕과 탐심이니 탐심은 우상숭배니라." 탐심은 돈을 하나님처럼 섬기는 우상숭배적 죄이다.

  또 탐심은 다른 죄악들의 원인이 된다. 시편 10:3, "악인은 그 마음의 소욕을 자랑하며 탐리하는 자는 여호와를 배반하여 멸시하나이다." 가룟 유다는 은 30개에 주님을 배신하였다. 잠언 28:25, "마음이 탐하는 자는 다툼을 일으키나." 야고보서 4:1-2, "너희 중에 싸움이 어디로, 다툼이 어디로 좇아 나느뇨? 너희 지체 중에서 싸우는 정욕으로 좇아 난 것이 아니냐? 너희가 욕심을 내어도 얻지 못하고 살인하며 시기하여도 능히 취하지 못하나니 너희가 다투고 싸우는도다."

  주께서는 우리가 하나님과 돈을 함께 섬길 수 없음과 돈의 유혹을 경계해야 할 것을 교훈하셨다. 마태복음 6:24, "너희가 하나님과 재물을 겸하여 섬기지 못하느니라." 마태복음 13:22, "가시떨기에 뿌리웠다는 것은 말씀을 들으나 세상의 염려와 재리의 유혹에 말씀이 막혀 결실치 못하는 자요." 마태복음 19:23-24, "부자는 천국에 들어가기가 어려우니라. 다시 너희에게 말하노니 약대가 바늘귀로 들어가는 것이 부자가 하나님의 나라에 들어가는 것보다 쉬우니라."

그러므로 성경은 부자 되기를 힘쓰지 말고 돈을 사랑하지 말라고 교훈한다. 잠언 23:4-5, "부자 되기에 애쓰지 말고 네 사사로운 지혜를 버릴지어다. 네가 어찌 허무한 것에 주목하겠느냐? 정녕히 재물은 날개를 내어 하늘에 나는 독수리처럼 날아가리라." 디모데전서 6:9-10, "부하려 하는 자들은 시험과 올무와 여러 가지 어리석고 해로운 정욕에 떨어지나니 곧 사람으로 침륜과 멸망에 빠지게 하는 것이라. 돈을 사랑함이 일만 악의 뿌리가 되나니 이것을 사모하는 자들이 미혹을 받아 믿음에서 떠나 많은 근심으로써 자기를 찔렀도다." 히브리서 13:5, "돈을 사랑치 말고 있는 바를 족한 줄로 알라."

성경은, 교회의 장로나 집사의 자격으로 더러운 이(利)를 탐하지 않는 자이어야 함을 교훈하였다. 디모데전서 3:3, 9, "더러운 이(利)를 탐하지 아니하며(전통본문) . . . 돈을 사랑치 아니하며," "더러운 이(利)를 탐하지 아니하고." 그러나 사도 바울은 말세에 어려운 때가 올 것이며 사람들이 돈을 사랑할 것이라고 예언하였었다(딤후 3:2).

이단들의 특징은 탐심이다. 이단들은 하나님의 교훈을 거스르고 땅의 것들을 구한다. 베드로후서 2:3, "저희가 탐심을 인하여 지은 말을 가지고 너희로 이(利)[이익]를 삼으니." 베드로후서 2:14-15, "탐욕에 연단된 마음을 가진 자들이니 저주의 자식이라. 저희가 . . . 브올의 아들 발람의 길을 좇는도다." 유다서 11, "화 있을진저, 이 사람들이여 . . . 삯을 위하여 발람의 어그러진 길로 몰려갔으며."

자족

우리가 탐심을 버리려면 우리는 소망을 세상에 두지 말고 천국에

탐심, 자족, 절제, 자기 부정

두며 자족하는 생활을 해야 한다. 잠언 30:8-9, "나로 가난하게도 마옵시고 부하게도 마옵시고 오직 필요한 양식으로 내게 먹이시옵소서. 혹 내가 배불러서 하나님을 모른다, 여호와가 누구냐 할까 하오며 혹 내가 가난하여 도적질하고 내 하나님의 이름을 욕되게 할까 두려워함이니이다." 디모데전서 6:6-8, "지족(知足)하는[족한 줄 아는] 마음이 있으면 경건이 큰 이익이 되느니라. 우리가 세상에 아무것도 가지고 온 것이 없으매 또한 아무것도 가지고 가지 못하리니 우리가 먹을 것과 입을 것이 있은즉 족한 줄로 알 것이니라." 히브리서 13:5, "돈을 사랑치 말고 있는 바를 족한 줄로 알라." 빌립보서 4:11-13, "내가 궁핍하므로 말하는 것이 아니라 어떠한 형편에든지 내가 자족하기를 배웠노니 내가 비천에 처할 줄도 알고 풍부에 처할 줄도 알아 모든 일에 배부르며 배고픔과 풍부와 궁핍에도 일체의 비결을 배웠노라. 내게 능력 주시는 그리스도 안에서 내가 모든 것을 할 수 있느니라."

절제

절제는 자신을 통제하는 덕이다. 자기가 자기 자신을 다스릴 수 있다는 것은 확실히 성숙한 인격의 모습이다. 절제는 성령의 아홉 가지 열매 중 마지막에 언급된 덕이다. 갈라디아서 5:22-23, "성령의 열매는 사랑과 희락과 화평과 오래 참음과 자비와 양선과 충성과 온유와 절제니 이 같은 것을 금지할 법이 없느니라."

절제는 우리의 감정과 말과 지식에 관계된다. 잠언 16:32, "노하기를 더디하는 자는 용사보다 낫고 자기의 마음을 다스리는 자는 성을 빼앗는 자보다 나으니라." 베드로후서 1:6, "지식에 절제를." 야고보서 1:19, "말하기는 더디하며." 특히, 잠언은 말의 절제에 대해 많이 교훈하였다. 잠언 10:19, "말이 많으면 허물을 면키 어려우나 그 입술을 제어하는 자는 지혜가 있느니라." 잠언 11:12, "지혜 없는 자는 그 이웃을 멸시하나 명철한 자는 잠잠하느니라." 잠언 11:13, "두루 다니며 한담하는 자는 남의 비밀을 누설하나 마음이 신실한 자는 그런 것을 숨기느니라." 잠언 17:9, "허물을 덮어주는 자는 사랑을 구하는 자요 그것을 거듭 말하는 자는 친한 벗을 이간하는 자니라." 잠언 17:27, "말을 아끼는 자는 지식이 있고 성품이 안존한 자는 명철하니라." 잠언 20:19, "두루 다니며 한담하는 자는 남의 비밀을 누설하나니 입술을 벌린 자를 사귀지 말지니라."

절제는 물론 술에도 관계된다. 디모데전서 3:2, 11, "감독[장로]은 . . . 절제하며," "여자들도 이와 같이 단정하고 . . . 절제하며." '절제하다'는 원어(네팔리오스 νηφάλιος)는 '깨어 있다, 절제하다'는 뜻이다.

사도 바울은 신자가 범사에 절제하는 덕을 가져야 할 것을 교훈하였다. 고린도전서 6:12, "모든 것이 내게 가하나 다 유익한 것이 아니요." 고린도전서 10:23, "모든 것이 가하나 모든 것이 유익한 것이 아니요 모든 것이 가하나 모든 것이 덕을 세우는 것이 아니니." 고린도전서 9:25, 27, "이기기를 다투는 자마다 모든 일에 절제하나니 저희는 썩을 면류관을 얻고자 하되 우리는 썩지 아니할 것을 얻고자 하노라," "내가 내 몸을 쳐 복종하게 함은 내가 남에게 전파한 후에 자기가 도리어 버림이 될까 두려워함이로라."

자기 부정

자족과 절제는 자기 부정과 함께, 자기 부정 위에서 가능하다. 자기 부정은 성도에게 매우 기본적 덕목이다. 주께서는 그를 따르는 자들에게 자기 부정을 교훈하셨다. 마태복음 16:24-25, "예수께서 제자들에게 이르시되 아무든지 나를 따라 오려거든 자기를 부인하고 자기 십자가를 지고 나를 좇을 것이니라. 누구든지 제 목숨을 구원코자 하면 잃을 것이요 누구든지 나를 위하여 제 목숨을 잃으면 찾으리라." 누가복음 9:23, "아무든지 나를 따라 오려거든 자기를 부인하고 날마다 제 십자가를 지고 나를 좇을 것이니라."

탐심, 자족, 절제, 자기 부정

　모든 사람에게 있는 자존심은 일종의 교만이며, 그것은 자주 자기의 생각과 견해의 주장과 고집으로 나타난다. 나병을 고침 받기 위해 이스라엘 땅에 왔던 아람 나라의 군대장관 나아만은 요단 강에 가서 몸을 일곱 번 씻으라는 엘리사 선지자의 말에 대해 노하여 물러가며 "내 생각에는 저가 내게로 나아와 서서 그 하나님 여호와의 이름을 부르고 환처 위에 손을 흔들어 나병을 고칠까 하였도다. 다메섹 강 아마나와 바르발은 이스라엘 모든 강물보다 낫지 아니하냐? 내가 거기서 몸을 씻으면 깨끗하게 되지 아니하랴" 하고 몸을 돌이켜 분한 모양으로 떠나려 했었다(왕하 5:10-12).

　자기 부정은 바로 이런 자기 생각과 견해, 고집, 교만, 자존심, 자랑, 명예심, 감정, 욕망, 생에 대한 애착 등을 부정하는 태도이다. 그것은 절제와 자족으로 이어진다. 자기 사랑은 자존심과 교만을 동반하고 불신앙과 불순종에 도달한다. 디모데후서 3:2, "(말세에 어려운 때에) 사람들은 자기를 사랑하며 돈을 사랑하며 자긍하며 교만하며 훼방하며." 그러나 자기 부정은 겸손을 동반하고 믿음과 순종에 이른다.

　그리스도인의 자기 부정은 예수 그리스도의 십자가 대속의 은혜를 깨닫고 자신을 하나님께 헌신할 때 가능하다. 로마서 12:1, "그러므로 형제들아, 내가 하나님의 모든 자비하심으로 너희를 권하노니 너희 몸을 하나님께서 기뻐하시는 거룩한 산 제사로 드리라. 이는 너희의 드릴 영적 예배니라." 고린도전서 6:19-20, "너희 몸은 너희가 하나님께로부터 받은 바 너희 가운데 계신 성령의 전인 줄을 알지 못하느냐? 너희는 너희의 것이 아니라 값으로 산 것이 되었으니 그런즉 너희 몸으로 하나님께 영광을 돌리라." 참된 헌신자는 자기를 부정한다.

　구원을 얻고 천국 소망을 가진 성도들은 돈과 세상 것에 대한 모든 탐심을 버려야 하고 자족하며 살아야 하고 모든 일에 절제해야 하며 자신을 부정하고 오직 하나님의 뜻에 복종하는 자가 되어야 한다.

제10계명

고난과 인내

고난

　세상에는 고난이 많다. 인간의 삶은 고난이다. 인생은 고난을 위해 태어난 자와 같다(욥 5:7). 욥은 "세상에 있는 인생에게 힘든 노동이 있지 아니하냐? 그 날이 품꾼의 날과 같지 아니하냐?"(욥 7:1) "여인에게서 난 사람은 사는 날이 적고 괴로움이 가득하다"고 말하였다(욥 14:1). 야곱은 하란에서 20년 동안 낮에는 더위를 무릅쓰고 밤에는 추위를 당하며 눈 붙일 겨를도 없이 지냈다고 말했고(창 31:40-41), 또 바로 앞에서 그의 나그넷길 130년 동안 험악한 세월을 보냈다고 말했다(창 47:9). 모세는 "우리의 연수가 칠십이요 강건하면 팔십이라도 그 연수의 자랑은 수고와 슬픔뿐"이라고 말했다(시 90:10).

　사람에게 고난이 있는 까닭은 근본적으로는 죄 때문이다. 욥기의 주제는 사람의 고난인데, 욥의 친구들은 사람의 고난의 한 이유가 죄라고 증거하며 그것은 욥도 인정하는 성경적 진리이다(욥 4:7-9; 8:4; 11:6; 15:20-35; 18:5-21; 20:5-29). 하나님께서는 모세의 율법에서 이 진리를 분명하게, 강조하여 증거하셨다. 그것은 특히 레위기 26장과 신명기 28장에 자세히 기록되어 있다. 레위기 26장은 이스라엘 백성이 범죄하면 여러 가지 질병들이 생기고 전쟁에서 패배하고 큰 기근이 들 것을 경고하였다. 신명기 28장도 이스라엘 백성이 범죄하면 식생활과 자녀들과 산업에 저주를 받고 여러 가지 질병들이 생기고 큰 기근을 당하고 마침내 온 세상에 흐트러뜨림을 당할 것을 경고했다.

　애굽에서 나온 이스라엘 백성의 광야 40년간의 힘든 생활은 그들의 불신앙의 죄에 대한 형벌이었다(민 14:33-34). 사사기나 이스라엘 왕국의 역사는 죄의 대한 징벌로 전쟁에서 패배하거나 국가적인 큰 기근과 질병의 재앙에 대해 많이 증거하였다. 주 예수께서는 죄악된 세상에 사는 인생을 "수고하고 무거운 짐 진 자들"로 표현하셨고(마

11:28), 사도 바울은 "파멸과 고생이 그들의 길에 있다"고 말했다(롬 3:16). 히브리서 12장은 하나님의 자녀된 우리에게도 죄에 대한 하나님의 징벌이 있음을 증거하였다(히 12:6, 8). 또 야고보서 5:16은 병든 자들이 죄를 고백하면서 병 낫기를 위해 기도하라고 말했다.

그러나 고난 중에는 어떤 특정한 죄 때문이 아니라 하나님의 뜻 안에서 까닭 없이 당하는 고난도 있다. 욥기의 주제는 바로 이런 진리이다. 즉 사람의 고난 중에는 어떤 특정한 죄 때문에 오는 것도 있지만, 그렇지 않은 것도 있다는 것이다. 그것은 하나님의 깊으신 뜻 안에서 주어지는 고난이다. 욥이 당한 고난은 어떤 특정한 죄 때문이 아니라 하나님의 깊으신 뜻 안에서 주어진 고난이었다(욥 1:9; 2:3). 바울의 '육체의 가시'도 이런 유의 고난이라고 보인다(고후 12:7).

예수 그리스도의 고난은 바로 이런 높은 의미에서의 고난이었다. 이사야 53:3, "그는 멸시를 받아서 사람에게 싫어 버린 바 되었으며 간고(艱苦)를 많이 겪었으며 질고(疾苦)를 아는 자라. 마치 사람들에게 얼굴을 가리우고 보지 않음을 받는 자 같아서 멸시를 당하였고 우리도 그를 귀히 여기지 아니하였도다."

또 주 예수께서는 이런 고난에 대해 교훈하셨다. 마태복음 5:10-11, "의를 위하여 핍박을 받은 자는 복이 있나니 . . . 나를 인하여 너희를 욕하고 핍박하고 거짓으로 너희를 거슬러 모든 악한 말을 할 때에는 너희에게 복이 있나니." 성경은 이런 고난에 대해 많이 말한다.

초대교회의 교인들은 이런 고난을 많이 당했다. 데살로니가 교회를 포함하여 마게도냐 교회들은 많은 환난과 핍박을 당한 교회이었다(살전 1:6; 살후 1:4; 고후 8:2). 사도 바울은 "우리가 하나님 나라에 들어가려면 많은 환난을 겪어야 할 것이라"고 말했다(행 14:22). 또 그는 "그리스도를 위하여 너희에게 은혜를 주신 것은 다만 그를 믿을 뿐 아니라 또한 그를 위하여 고난도 받게 하심이라"고 했고(빌 1:29),

제10계명

또 "무릇 그리스도 예수 안에서 경건하게 살고자 하는 자는 핍박을 받으리라"고 했다(딤후 3:12). 히브리서는 고난 받는 성도들을 위로하고 격려하는 내용을 담고 있다(히 10:32, 34; 13:13).

베드로도 핍박받는 성도들을 위로하고 격려하기 위해 편지를 썼다. 그는 그 서신에서 "애매히 고난을 받아도 하나님을 생각함으로 슬픔을 참으면 이는 아름답다"고 했고(벧전 2:19) "너희를 시련하려고 오는 불시험을 이상한 일 당하는 것같이 이상히 여기지 말고 오직 너희가 그리스도의 고난에 참여하는 것으로 즐거워하라"고 했다(벧전 4:12-13). 또 그는 '그리스도인으로 받는 고난'(벧전 4:16), '하나님의 뜻대로 받는 고난'(벧전 4:19)에 대해 말했다. 요한계시록도 마지막 대환난 시대에 적그리스도의 큰 핍박이 있을 것을 예언하였다(계 13:7).

특히 전도자들은 주 예수의 발자취를 따라 고난의 길을 갔다. 사도 바울은 고린도전서 4장에서 말하기를, 자신이 전도 사역을 위해 주리고 목마르며 헐벗고 매맞으며 정처가 없고 많은 수고와 욕과 핍박과 비방을 당했으며 세상의 더러운 것과 만물의 찌끼같이 되었다고 했다(11-13절). 또 그는 고린도후서 1장에서 그가 아시아에서 사형선고를 받은 것 같은 심한 환난과 고생을 했다고 말했고(1:8-9), 또 고린도후서 6장에서 환난과 궁핍과 고난과 매맞음과 갇힘과 수고로움과 자지 못함과 먹지 못함과 욕됨과 악한 이름 등의 고통을 당했다고 했고(6:4-8), 또 11:23-27에서는 좀더 구체적으로 다음과 같이 말했다.

내가 수고를 넘치도록 하고 옥에 갇히기도 더 많이 하고 매도 수없이 맞고 여러 번 죽을 뻔하였으니 유대인들에게 사십에 하나 감한 매를 다섯 번 맞았으며 세 번 태장으로 맞고 한번 돌로 맞고 세 번 파선하는데 일주야[만 하루]를 깊음에서 지냈으며 . . . 여러 번 자지 못하고 주리며 목마르고 여러 번 굶고 춥고 헐벗었노라.

그는 골로새서 1:24에서 "내가 이제 너희를 위하여 받는 괴로움을 기뻐하고 그리스도의 남은 고난을 그의 몸된 교회를 위하여 내 육체에 채우노라"고 말했다. 또 그는 디모데에게 "너는 복음과 함께 고난을 받으라," "그리스도 예수의 좋은 군사로 나와 함께 고난을 받으라," "모든 일에 근신하여 고난을 받으며 전도인의 일을 하며 네 직무를 다하라"고 교훈했다(딤후 1:8; 2:3; 4:5). 사도 요한은 자신을 "예수님의 환난과 나라와 참음에 동참하는 자"라고 표현했다(계 1:9).

성도가 당하는 고난은 많은 유익이 있다. 죄 때문에 당하는 징벌의 고난이라면 성화의 유익이 있다. 시편 119:67, 71, "고난 당하기 전에는 내가 그릇 행하였더니 이제는 주의 말씀을 지키나이다," "고난 당한 것이 내게 유익이라. 이로 인하여 내가 주의 율례를 배우게 되었나이다." 히브리서 12:10-11, "저희[인간 부모]는 잠시 자기의 뜻대로 우리를 징계하였거니와 오직 하나님께서는 우리의 유익을 위하여 그의 거룩하심에 참여케 하시느니라. 무릇 징계가 당시에는 즐거워 보이지 않고 슬퍼 보이나 후에 그로 말미암아 연달한[훈련된] 자에게는 의의 평강한[평안한] 열매를 맺나니."

죄 때문이 아닌 고난도 우리에게 유익하다. 욥은 "내가 주께 대하여 귀로 듣기만 하였삽더니 이제는 눈으로 주를 뵈옵나이다"라고 말했다(욥 42:5). 히브리서는 예수께서 아들이시라도 받으신 고난으로 순종함을 배워 온전히 준비되셨다고 표현한다(히 5:8-9). 구원 얻은 성도는 환난과 시련을 통해 인격이 단련되어 온전케 된다(롬 5:3-4; 약 1:2-4). 그는 더욱 믿음 있게(고후 1:9), 겸손하게(고후 12:7) 된다.

그러면 고난에 대한 성도의 대책은 무엇인가? 우선, 회개할 죄가 있으면 철저히 회개해야 한다. 그러나 회개할 죄가 없으면 그 고난을 즐거움으로 받고(마 5:12; 벧전 4:13) 하나님께 영광을 돌리고(벧전 4:16) 자신의 영혼을 하나님께 의탁해야 한다(벧전 4:19).

인내

성도는 특히 고난 중에 인내해야 한다. 인내는 성도에게 귀한 덕

중의 하나이다. 주께서는 씨 뿌리는 비유에서 "좋은 땅에 있다는 것은 착하고 좋은 마음으로 말씀을 듣고 지키어 인내로 결실하는 자니라"고 말씀하셨다(눅 8:15). 또 주께서는 재림 직전의 환난의 징조에 대해 말씀하시면서 불법이 성하므로 많은 사람의 사랑이 식어질 것이나 끝까지 견디는 자는 구원을 얻으리라고 하셨다(마 24:12-13).

사도 바울도 인내에 대해 많이 교훈하였다. 성도는 환난 중에 인내함으로 인격의 단련을 가진다(롬 5:3-4). 사랑의 첫 번째 속성은 인내이다(고전 13:4). 또 성령의 열매의 하나는 오래 참음 곧 인내이다(갈 5:22). 야고보는 인내에 대해 교훈하였다. "내 형제들아, 너희가 여러 가지 시험을 만나거든 온전히 기쁘게 여기라. 이는 너희 믿음의 시련이 인내를 만들어 내는 줄 너희가 앎이라. 인내를 온전히 이루라. 이는 너희로 온전하고 구비하여 조금도 부족함이 없게 하려 함이라"(약 1:2-4). 또 그는 말하기를, "형제들아, 주의 강림하시기까지 길이 참으라. 보라, 농부가 땅에서 나는 귀한 열매를 바라고 길이 참아 이른 비와 늦은 비를 기다리나니 너희도 길이 참고 마음을 굳게 하라. 주의 강림이 가까우니라"고 하였다(약 5:7-8).

욥은 고난 중에 인내한 한 대표적 인물이다. 야고보는 말하기를, "형제들아, 주의 이름으로 말한 선지자들로 고난과 오래 참음의 본을 삼으라. 보라, 인내하는 자를 우리가 복되다 하나니 너희가 욥의 인내를 들었고 주께서 주신 결말을 보았거니와 주는 가장 자비하시고 긍휼히 여기는 자시니라"고 하였다(약 5:10-11).

요한계시록은 주의 재림 직전의 대환난 시대에 성도에게 인내가 필요함을 증거하였다: 13:10, "성도들의 인내와 믿음이 여기 있느니라." 14:12, "성도들의 인내가 여기 있나니 저희는 하나님의 계명과 예수님 믿음을 지키는 자니라." 성도에게도 고난은 있다. 그러나 우리는 자신을 부정하고 인내로써 믿음을 지키며 힘써 달려가야 한다.

금욕주의, 취미와 오락

금욕주의

　금욕주의는 사람의 모든 육체적 욕구를 끊으려는 태도를 가리킨다. 금욕주의는 탐심과 정반대의 태도다. 옛날 헬라 철학자들은 사람의 육체를 영혼의 감옥이라고 말하며 육체적인 것을 정신적인 것보다 낮추어보았다. 이런 사상은 초대교회에도 침투하였다. 또 중세 시대의 수도원들은 기존 교회들의 세속화적 풍조에 반발하여 경건함과 순수함을 회복하려는 장점을 가진 반면에 일평생 가난한 생활이나 독신 생활의 서약 등 금욕주의적 요소들이 없지 않았다고 본다.

　사도 바울은 골로새 교회에 들어온 이단들의 금욕주의적 교훈에 대해 경계하였다. 골로새서 2:20-23, "너희가 세상의 초등학문에서 그리스도와 함께 죽었거든 어찌하여 세상에 사는 것과 같이 종교적 규례에 순종하느냐? 곧 붙잡지도 말고 맛보지도 말고 만지지도 말라 하는 것이니 (이 모든 것은 쓰는 대로 부패에 돌아가리라.) 사람의 명과 가르침을 좇느냐? 이런 것들은 스스로 만든 경배와 겸손과 몸을 괴롭게 하는 데 지혜 있는 모양이나 오직 육체 좇는 것을 금하는 데는 유익이 조금도 없느니라." 또 사도 바울은 장차 금욕주의적 이단이 나타날 것도 예언했다. 디모데전서 4:1-3, "성령께서 밝히 말씀하시기를 후일에 어떤 사람들이 믿음에서 떠나 미혹케 하는 영과 귀신의 가르침을 좇으리라 하셨으니 자기 양심이 화인 맞아서 외식함으로 거짓말하는 자들이라. 혼인을 금하고 식물을 폐하라 할 터이나."

　절제는 성도들의 선하고 바람직한 삶이지만, 금욕주의는 잘못된 생각이다. 또 금욕주의는 성화(聖化)에 아무런 도움이 되지 못한다. 우리의 성화는 단지 모든 육체적 욕구를 금함으로써가 아니고 오직 성령을 따라 행함으로써 이루어지는 것이다. 성도의 내면적 싸움은 단순히 몸과 영혼의 싸움이 아니고, 몸의 남은 죄성과 성령의 싸움이다. 성화는 성령으로 거듭난 우리의 영혼이 몸의 남은 죄성을 따라 살지 않고 성령을 따라 행함으로 이루어지는 과정이다.

로마서 7-8장의 '육신'이라는 말은 단지 몸을 가리키지 않고 남은 죄성을 가진 몸을 가리킨다. 로마서 7:21-25, "그러므로 내가 한 법을 깨달았노니 곧 선을 행하기 원하는 나에게 악이 함께 있는 것이로다. 내 속사람으로는 하나님의 법을 즐거워하되 내 지체 속에서 한 다른 법이 내 마음의 법과 싸워 내 지체 속에 있는 죄의 법 아래로 나를 사로잡아 오는 것을 보는도다. 오호라, 나는 곤고한 사람이로다. 이 사망의 몸에서 누가 나를 건져내랴. 우리 주 예수 그리스도로 말미암아 하나님께 감사하리로다 그런즉 내 자신이 마음으로는 하나님의 법을, 육신으로는 죄의 법을 섬기노라." 로마서 8:5-7, "육신을 좇는 자는 육신의 일을, 성령을 좇는 자는 성령의 일을 생각하나니 육신의 생각은 사망이요 성령의 생각은 생명과 평안이니라. 육신의 생각은 하나님과 원수가 되나니 이는 하나님의 법에 굴복치 아니할 뿐 아니라 할 수도 없음이라." 로마서 8:13-14, "너희가 육신대로 살면 반드시 죽을 것이로되 성령으로써 몸의 행실을 죽이면 살리니 무릇 하나님의 영으로 인도함을 받는 그들은 곧 하나님의 아들이라."

갈라디아서 5:16-17, "내가 이르노니 너희는 성령을 좇아 행하라. 그리하면 육체의 욕심을 이루지 아니하리라. 육체의 소욕은 성령을 거스르고 성령의 소욕은 육체를 거스르나니 이 둘이 서로 대적함으로 너희의 원하는 것을 하지 못하게 하려 함이니라." 골로새서 3:5, "그러므로 땅에 있는 지체를 죽이라. 곧 음란과 부정(不淨)과 사욕(邪慾)과 악한 정욕과 탐심이니 탐심은 우상숭배니라." 베드로전서 2:11, "영혼을 거슬러 싸우는 육체의 정욕을 제어하라." 앞의 구절들에서 '육체,' '땅에 있는 지체,' '육체'도 '몸의 남은 죄성'을 가리킨다.

영의 세계뿐 아니라 물질의 세계도 하나님의 창조물이다. 그러므

금욕주의, 취미와 오락

로 물질 세계는 악한 것이 아니고 그 자체로는 선하다. 하나님께서는 사람을 몸과 영혼의 두 요소의 결합체로 만드셨다. 그러므로 몸 자체도 악한 것이 아니다. 그러므로 사람이 몸에 필요한 음식을 먹는 것은 감사한 일이지 무시하거나 천시할 일이 아니다. 디모데전서 4:3-5, "혼인을 금하고 음식을 폐하라 할 터이나 음식은 하나님께서 지으신 바니 믿는 사람들과 진리를 아는 사람들이 감사함으로 받을 것이니라. 하나님의 지으신 모든 것이 선하매 감사함으로 받으면 버릴 것이 없나니 하나님의 말씀과 기도로 거룩하여짐이니라."

결혼도 하나님 앞에 선하고 아름답고 귀한 일이다. 실상, 결혼 제도는 첫 사람 아담과 하와가 범죄하기 전에 하나님께서 주신 제도이다. 잠언 5:18-19, "네가 젊어서 취한 아내를 즐거워하라. 그는 사랑스러운 암사슴 같고 아름다운 암노루 같으니 너는 그 품을 항상 족하게 여기며 그 사랑을 항상 연모하라." 전도서 9:9, "네 헛된 평생의 모든 날 곧 하나님께서 해 아래서 네게 주신 모든 헛된 날에 사랑하는 아내와 함께 즐겁게 살지어다. 이는 네가 일평생에 해 아래서 수고하고 얻은 분복이니라." 고린도전서 7:1-5, "남자가 여자를 가까이 아니함이 좋으나 음행의 연고로 남자마다 자기 아내를 두고 여자마다 자기 남편을 두라. 남편은 그 아내에게 대한 의무를 다하고 아내도 그 남편에게 그렇게 할지라. 아내가 자기 몸을 주장하지 못하고 오직 그 남편이 하며 남편도 이와 같이 자기 몸을 주장하지 못하고 오직 그 아내가 하나니 서로 거절하지 말라. 다만 기도할 틈을 얻기 위하여 합의상 얼마 동안은 하되 다시 합하라." 히브리서 13:4, "혼인은 모두에게 귀하며 잠자리는 더럽지 않은 것이지만"(원문직역, KJV).

그러므로 음란과 탐심도 죄악이지만, 금욕주의도 잘못된 생각이다. 우리는 하나님께서 창조하신 모든 것을 감사히 사용할 수 있다. 모든 음식을 감사히 먹을 수 있고, 결혼도 귀히 여겨야 한다. 우리는 하나님께서 주신 정당한 욕구를 적절히 사용할 수 있다. 거룩함은 모든 욕구를 금하는 것이 아니고, 단지 죄성을 따라 행하지 않는 것이다.

취미와 오락

하나님께서는 사람을 위하여 자연만물을 주셨고 그 속에서 사람이 그것을 즐기며 살게 하셨다. 사람은 기계가 아니며 휴식과 즐거움의 시간을 필요로 하는 정서적 존재이다. 자연을 즐기는 것은 사람에게 주신 기본적 행복이다. 밤은 하나님께서 주신 휴식 시간이다. 가정이나 좋은 친구도 행복의 요소들이다. 모든 종류의 오락과 생의 즐거움이 나쁜 것이 아니다. 사람이 너무 쾌락에 빠져 하나님 없이 사는 것은 문제이지만, 적절한 즐거움을 누리는 것은 하나님께서 주신 복이다. 그러므로 금욕주의는 치우친 잘못된 인생관이다.

세상의 허무함을 증거한 전도서는 반복하여 먹고 마시는 즐거움에 대해 말하며 그것이 하나님의 손에서 나는 것이며(전 2:24) 하나님의 선물이며(전 3:12-13) 인생의 분복이라고 말하며(전 3:22; 5:18), 심지어 사람이 먹고 마시고 즐거워하는 것보다 해 아래서 나은 것이 없다고 한다(전 8:15). 전도서 9:9, "네 헛된 평생의 모든 날 곧 하나님께서 해 아래서 네게 주신 모든 헛된 날에 사랑하는 아내와 함께 즐겁게 살지어다. 이는 네가 일평생에 해 아래서 수고하고 얻은 분복이니라."

사람이 자신의 일상적 의무들이나 직업에 충실한다면 여가 시간을 이용하여 기분 전환이 되는 취미생활을 즐기는 것은 좋은 것이라고 본다. 건전한 미술, 음악, 조각, 운동, 등산, 여행, 낚시, 게임, 스포츠 관람 등은 건전한 취미생활의 예들일 것이다.

연극, 영화, TV 등도 그 자체가 죄악되지는 않다. 그것들은 성도들이나 도덕성을 가진 일반인들에 의해 건전하게 만들어지고 사용될 수 있다. 그러나 오늘날 이것들의 적지 않은 내용이 음란과 폭력 등의 부도덕한 내용들을 담고 있다. 그런 내용들은 하나님 앞에서 미워할 만하며 사회에도 매우 악한 영향을 미친다. 특히 TV방송 프로그램들을 제작하고 주관하는 자들의 다수가 하나님을 경외함이 없기 때문에 성경적 도덕성을 기대하기 어렵다. 그러므로 우리는 연극, 영화, TV방송 프로그램들을 선별해 보아야 할 것이다.

세상의 운동 경기들 중에 권투, 레슬링, 격투기, 미식 축구, 자동차 경주 등과 같이 생명에 위험하고 과격한 것들은 성도들에게 좋지 않다. 예를 들어, 미식 축구는 뇌진탕, 척추부상, 심정지, 열사병, 적혈구 질환, 천식, 저나트륨 혈증 등으로 매년 사망자들이 발생한다고 한다. 또 남녀가 어울려 추는 춤들도 성도들에게는 합당치 않다.

장기, 바둑, 당구 등은 머리와 기술을 요하며 건전한 게임으로 사용될 수 있고, 카드나 화투 놀이도 소박한 오락으로 간주될 수 있을 것이다. 그러나 도박성을 가지고 행해지는 것은 성도에게 합당치 않다. 성인들이나 청소년들의 오락실이나 PC방 출입도 유익보다 해가 더 많은 것 같다. 이런 곳은 특히 청소년들에게 시력 장애, 정서적 장애, 시간 낭비, 돈 낭비, 중독성, 학습 지장 등을 가져온다. 또 게임들은 내용적으로 난폭하거나 음란한 것들도 없지 않아 보인다.

비록 건전한 취미생활이나 오락이 허용되지만, 성도가 그런 것들에 너무 많은 시간과 돈과 힘을 소모한다면, 그것은 하나님의 영광을 위해 살아야 하는 성도의 삶의 목적에 어긋난다. 무슨 일이든지 지나치면 좋지 못하다. 하나님께서는 하나님의 일에 무관심하면서 안일하게 "비파에 맞추어 헛된 노래를 지절거리는" 이스라엘 백성을 정죄하셨다(암 6:5). 주 예수께서도 씨 뿌리는 비유에서 가시떨기에 떨어진 씨와 같은 경우, 즉 하나님의 말씀이 "이 세상의 염려와 부와 쾌락에 기운이 막혀 온전히 결실치 못하는 자"에 대해 말씀하셨다(눅 8:14). 그러므로 우리는 하나님께서 주신 정당한 즐거움들을 누리되 모든 일을 적당하게 하고 절제 있게 해야 할 것이다.

제10계명

질병

질병의 원인과 이유

이 세상의 모든 불행한 일들은 근본적으로 사람들의 범죄와 타락과, 그것에 대한 하나님의 징벌에서 비롯되었다. 그것들은 하나님의 본래의 세상 창조의 질서에 속하지 않고 사람들의 죄에 대한 하나님의 심판과 징벌에 속한다. 본래 창조된 세계는 하나님께서 보시기에 심히 좋았고 거기에는 나쁜 요소들이 있을 수 없었다. 그러나 범죄한 이후 세상은 슬픔과 고통이 많은 저주받은 세상이 되었고 질병들은 그 증거들이다. 하나님께서는 범죄한 아담에게 "네가 네 아내의 말을 듣고 내가 너더러 먹지 말라 한 나무 실과를 먹었은즉 땅은 너로 인하여 저주를 받고 너는 종신토록 수고하여야 그 소산을 먹으리라. 땅이 네게 가시덤불과 엉겅퀴를 낼 것이라. 너의 먹을 것은 밭의 채소인즉 네가 얼굴에 땀이 흘러야 식물을 먹고 필경은 흙으로 돌아가리니 그 속에서 네가 취함을 입었음이라. 너는 흙이니 흙으로 돌아갈 것이니라"고 말씀하셨다(창 3:17-19). 사도 바울도 로마서 3:16-17에서 세상의 죄인들에게는 "파멸과 고생이 그 길에 있어 평안의 길을 알지 못하였다"고 말했다. 질병은 근원적으로 죄 때문에 왔다.

그러나 구원 얻은 성도들은 죄사함을 얻었는데 왜 병에 걸리는 것인가? 성경은 성도가 병에 걸리는 이유를 두 가지로 말한다.

죄에 대한 징벌

첫째는 성도가 범한 어떤 특정한 죄에 대한 하나님의 징벌 때문이다. 신명기 28장에 보면, 하나님께서는 이스라엘 백성에게 그의 계명을 불순종한 죄에 대한 징벌로 병을 주실 것을 경고하셨다. 거기에 언급된 질병들은 악성 전염병(데베르 רֶבֶד), 폐병, 열병, 염증, 학질, 종기, 치질, 괴혈병, 옴, 미침, 소경 등이다(21-22, 27-28, 35절). 이 외에도 오늘날 알려진 크고 작은 여러 병들을 추가할 수 있을 것이다.

이와 같이, 성경은 질병들이 죄에 대한 하나님의 징벌임을 증거한다. 예를 들어, 모세의 누이 미리암, 엘리사의 시종 게하시, 유다 왕 웃시야 등은 범죄함으로 하나님의 징벌로 나병에 걸렸다(민 12:9-10; 왕하 5:27; 15:5). 또 이스라엘 백성은, 고라 일당과 족장 250명이 하나님의 징벌로 죽임을 당한 후 모세와 아론에게 불평하며 그들을 대적할 때 전염병으로 14,700명이 죽었다(민 16:46). 또 악한 유다 왕 여호람은 말년에 창자에 고치지 못할 병이 들었다(대하 21:18).

신약시대에, 예수께서는 중풍병자를 고치실 때 "네 죄사함을 받았다"고 말씀하셨고(막 2:5), 또 38년된 병자를 고쳐주신 후 "보라, 네가 나았으니 더 심한 것이 생기지 않게 다시는 죄를 범치 말라"고 말씀하셨다(요 5:14). 이 말씀들은 병이 죄의 징벌이었음을 증거한다.

하나님의 백성인 성도가 당하는 고난은 자신의 부족과 죄에 대한 하나님의 징벌인 경우가 많다. 그러므로 시편 119편 저자는 "고난 당하기 전에는 내가 그릇 행하였더니 이제는 주의 말씀을 지키나이다"라고 고백했고(시 119:67), 히브리서 저자는 우리가 사생자가 아니고 하나님의 참 아들일진대 죄에 대한 하나님의 징계가 있다고 말했다(히 12:8). 성도가 당하는 고난과 징계는 몸의 질병을 포함한다.

단순히 신앙 인격의 훈련

성도의 질병의 두 번째 이유는 특정한 죄와 직접 상관없이 단순히 하나님께서 주시는 그의 신앙 인격 훈련 때문이다.

사람들이 몸이 쇠약한 노년기를 통과하는 것은 하나님의 이런 뜻이 있다. 모든 사람은 인생의 허무함을 깨닫고 하나님께로 돌아오고 하나님께만 소망을 두어야 한다. 시편 90:10, "우리의 연수가 칠십이요 강건하면 팔십이라도 그 연수의 자랑은 수고와 슬픔뿐이요 신속히 가니 우리가 날아가나이다." 이사야 40:6, "말하는 자의 소리여, 가로되 외치라 대답하되 내가 무엇이라 외치리이까? 가로되 모든 육체는 풀이요 그 모든 아름다움은 들의 꽃 같으니." 베드로전서 1:24-25, "그러므로 모든 육체는 풀과 같고 그 모든 영광이 풀의 꽃과 같으니 풀은 마르고 꽃은 떨어지되 오직 주의 말씀은 세세토록 있도다 하였으니 너희에게 전한 복음이 곧 이 말씀이니라." 이런 점에서 성도들도 모든 사람들이 가는 그 동일한 길을 간다. 인생의 노년기는 죽음을 준비하기 위해 사람에게 주신 마지막 훈련 과정이다.

구약의 욥기는 고난이라는 주제를 다룬 성경이다. 욥은 그의 많은 재산과 열 명의 자녀를 잃는 고난에 더하여, 정수리부터 발바닥까지 온 몸에 악한 종기가 생겨서 심한 고통을 당하였다(욥 2:7). 그러나 욥의 고난과 질병은 어떤 특정한 죄에 대한 징벌이 아니었다. 욥기 1:8과 2:3에서, 하나님께서는 그를 "순전하고 정직하여 하나님을 경외하고 악에서 떠난 자"라고 인정하셨다. 욥이 당한 고난의 이유는 죄의 징벌 때문이 아니고 단지 그의 신앙 인격 훈련 때문이었다.

신약성경 고린도후서 12장에 나오는 사도 바울의 연약의 경우도 그러하였다고 보인다. 하나님께서는 그에게 "육체의 가시 곧 사단의 사자," 아마 어떤 질병을 주셨다. 그것은 그가 범한 어떤 특정한 죄에 대한 징벌이 아니었다. 고린도후서 12:7은 그가 "너무 자고하지 않게" 하시려고 하나님께서 그것을 그에게 주셨다고 말한다. 그의 고난은 그의 인격을 훈련시키는 하나님의 방법이었다. 충성된 일꾼인 에바브로디도의 병(빌 2:26-27)이나 디모데의 위(胃) 병(딤전 5:23)이나 드로비모의 병(딤후 4:20) 등도 그런 종류의 병이었을 것이다.

질병의 유익, 건강의 약속

사실, 성도들이 이 세상에서 당하는 모든 고난은 그것이 특정한 죄로 인해 왔든지 아니든지 간에, 하나의 훈련 과정이다. 성도들은 고난의 훈련을 통해 점점 더 거룩해진다. 다윗은 시편 39편에서 병중에서 인생의 헛됨을 깨닫고 그의 소망을 하나님께만 두게 되었음을 고백하였다(4-7절). 시편 119편의 저자는 "고난 당하기 전에는 내가 그릇 행하였더니 이제는 주의 말씀을 지키나이다"라고 고백하였다(67절). 신약성경 히브리서 12장은 하나님의 징계의 목적이 우리의 거룩과 의(義), 즉 우리의 성화(聖化)의 유익을 위함이라고 말한다(10-11절).

성경은 성도가 하나님의 은혜 안에서 건강한 삶을 누릴 수 있다는 사실도 약속한다. 죄의 징벌로서의 질병에 대한 경고는 실상 순종과 의(義)의 삶에 몸의 건강이 약속됨을 암시한다. 또 출애굽기 15:26, "너희가 너희 하나님 나 여호와의 말을 청종하고 나의 보기에 의를 행하며 내 계명에 귀를 기울이며 내 모든 규례를 지키면 내가 애굽 사람에게 내린 모든 질병의 하나도 너희에게 내리지 아니하리니 나는 너희를 치료하는 여호와임이니라." 잠언 3:7-8, "스스로 지혜롭게 여기지 말지어다. 여호와를 경외하며 악을 떠날지어다. 이것이 네 몸에 양약(良藥)(리프우스 רפאות)[건강(KJV, NIV), 치료(NASB)]이 되어 네 골수로 윤택하게 하리라." 하나님을 경외하고 믿음과 순종으로 살고 의(義)를 행하는 자들에게는 확실히 건강이 약속되었다.

질병에 대한 성도의 태도

그러면, 질병에 대해 성도는 어떤 태도를 가져야 하는가? 우리는 병을 주신 자가 하나님이시며 병을 고쳐주실 수 있는 자도 하나님이심을 인정하고 먼저 하나님께 기도해야 한다. 출애굽기 15:26, "나는 너희를 치료하는 여호와임이니라." 시편 103:3, "저가 네 모든 죄악을 사하시며 네 모든 병을 고치시며." 모든 질병은 하나님의 허락 속에 오며 하나님께서는 사람의 질병의 원인을 아시고 능히 치료하실 수 있다. 역대하 16:12는 경건한 왕 아사가 말년에 그 발에 심히 중한 병에 걸렸을 때 하나님께 구하지 않고 의원들에게 구했음을 말하며 그의 말년의 그 행위가 옳지 못했음을 지적하였다.

우리는 어떤 병에 걸렸을 때 회개치 않은 죄가 있는지 먼저 자신을 살피고 생각나는 죄가 있으면 고백하고 버리고 순종의 결심을 굳게 하면서 병 낫기를 위해 기도해야 한다. 야고보서 5:14-16, "너희 중에 병든 자가 있느냐? 저는 교회의 장로들을 청할 것이요 그들은 주의 이름으로 기름을 바르며 위하여 기도할지니라. 믿음의 기도는 병든 자를 구원하리니 주께서 저를 일으키시리라. 혹시 죄를 범하였을지라도 사하심을 얻으리라. 이러므로 너희 죄를 서로 고하며 병 낫기를 위하여 서로 기도하라. 의인의 간구는 역사하는 힘이 많으니라." 이 본문은 성도들이 병들었을 때 교회의 장로들을 청하고 죄를 고백하며 병 낫기를 위해 믿음으로 간절히 기도하라고 교훈한다.

또 우리는 비상한 경우에 금식 기도할 수 있다. 주께서는 어느 날 간질병자를 고쳐주신 후 제자들에게 "기도와 금식 외에 다른 것으로는 이런 유가 나갈 수 없느니라"(막 9:29 전통사본)고 말씀하심으로 비상한 경우에 금식 기도가 필요하다는 것을 교훈하셨다. 금식 기도는 육신의 기본적 욕구를 중지하고 하나님의 특별한 은혜를 구하는 기도이다. 그것은 비상한 경우에 할 수 있고 해야 할 기도이다.

그러나 하나님께서는 오늘날 기적을 통해 병을 치료하시지 않는다고 본다. 우리는 하나님께서 사람의 건강을 위해 주신 자연적 방법을 감사히 사용해야 한다. 마음의 평안은 몸의 건강을 위해 매우 중요한 요소이다. 잠언 18:14, "사람의 심령은 그 병을 능히 이기려니와 심령이 상하면 그것을 누가 일으키겠느냐?" 또 지속적인 과로를 피하고 적절한 휴식을 취하는 것과 음식을 통한 균형 있는 영양 공급도 필요하며 보조영양제들도 도움이 된다고 본다. 또 의학적 연구에 근거한 현대 의술들과 약들도 하나님께서 주신 은혜의 선물로 알고 감사히 사용할 수 있고 배척할 것은 아니다. 야고보서 1:17, "각양 좋은 은사와 온전한 선물이 다 위로부터 빛들의 아버지께로서 내려오나니."

기쁨과 감사

기쁨

성도의 생활은 기쁨의 생활이다. 하나님께서는 기쁨의 하나님이시며 기쁨은 하나님의 나라의 특징이요 성령의 열매이다. 시편 43:4, "나의 극락(極樂)[지극한 기쁨]의 하나님." 로마서 14:17, "[하나님의 나라는] 오직 성령 안에서 의와 평안과 기쁨이라." 갈라디아서 5:22, "성령의 열매는 사랑과 기쁨과." 장차 천국에서 충만한 평안과 기쁨을 누릴 자들은 세상에서도 주 안에서, 성령의 인도하심으로 평안과 기쁨을 누릴 것이다. 그것은 하나님으로 말미암은 기쁨이다. 그래서 느헤미야는 "여호와를 기뻐하는 것이 너희의 힘이니라"고 말했고(느 8:10) 모든 백성은 하나님의 말씀 즉 그들이 들은 말씀을 밝히 알았기 때문에 크게 즐거워했다(느 8:12). 시편 19:8은 하나님의 교훈은 정직하여 마음을 기쁘게 한다고 말했다. 또 시편 119편 저자는 주의 말씀이 나의 즐거움이라고 반복해 말했다(24, 77, 143절).

성도는 하나님께서 주신 건강과 재물과 가족들을 인하여 즐거워할 수 있다. 신명기 16:15, "너는 7일 동안 네 하나님 여호와 앞에서 절기(초막절)를 지키고 네 하나님 여호와께서 네 모든 물산과 네 손을 댄 모든 일에 복 주실 것을 인하여 너는 온전히 즐거워할지니라." 전도서는 사람이 먹고 마시고 수고하며 심령으로 낙을 누리는 것이 하나님의 손에서 난 것이요(2:24) 그의 선물이며(3:13) 그의 분복이며(3:22) 선하고 아름답다고(5:18) 말하며 또 "해 아래서 네게 주신 모든 헛된 날에 사랑하는 아내와 함께 즐겁게 살지어다"라고 말한다(9:9).

그러나 성도는 무엇보다 우리의 구원 때문에 기뻐해야 한다. 누가복음 10:20, "귀신들이 너희에게 항복하는 것으로 기뻐하지 말고 너희 이름이 하늘에 기록된 것으로 기뻐하라." 사도행전 16:34, "저와 온 집이 하나님을 믿었으므로 크게 기뻐하니라." 죄인이 의인이 되고 지옥 갈 자가 천국 백성이 되고 영생을 누리게 되었으니 이것보다 더 기뻐할 일이 없다. 구원은 성도의 가장 큰 기쁨의 이유이다. 바울은 데살로니가 교인들에게 "항상 기뻐하라," "이는 그리스도 예수 안에서 너희를 향하신 하나님의 뜻이니라"고 말했고(살전 5:16, 18), 로마 감옥에서도 빌립보 교인들에게 기뻐하라고 교훈했다. 빌립보서 2:18, "너희도 기뻐하고 나와 함께 기뻐하라." 3:1, "주 안에서 기뻐하라." 4:4, "주 안에서 항상 기뻐하라. 내가 다시 말하노니 기뻐하라."

초대 그리스도인들은 기쁨이 넘치는 생활을 경험하였다. 사도행전 13:52, "제자들은 기쁨과 성령이 충만하니라." 고린도후서 8:2, "[마게도냐 성도들은] 환난의 많은 시련 가운데서 저희 넘치는 기쁨과 극한 가난이 저희로 풍성한 연보를 넘치도록 하게 하였느니라." 베드로전서 1:8, "예수님을 너희가 보지 못하였으나 사랑하는도다. 이제도 보지 못하나 믿고 말할 수 없는 영광스러운 즐거움으로 기뻐하니."

특히, 전도자는 하나님의 복음이 전파되고 사람이 예수 그리스도를 믿고 구원 얻는 것을 기뻐한다. 빌립보서 1:18, "외모로 하나 참으로 하나 무슨 방도로 하든지 전파되는 것은 그리스도니 이로써 내가 기뻐하고 또한 기뻐하리라." 그것은 의인 아흔 아홉보다 죄인 하나가 회개하는 것을 더 기뻐하시는 하나님의 심정이다(눅 15:7).

또 성도는 다른 형제가 하나님의 진리에 순종하는 것을 볼 때 매우 기쁘다. 요한이서 4, "너의 자녀 중에 우리가 아버지께 받은 계명대로 진리에 행하는 자를 내가 보니 심히 기쁘도다." 요한삼서 3-4, "네가 진리 안에서 행한다 하니 내가 심히 기뻐하노라. 내가 내 자녀들이 진리 안에서 행한다 함을 듣는 것보다 더 즐거움이 없도다."

성도는 특히 천국을 소망하며 기뻐한다. 사도 바울은 로마에 있는 교인들에게 우리가 "하나님의 영광을 바라고 즐거워한다"고 말했고(롬 5:2), 또 "소망 중에 즐거워하라"고 교훈하였다(롬 12:12).

기쁨과 감사

성도는 고난 중에서도 기뻐할 수 있다. 예수께서는 "나를 인하여 너희를 욕하고 핍박하고 거짓으로 너희를 거슬러 모든 악한 말을 할 때에는 너희에게 복이 있나니 기뻐하고 즐거워하라. 하늘에서 너희의 상이 큼이라"고 말씀하셨다(마 5:11-12). 사도행전 5:41은 "사도들은 그 이름을 위하여 능욕 받는 일에 합당한 자로 여기심을 기뻐하면서 공회 앞을 떠났다"고 기록했다. 사도 바울은 "우리가 환난 중에도 즐거워한다"고 말하였고(롬 5:3) 또 "만일 너희 믿음의 제물과 봉사 위에 내가 나를 관제로 드릴지라도 나는 기뻐하고 너희 무리와 함께 기뻐하리라"고 말했다(빌 2:17). 사도 베드로도 "너희가 그리스도의 고난에 참여하는 것으로 즐거워하라"고 교훈하였다(벧전 4:13).

감사

성도의 생활은 또한 감사하는 생활이다. 우리는 우리에게 사랑을 베푼 사람들에게 감사해야 한다. 자녀는 자기를 낳으시고 길러주신 부모에게 감사해야 한다(딤전 5:4). 사람은 자기가 받은 사랑에 감사할 줄 알아야 한다. 우리는 배은망덕한 자가 되어서는 안 된다.

우리는 특히 하나님께 감사해야 한다. 우리가 하나님께 감사해야 할 이유는 그가 세상을 창조하셨고 우리에게 모든 좋은 것을 은혜로 주셨기 때문이다. 우리의 누리는 모든 것이 하나님께서 은혜로 주신 것들이다. 하나님께 대한 감사는 창조주, 섭리자 하나님과 그의 하신 일을 인정하고 고백하는 행위이다. 그러므로 우리는 음식을 먹을 때마다 하나님께 감사해야 한다. 마태복음 15:36, "떡 일곱 개와 그 생선을 가지사 축사하시고 떼어 제자들에게 주시니" 마태복음 26:27, "잔을 가지사 사례하시고 저희에게 주시며 가라사대." 사도행전 27:35, [사도 바울은 죄수의 몸으로 로마로 가다 풍랑을 만난 중] "떡을 가져다가 모든 사람 앞에서 하나님께 축사하고 떼어먹기를 시작하매."

그러나 우리는 사도 바울이 서신들에서 쓴 대로 하나님의 구원의 은혜를 감사해야 한다. 로마서 1:8, "첫째는 내가 예수 그리스도로 말미암아 너희 모든 사람을 인하여 내 하나님께 감사함은 너희 믿음이 온 세상에 전파됨이로다." 로마서 6:17-18, "하나님께 감사하리로다. 너희가 본래 죄의 종이더니 너희에게 전하여 준 바 교훈의 본을 마음으로 순종하여 죄에게서 해방되어 의에게 종이 되었느니라." 고린도전서 1:4-7, "그리스도 예수 안에서 너희에게 주신 하나님의 은혜를 인하여 내가 너희를 위하여 항상 하나님께 감사하노니 이는 . . . 그리스도의 증거가 너희 중에 견고케 되어 너희가 모든 은사에 부족함이 없이 우리 주 예수 그리스도의 나타나심을 기다림이라." 에베소서 1:15-16, "이를 인하여 주 예수 안에서 너희 믿음과 모든 성도를 향한 사랑을 나도 듣고 너희를 인하여 감사하기를 마지아니하고 내가 기도할 때에 너희를 말하노라." 빌립보서 1:3-5, "내가 너희를 생각할 때마다 나의 하나님께 감사하며 간구할 때마다 너희 무리를 위하여 기쁨으로 항상 간구함은 첫날부터 이제까지 복음에서 너희가 교제함을 인함이라." 골로새서 1:3-5, "우리가 너희를 위하여 기도할 때마다 하나님 곧 우리 주 예수 그리스도의 아버지께 감사하노라. 이는 그리스도 예수 안에 너희의 믿음과 모든 성도에 대한 사랑을 들음이요." 데살로니가전서 1:2, "우리가 너희 무리를 인하여 항상 하나님께 감사하고 기도할 때에 너희를 말함은 너희의 믿음의 역사와 사랑의 수고[를 기억함이니.]" 데살로니가후서 1:3, "우리가 너희를 위하여 항상 하나님께 감사할지니 이것이 당연함은 너희 믿음이 더욱 자라고 너희가 다 각기 서로 사랑함이 풍성함이며." 디모데후서 1:3-5, "나의 밤낮 간구하는 가운데 쉬지 않고 너를 생각하여 . . . [감사함은] 네 속에 거짓이 없는 믿음을 생각함이라." 성도는 범사에 하나님께 감사해야 한다. 데살로니가전서 5:18, "범사에 감사하라. 이는 그리스도 예수 안에서 너희를 향하신 하나님의 뜻이니라." 에베소서 5:20, "범사에 예수 그리스도의 이름으로 하나님께 감사하라." 골로새서 3:17, "무엇을 하든지 예수 그리스도를 힘입어 하나님께 감사하라."

애굽에서 구원 얻은 이스라엘 백성은 40년간 광야 생활을 하면서 불평을 많이 하였다(출 15:24; 16:2; 17:3; 민 11:1; 14:2; 21:5). 그들이 하나님께 불평한 것은 그를 믿지 않았기 때문이다. 민수기 14:11, "여호와께서 모세에게 이르시되 이 백성이 어느 때까지 나를 멸시하겠느냐? 내가 그들 중에 모든 이적을 행한 것도 생각하지 아니하고 어느 때까지 나를 믿지 않겠느냐?" 신명기 1:32, "이 일[가나안 땅 정복의 일]에 너희가 너희 하나님 여호와를 믿지 아니하였도다." 시편 78:22, "이는 하나님을 믿지 아니하며 그 구원을 의지하지 아니한 연고로다." 시편 106:24-25, "저희가 낙토를 멸시하며 그 말씀을 믿지 아니하고 저희 장막에서 원망하며 여호와의 말씀을 청종치 아니하였도다." 히브리서 3:18-19, "하나님께서 누구에게 맹세하사 그의 안식에 들어오지 못하리라 하셨느뇨? 곧 순종치 아니하던 자에게가 아니냐? 이로 보건대 저희가 믿지 아니하므로 능히 들어가지 못한 것이라."

사람은 하나님을 믿고 그의 주권적 섭리를 믿어야 감사할 수 있다. 세상의 크고 작은 모든 일들, 개인적, 가정적, 국가적, 세계적 모든 일들이 하나님의 주권적 섭리 안에서 일어난다. 그러므로 우리는 범사에 하나님을 인정해야 하고(잠 3:6) 또 모든 일이 합력하여 선을 이룰 줄 믿어야 한다(롬 8:28). 그때 우리는 하나님께 감사할 수 있다.

이스라엘 백성이 하나님께 불평했던 또 하나의 이유는 탐심 때문이었다. 민수기 11:4, "이스라엘 중에 섞여 사는 무리가 탐욕을 품으매 이스라엘 자손도 다시 울며 가로되 누가 우리에게 고기를 주어 먹게 할꼬?" 그들은 하나님께서 주신 현실에 만족하지 않았다. 우리가 범사에 감사하려면, 우리는 모든 탐심을 버리고 먹을 것과 입을 것이 있으면 자족하며 사는 마음을 가져야 한다(딤전 6:7-8).

윤리적 삶의 요약

거룩, 의와 선과 진실, 겸손

거룩

  성도들의 윤리적 삶은 거룩이라는 말로 요약된다. 거룩은 하나님의 기본적인 속성이다. 하나님께서는 지극히 거룩하시다. 하나님의 거룩하심은 피조 세계를 초월해 계시는 그의 초월성을 의미할 뿐만 아니라, 또한 모든 도덕적 불결로부터 떠나 계심, 곧 도덕적 성결도 의미한다. 모든 사람은 하나님의 거룩하심의 이 두 번째 속성을 본받아야 한다. 그러므로 하나님께서는 이스라엘 백성에게 "내가 거룩하니 너희도 거룩하라"고 반복해 말씀하셨다(레 11:45; 19:2; 20:26 등). 베드로도 교훈하기를, "너희가 순종하는 자식처럼 이전 알지 못할 때에 좇던 너희 사욕을 본삼지 말고 오직 너희를 부르신 거룩한 자처럼 너희도 모든 행실에 거룩한 자가 되라"고 하였다(벧전 1:14-15).

  거룩의 반대말은 죄와 불결이다. 하나님께서 사람들의 모든 더러운 죄악들에 대해 노하신다는 사실은 우리가 어떻게 거룩하게 살아야 할지를 잘 보인다. 레위기 18:24-25, "너희는 이 모든 일로 스스로 더럽히지 말라. 내가 너희의 앞에서 쫓아내는 족속들이 이 모든 일로 인하여 더러워졌고 그 땅도 더러워졌으므로 내가 그 악을 인하여 벌하고 그 땅도 스스로 그 거민을 토하여 내느니라."

  성경은 사람이 버려야 할 죄악들의 목록을 여러 곳들에서 말했다. 그 대표적 구절들은 다음과 같다. 로마서 1:29-31, "불의, 음란(전통사본), 추악, 탐욕, 악의, 시기, 살인, 분쟁, 사기, 악독, 수군수군, 비방, 능욕[거만], 교만, 자랑, 악을 도모, 부모 거역, 우매, 약속 어김, 무정(無情), 원통함을 풀지 않음(전통사본), 무자비." 고린도전서 6:9-10, "불의한 자가 하나님의 나라를 유업으로 받지 못할 줄을 알지 못하느

거룩, 의와 선과 진실, 겸손

냐? 미혹을 받지 말라. 음란하는 자나 우상숭배하는 자나 간음하는 자나 탐색하는 자[동성애자]나 남색하는 자[동성애자]나 도적이나 탐람하는 자나 술취하는 자나 욕하는 자나 토색[강탈]하는 자들은 하나님의 나라를 유업으로 받지 못하리라." 갈라디아서 5:19-21, "육체의 일은 현저하니 곧 간음과(전통사본) 음행과 더러운 것과 호색과 우상숭배와 술수와 원수를 맺는 것과 분쟁과 시기와 분냄과 당 짓는 것과 분리함과 이단과 투기와 살인과(전통사본) 술취함과 방탕함과 또 그와 같은 것들이라." 요한계시록 21:8, "믿지 아니하는 자들과 흉악한 자들과 살인자들과 행음자들과 술객들과 우상숭배자들과 모든 거짓말하는 자들은 불과 유황으로 타는 못(즉, 지옥)(막 9:43-49)에 참여하리니 이것이 둘째 사망이라."

우리는 이 모든 더러운 죄악들로부터 자신을 깨끗케 하여야 한다. 고린도후서 7:1, "사랑하는 자들아, 이 약속을 가진 우리가 하나님을 두려워하는 가운데서 거룩함을 온전히 이루어 육과 영의 온갖 더러운 것에서 자신을 깨끗케 하자." 로마서 6:22, "이제는 너희가 죄에게서 해방되고 하나님께 종이 되어 거룩함에 이르는 열매를 얻었으니 이 마지막은 영생이라." 구원 얻은 자들은 죄에서 벗어나 하나님께 즐거이 순종하고 계명을 지킴으로 거룩하게 살다가 영생에 이른다.

의와 선과 진실

또 성도들의 윤리적 삶은 의와 선과 진실의 삶으로 요약된다. 율법은 의와 선과 진실을 가르친다. 의는 율법에 일치하는 것을 의미한다. 선은 긍휼과 자비와 사랑이다. 하나님께서는 의로우시고 선하시고 진실하시며, 성도들도 의롭고 선하고 진실하게 살아야 한다.

하나님께서는 율법에서 우리에게 의롭게 살아야 할 것을 명하셨다. 그는 우리에게 다수를 따라 악을 행하거나 거짓된 증거를 하지 말며 가난한 자의 송사라고 편벽되이 두호하거나 공평치 않게 하지 말라

윤리적 삶의 요약

고 명하셨고(출 23:2-3, 6), 또 재판할 때에 불의를 행치 말며 가난한 자의 편을 들지 말며 세력 있는 자라고 두호하지 말고 공의로 사람을 재판하고 재판에든지 도량형에든지 불의를 행치 말고 공평한 저울과 공평한 추와 공평한 에바와 공평한 힌을 사용하라고 하셨다(레 19:15, 35-36). 하나님의 뜻은 우리가 의롭고 정직하게 사는 것이다.

또 하나님께서는 율법에서 우리에게 선하게 살아야 할 것도 명하셨다. 그는 우리에게 이방 나그네를 압제하거나 학대하지 말고 과부나 고아를 해롭게 하지 말고(출 22:21-22; 23:9; 레 19:33-34) 원수의 길 잃은 소나 나귀를 보면 반드시 그에게로 돌려주며 우리를 미워하는 자의 나귀가 짐을 싣고 엎드러짐을 보면 그를 도와 그 짐을 부리라고 명하셨다(출 23:4-5). 또 그는 우리가 땅의 곡물을 벨 때 가난한 자와 타국인을 위해 밭 모퉁이까지 거두지 말고 떨어진 이삭도 줍지 말고, 우리의 이웃을 압제하지 말며 강탈하지 말며 품꾼의 삯을 아침까지 밤새도록 갖고 있지 말며 귀먹은 자를 저주하지 말며 소경 앞에 장애물을 놓지 말고 자기 형제를 마음으로 미워하지 말며 원수를 갚지 말며 동포를 원망하지 말며 이웃 사랑하기를 자기 몸과 같이 하라고 명하셨다(레 19:9-10, 13-14, 17-18). 이것이 선한 삶이다.

주 예수께서는 산상 설교의 팔복의 교훈에서 온유와 의와 긍휼과 청결과 화평의 삶을 교훈하셨다(마 5:3-12). 사도 바울도 그의 서신들에서 의와 선과 진실을 교훈하였다. 고린도전서 13:4-7, "사랑은 오래 참고 사랑은 온유하며 투기하는 자가 되지 아니하며 사랑은 자랑하지 아니하며 교만하지 아니하며 무례히 행치 아니하며 자기의 유익을 구치 아니하며 성내지 아니하며 악한 것을 생각지 아니하며 불의를 기뻐하지 아니하며." 갈라디아서 5:22-23, "성령의 열매는 사랑과 기쁨과 화평과 오래 참음과 자비와 선함과 충성과 온유와 절제니 이같은 것을 금지할 법이 없느니라." 에베소서 5:8-9, "너희가 전에는 어두움이더니 이제는 주 안에서 빛이라. 빛의 자녀들처럼 행하라. 빛[성령]의 열매는 모든 착함과 의로움과 진실함에 있느니라." 야고보도 야고보서 3:17-18에서 말하기를, "위로부터 난 지혜는 첫째 성결하고 다음에 화평하고 관용하고 양순하며 긍휼과 선한 열매가 가득하고 편벽과 거짓이 없나니 화평케 하는 자들은 화평으로 심어 의의 열매를 거두느니라"고 했다. 이와 같이, 성도는 생각과 말과 행위에 있어서 의롭고 정직하고 선하고 진실해야 한다.

겸손

성도들의 윤리적 삶은 또한 겸손한 삶이다. 겸손은 사람이 자신이 하나님 앞에서 피조물이며 죄인임을 깨닫고 자신을 낮추는 태도이다. 그것은 하나님께 대한 참된 믿음과 순종으로 향하는 첫걸음이다.

사람의 부패된 본성의 대표적 한 요소는 교만이다. 교만은 우주적 악의 근원인 마귀의 범죄 내용이었다고 본다. 마귀는 교만해 하나님을 대항했다고 본다. 디모데전서 3:6, "새로 입교한 자도 말지니 교만하여져서 마귀를 정죄하는 그 정죄에 빠질까 함이요." 사람의 교만은 하나님을 대항하고 거역하는 불신앙과 불순종으로 나아간다. 이스라엘 백성은 출애굽 후 광야 생활에서 하나님을 항상 거역하였고 그를 속히 떠났고 목이 곧았는데(신 9장) 그것은 그들의 교만 때문이었다. 하나님의 법을 어기며 범죄하는 자들은 교만한 자들이다.

교만은 하나님께서 미워하시는 큰 악이다. 잠언 6:16-17, "여호와의 미워하시는 것 곧 그 마음에 싫어하시는 것이 6, 7가지니 곧 교만한 눈과." 교만한 사람은 결국 멸망한다. 잠언 16:18, "교만은 패망의 선봉이요 거만한 마음은 넘어짐의 앞잡이니라."

교만은 또 분쟁을 낳는다. 잠언 13:10, "교만에서는 다툼만 일어날 뿐이라." 고린도교회의 분쟁의 원인은 교만이었다. 고린도전서 4:6-7, "내가 너희를 위하여 이 일에 나와 아볼로를 가지고 본을 보였으니

윤리적 삶의 요약

이는 너희로 하여금 기록한 말씀 밖에 넘어가지 말라 한 것을 우리에게서 배워 서로 대적하여 교만한 마음을 먹지 말게 하려 함이라. 누가 너를 구별하였느뇨? 네게 있는 것 중에 받지 아니한 것이 무엇이뇨? 네가 받았은즉 어찌하여 받지 아니한 것같이 자랑하느뇨?"

성도의 중요한 덕은 겸손이다. 주 예수 그리스도께서는 겸손한 분이셨으며 또 우리들에게 겸손을 가르치셨다. 마태복음 11:29, "나는 마음이 온유하고 겸손하니 나의 멍에를 메고 내게 배우라." 주께서 이 땅에 오신 목적은 섬기는 자가 되고 자신을 대속물로 주기 위해서이셨다. 마태복음 20:26-28, "너희 중에 누구든지 크고자 하는 자는 너희를 섬기는 자가 되고 너희 중에 누구든지 으뜸이 되고자 하는 자는 너희 종이 되어야 하리라. 인자(人子)가 온 것은 섬김을 받으려 함이 아니라 도리어 섬기려 하고 자기 목숨을 많은 사람의 대속물로 주려 함이니라." 예수께서 마지막 유월절 식사 자리에서 친히 제자들의 발을 씻기신 것(요 13:4-15)은 서로 용서할 것을 교훈하신 것이지만, 그 속에는 겸손과 섬김에 대한 뜻도 들어 있었다.

사도 바울은 성도들의 모임인 교회가 겸손한 마음으로 하나가 되어야 함을 교훈했다. 에베소서 4:1-3, "너희가 부르심을 입은 부름에 합당하게 행하여 모든 겸손과 온유로 하고 오래 참음으로 사랑 가운데서 서로 용납하고 평안의 매는 줄로 성령의 하나 되게 하신 것을 힘써 지키라." 빌립보서 2:3, "아무 일에든지 다툼이나 허영으로 하지 말고 오직 겸손한 마음으로 각각 자기보다 남을 낫게 여기라." 빌립보서 2:5-7, "너희 안에 이 마음을 품으라. 곧 그리스도 예수의 마음이니 그는 근본 하나님의 본체시나 하나님과 동등됨을 취할 것으로 여기지 아니하시고 오히려 자기를 비어 종의 형체를 가져 사람들과 같이 되었고." 성도들의 영적 성장과 성화는 예수 그리스도를 본받는 삶으로 나타나며 그것의 한 핵심적 덕목은 확실히 겸손이다.

윤리적인 말

하나님을 경외하고 주 예수 그리스도를 믿고 구원 얻은 성도들의 인품은 그의 윤리적인 말로 나타난다. 야고보서 3:2, "만일 말에 실수가 없는 자면 곧 온전한 사람이라." 말은 인품의 표현이다. 거짓되고 위선적인 말도 있으나, 대체로 사람의 인품은 그의 말에서 나타난다. 경건한 자에게서 경건한 말이, 선한 자에게서 선한 말이 나온다. 성경은 우리의 말에 대해 많이 교훈한다. 그것은 여러 윤리적 측면들에 관계되지만, 대체로 다음 세 가지로 요약할 수 있을 것이다.

절제하며 신중하고 바른 말

첫째로, 구원 얻은 성도들은 가능한 한 말수를 줄이고 말을 할 때는 신중하고 바르고 적절한 말을 해야 한다. 잠언 10:19, "말이 많으면 허물을 면키 어려우나 그 입술을 제어하는 자는 지혜가 있느니라." 잠언 11:12, "지혜 없는 자는 그 이웃을 멸시하나 명철한 자는 잠잠하느니라." 잠언 15:28, "의인의 마음은 대답할 말을 깊이 생각하여도 악인의 입은 악을 쏟느니라." 잠언 17:27, "말을 아끼는 자는 지식이 있고 성품이 안존[침착]한 자는 명철하니라." 잠언 18:2, "미련한 자는 명철을 기뻐하지 아니하고 자기의 의사를 드러내기만 기뻐하느니라." 잠언 18:13, "사연을 듣기 전에 대답하는 자는 미련하여 욕을 당하느니라." 잠언 25:11, "경우에 합당한 말은 아로새긴 은쟁반에 금사과니라." 야고보서 1:19, "듣기는 속히 하고 말하기는 더디하라."

남을 비방하고 저주하는 말 대신 선하고 덕스러운 말

둘째로, 구원 얻은 성도들은 남을 비난하거나 저주하는 말을 하지 말고 선하고 유순하고 덕스럽고 유익한 말을 해야 한다.

레위기 19:16, "너는 네 백성 중으로 돌아다니며 사람을 논단하지

윤리적 삶의 요약

(라킬 רָכִיל)[중상하지](BDB, KB, NASB) 말라." 민수기 14:1-2, "온 회중이 소리를 높여 부르짖으며 밤새도록 백성이 곡하였더라. 이스라엘 자손이 다 모세와 아론을 원망하며[불평하며]." 잠언 10:20-21, "의인의 혀는 천은과 같거니와 악인의 마음은 가치가 적으니라. 의인의 입술은 여러 사람을 교육하나." 잠언 11:13, "두루 다니며 한담하는[중상하는] 자는 남의 비밀을 누설하나 마음이 신실한 자는 그런 것을 숨기느니라." 잠언 12:18, "혹은 칼로 찌름같이 함부로 말하거니와 지혜로운 자의 혀는 양약 같으니라." 잠언 15:1, "유순한 대답은 분노를 쉬게 하여도 과격한 말은 노를 격동하느니라." 잠언 16:28, "패려[패역]한 자는 다툼을 일으키고 말쟁이(불평하는 자)는 친한 벗을 이간하느니라." 잠언 17:9, "허물을 덮어주는 자는 사랑을 구하는 자요 그것을 거듭 말하는 자는 친한 벗을 이간하는 자니라." 잠언 18:8, "남의 말하기를 좋아하는 자[말쟁이]의 말은 별식과 같아서 뱃속 깊은 데로 내려가느니라." 잠언 20:19, "두루 다니며 한담하는[중상하는] 자는 남의 비밀을 누설하나니 입술을 벌린 자를 사귀지 말지니라." 잠언 25:15, "오래 참으면 관원이 그 말을 용납하나니 부드러운 혀는 뼈를 꺾느니라." 잠언 26:20, "나무가 다하면 불이 꺼지고 말쟁이가 없어지면 다툼이 쉬느니라." 잠언 26:22, "남의 말하기를 좋아하는 자[말쟁이]의 말은 별식과 같아서 뱃속 깊은 데로 내려가느니라."

마태복음 5:22, "형제에 대하여 라가라 하는 자는 공회에 잡히게 되고 미련한 놈이라 하는 자는 지옥불에 들어가게 되리라." 마태복음 7:1-5, "비판을 받지 아니하려거든 비판하지 말라. 너희의 비판하는 그 비판으로 너희가 비판을 받을 것이요 너희의 헤아리는 그 헤아림으로 너희가 헤아림을 받을 것이니라. 어찌하여 형제의 눈속에 있는 티는 보고 네 눈속에 있는 들보는 깨닫지 못하느냐? 보라, 네 눈속에 들보가 있는데 어찌하여 형제에게 말하기를 나로 네 눈속에 있는 티

윤리적인 말

를 빼게 하라 하겠느냐? 외식하는 자여, 먼저 네 눈속에서 들보를 빼어라. 그 후에야 밝히 보고 형제의 눈속에서 티를 빼리라."

주께서는 사람이 평소에 쌓은 선과 악에서 선한 말과 악한 말이 나오며 마지막 심판날 하나님께서 사람의 모든 말에 대해 엄히 심판하실 것이라고 말씀하셨다. 마태복음 12:34-37, "독사의 자식들아, 너희는 악하니 어떻게 선한 말을 할 수 있느냐? 이는 마음에 가득한 것을 입으로 말함이라. 선한 사람은 그 쌓은 선에서 선한 것을 내고 악한 사람은 그 쌓은 악에서 악한 것을 내느니라. 내가 너희에게 이르노니 사람이 무슨 무익한 말을 하든지 심판날에 이에 대하여 심문을 받으리니 네 말로 의롭다 함을 받고 네 말로 정죄함을 받으리라."

고린도전서 10:10, "저희 중에 어떤 이들이 불평하다가 멸망시키는 자에게 멸망하였나니 너희는 저희와 같이 불평하지 말라." 골로새서 4:6, "너희 말을 항상 은혜 가운데서 소금으로 고루게 함같이 하라." 야고보서 4:11, "피차 비방치 말라." 베드로전서 2:1, "모든 비방하는 말을 버리라." 에베소서 4:29, "무릇 더러운 말은 너희 입 밖에도 내지 말고 오직 덕을 세우는데 소용되는 대로 선한 말을 하여 듣는 자들에게 은혜를 끼치게 하라." 에베소서 5:3, "음행과 온갖 더러운 것과 탐욕은 너희 중에서 그 이름이라도 부르지 말라. 이는 성도의 마땅한 바니라. 누추함[추잡한 말]과 어리석은 말이나 희롱의 말[상스러운 농담]이 마땅치 아니하니 돌이켜 감사하는 말을 하라."

거짓된 말이나 아첨의 말 대신 진실한 말

셋째로, 구원 얻은 성도들은 거짓된 말이나 아첨의 말을 하지 말고 진실한 말만 해야 하고, 필요한 경우 권면과 책망의 말도 해야 한다.

출애굽기 20:16, "네 이웃에 대하여 거짓 증거하지 말지니라." 출애굽기 23:1, "너는 허망한 풍설[헛소문]을 전파하지 말라." 잠언 6:19, "[하나님께서 미워하시는 것 6, 7가지 가운데] 거짓을 말하는 망령된

윤리적 삶의 요약

증인과." 잠언 14:25, "진실한 증인은 사람의 생명을 구원하여도." 잠언 20:10, "한결같지 않은 저울추와 말은 다 여호와께서 미워하시느니라." 디모데전서 3:8, "일구이언(一口二言)을 하지 아니하고." 요한계시록 21:8, "두려워하는 자들과 믿지 아니하는 자들과 흉악한 자들과 살인자들과 행음자들과 술객들과 우상 숭배자들과 모든 거짓말 하는 자들은 불과 유황으로 타는 못에 참여하리니 이것이 둘째 사망이라." 요한계시록 21:27, "무엇이든지 속된 것이나 가증한 일 또는 거짓말하는 자는 결코 그리로 들어오지 못하되 오직 어린양의 생명책에 기록된 자들뿐이라." 요한계시록 22:15, "개들과 술객들과 행음자들과 살인자들과 우상 숭배자들과 및 거짓말을 좋아하며 지어내는 자마다 성밖에 있으리라."

잠언 29:5, "이웃에게 아첨하는 것은 그의 발 앞에 그물을 치는 것이니라." 로마서 16:18, "이 같은 자들은 우리 주 그리스도를 섬기지 아니하고 다만 자기의 배만 섬기나니 공교하고 아첨하는 말로 순진한 자들의 마음을 미혹하느니라." 유다서 16, "이 사람들[이단자들]은 원망하는 자며 불만을 토하는 자며 그 정욕대로 행하는 자라. 그 입으로 자랑하는 말을 내며 이(利)를 위하여 아첨하느니라." 데살로니가전서 2:5, "너희도 알거니와 우리가 아무 때에도 아첨의 말이나 탐심의 탈을 쓰지 아니한 것을 하나님께서 증거하시느니라."

에베소서 4:25, "각각 그 이웃으로 더불어 참된 것을 말하라." 잠언 27:5, "면책은 숨은 사랑보다 나으니라." 잠언 27:9, "기름과 향이 사람의 마음을 즐겁게 하나니 친구의 충성된 권고가 이와 같이 아름다우니라." 잠언 28:23, "사람을 경책하는 자는 혀로 아첨하는 자보다 나중에 더욱 사랑을 받느니라." 갈라디아서 2:11, "게바가 안디옥에 이르렀을 때에 책망할 일이 있기로 내가 저를 면책하였노라."

성도의 거룩, 의, 선, 진실, 겸손은 그의 말로 증거되어야 한다.

결론

기독교 윤리의 원동력

　기독교 윤리는 불가능한 이상(理想)이 아니다. 구원 얻은 성도들은 윤리적 생활을 할 수 있다. 기독교 윤리의 원동력은 무엇인가?
　하나님께서는 사람을 자기 형상대로 의롭게 만드셨고 의로운 법을 지키도록 명령하셨다. 이스라엘에게 주신 십계명은 하나님의 도덕적 속성에 근거한 계명이었다. 하나님의 지으신 모든 사람, 특히 하나님의 백성된 우리는, 하나님의 도덕적 속성을 본받아 거룩하고 의롭고 선하고 진실한 삶을 살아야 한다. 레위기 11:45, "내가 거룩하니 너희도 거룩할지어다." 마태복음 5:48, "하늘에 계신 너희 아버지의 온전하심과 같이 너희도 온전하라." 그러나 이스라엘 백성은 하나님의 그 의로운 법을 지키지 못했다. 구약의 전 역사는 사람의 전적 부패성과 무능력을 보여준다. 어찌할 수 없는 죄인! 그것이 구약의 결론이다.
　그러나 신약시대가 되어 구원 얻은 성도들은 윤리적 원동력이 되는 새로운 원리들을 갖게 되었다. 그것은 우리에게 의로운 삶을 실제로 가능케 하는 원리들이다. 그것은 첫째로 그리스도의 의(義)와 새 생명이며, 둘째로 성령의 내주(內住)하심이다. 오늘날 교회들의 배교(背敎)는 신약성경에 예언된 바이다. 그러나 신약교회에는 하나님의 뜻대로 선한 생활을 실천하는 수많은 진실한 성도들이 있다.
　첫째로, 성도들의 윤리적 생활의 원동력은 그리스도의 의(義)와 새 생명이다. 구원 얻은 성도들은 예수 그리스도의 대속(代贖)으로 말미암아 의롭다 하심을 얻었다(롬 3:24). 이 의는 우리로 율법의 정죄와 공포를 극복하게 하는 힘이 된다. 죄는 더 이상 우리에게 위협적이지 못하다. 그것은 우리가 율법 아래 있지 않기 때문이다. 로마서 6:14, "죄가 너희를 주관치 못하리니 이는 너희가 법 아래 있지 아니하고

결론

은혜 아래 있음이니라." 우리는 율법 체계에서 벗어났다. 로마서 7:6, "이제는 우리가 얽매였던 것에 대하여 죽었으므로 율법에서 벗어났으니 이러므로 우리가 성령의 새로운 것으로 섬길 것이요 율법 조문의 묵은 것으로 아니할지니라." 갈라디아서 3:25, "믿음이 온 후로는 우리가 몽학선생(율법) 아래 있지 아니하도다." 갈라디아서 5:1, "그리스도께서 우리로 자유케 하려고 자유를 주셨으니 그러므로 굳세게 서서 다시는 (율법의) 종의 멍에를 메지 말라."

이것은 하나님의 전적인 은혜이다. 여기에 성도들의 윤리적 새 삶의 동기가 있다. 로마서 12:1, "그러므로(하나님의 은혜로 구원 얻었으므로) 형제들아, 내가 하나님의 모든 자비하심으로 너희를 권하노니 너희 몸을 하나님께서 기뻐하시는 거룩한 산 제사로 드리라. 이는 너희의 드릴 영적 예배니라." 고린도후서 5:15, "저가 모든 사람을 대신하여 죽으심은 산 자들로 하여금 다시는 저희 자신을 위해 살지 않고 오직 저희를 대신하여 죽었다가 다시 사신 자를 위해 살게 하려 함이니라." 에베소서 4:1, "그러므로 주 안에서 갇힌 내가 너희를 권하노니 너희가 부르심을 입은 부름에 합당하게 행하라."

의는 또한 생명이다. 믿음으로 의롭다 하심을 얻은 성도는 또한 새 생명을 얻은 자이다. 새 생명은 곧 새 생활의 씨앗이다. 그러므로 요한일서 3:9는 "하나님께로서 난 자마다 죄를 짓지 아니하나니 이는 하나님의 씨가 그의 속에 거함이요 저도 범죄치 못하는 것은 하나님께로서 났음이라"고 말한다. 성도들이 새 생활을 하지 않을 수 없는 것은 새 생명의 씨를 가졌기 때문이다. 구원 얻은 성도들의 영혼의 성향은 근본적으로 변화되었다. 구원 얻기 전에는 죄만 즐거워하던 그가 구원 얻은 후에는 죄를 미워하고 의를 소원하는 자가 되었다.

옛 죄악성이 남아 있는 것은 사실이다. 옛 죄악성이 이 새로워진 성향을 거슬러 싸움을 일으키는 것은 사실이다. 그러나 이 싸움에서 옛 죄악성은 패배할 수밖에 없다. 그 까닭은, 성도들이 완전한 의와 영원한 새 생명을 소유하고 있기 때문이다. 성도들은 은혜로 받은 그 의와 새 생명 때문에 항상 새 힘을 얻는다. 일곱 번 넘어져도 다시 일어날 수 있는 힘을 얻는 것은 바로 그 의와 새 생명 때문이다. 로마서 7:24-25, "오호라, 나는 곤고한 사람이로다. 이 사망의 몸에서 누가 나를 건져내랴! 우리 주 예수 그리스도로 말미암아 하나님께 감사하리로다. 그런즉 내 자신이 마음으로는 하나님의 법을, 육신으로는 죄의 법을 섬기노라." 구원 얻은 성도들의 승리는 이미 보장되어 있다. 성도는 윤리적 삶을 살 수 있도록 구원을 얻었다. 로마서 8:28-30, "우리가 알거니와 하나님을 사랑하는 자 곧 그 뜻대로 부르심을 입은 자들에게는 모든 것이 합력하여 선을 이루느니라. 하나님께서 미리 아신 자들로 또한 그 아들의 형상을 본받게 하기 위하여 미리 정하셨으니 이는 그로 많은 형제 중에서 맏아들이 되게 하려 하심이니라. 또 미리 정하신 그들을 또한 부르시고 부르신 그들을 또한 의롭다 하시고 의롭다 하신 그들을 또한 영화롭게 하셨느니라."

둘째로, 성도들의 윤리적 생활의 원동력은 <u>성령의 내주(內住)하심이다</u>. 하나님께서는 예수 그리스도를 믿는 자들을 의롭다고 하시고 그 속에 새 생명을 심어주실 뿐 아니라, 그 의와 생명이 열매를 맺도록 성령께서 그 속에 거하셔서 도우신다. 성령의 내주(內住)하심은 신약 성도들이 누리는 놀라운 하나님의 복과 특권이며 은혜이다.

이 복은 구약성경에 이미 예언되어 있었다. 에스겔 36:26-27, "새 영을 너희 속에 두고 새 마음을 너희에게 주되 너희 육신에서 굳은 마음을 제하고 부드러운 마음을 줄 것이며 또 내 영을 너희 속에 두어 너희로 내 율례를 행하게 하리니 너희가 내 규례를 지켜 행할지라." 이 예언대로 하나님의 영, 성령께서 오순절에 강림하셨고 성도들 속에 보혜사 곧 위로자와 격려자로 오셔서 영원히 거하신다. 요한

결론

복음 14:16, "내가 아버지께 구하겠으니 그가 또 다른 보혜사(위로자)를 너희에게 주사 영원토록 너희와 함께 있게 하시리니."

성도들 속에 거하시는 성령께서는 그들의 윤리적 생활, 곧 육신의 죄성을 이기고 경건하고 의롭고 선하게 사는 삶을 지도하시고 도우신다. 로마서 8:4, 13-14, "육신(몸의 죄성)을 좇지 않고 그 영[성령]을 좇아 행하는 우리에게 율법의 요구를 이루어지게 하심이니라," "너희가 육신(몸의 죄성)대로 살면 반드시 죽을 것이로되 성령으로써 몸의 행실을 죽이면 살리니 무릇 하나님의 영으로 인도함을 받는 그들은 곧 하나님의 아들이라." 갈라디아서 5:16, "내가 이르노니 너희는 성령을 좇아 행하라. 그리하면 육체의 욕심을 이루지 아니하리라."

물론, 성도들의 윤리적인 삶에는 그들 자신의 진실한 노력이 요구된다. 데살로니가전서 4:1, "우리가 주 예수 안에서 너희에게 구하고 권면하노니 너희가 마땅히 어떻게 행하며 하나님께 기쁘시게 할 것을 우리에게 받았으니 곧 너희 행하는 바라. 더욱 많이 힘쓰라." 베드로후서 1:5-7, 10, "이러므로 너희가 더욱 힘써 너희 믿음에 덕을, 덕에 지식을, 지식에 절제를, 절제에 인내를, 인내에 경건을, 경건에 형제 우애를, 형제 우애에 사랑을 공급하라," "그러므로 형제들아, 더욱 힘써 너희 부르심과 택하심을 굳게 하라. 너희가 이것을 행한즉 언제든지 실족지 아니하리라."

특히, 하나님께서 우리의 성화를 위해 성경을 주셨으므로 우리는 성경을 가까이해야 한다. 시편 119:9, 11, "청년이 무엇으로 그 행실을 깨끗케 하리이까? 주의 말씀을 따라 삼갈 것이니이다," "내가 주께 범죄치 아니하려 하여 주의 말씀을 내 마음에 두었나이다." 디모데후서 3:16-17, "모든 성경은 하나님의 감동으로 된 것으로 교훈과 책망과 바르게 함과 의로 교육하기에 유익하니 이는 하나님의 사람으로 온전케 하며 모든 선한 일을 행하기에 온전케 하려 함이니라."

헌신

헌신은 성도의 새 생활의 시작과 같다. 성도의 헌신에서 하나님의 뜻을 따르는 모든 도덕적 삶이 나온다. 로마서 12:1, "내가 하나님의 모든 자비하심으로 너희를 권하노니, 너희 몸을 하나님이 기뻐하시는 거룩한 산 제사로 드리라. 이는 너희의 드릴 영적 예배니라."

헌신(獻身)은 몸을 드린다는 의미이다. 그것은 구약시대에 번제로 상징되었다. 번제(燔祭)는 짐승제물의 가죽을 벗기고 여러 조각들로 자르고 그 조각들과 머리와 기름을 번제단 위에 벌여 놓고 물로 깨끗이 씻은 내장과 정강이와 더불어 그 전부를 불사르는 제사이었다(레 1:6-9). 번제는 온전한 헌신을 상징하였다. 예수께서는 우리의 죄를 대속(代贖)하기 위한 번제물이 되셨고 온전한 헌신의 본이 되셨다.

몸을 하나님께 드리는 것은 삶의 일부분의 문제가 아니고 삶 전체의 문제이다. 몸이라는 말 속에는 우리의 가진 모든 것이 포함된다. 몸은 우리의 재능과 목소리, 우리의 건강과 힘, 우리의 시간과 수고, 우리의 돈과 생명까지 다 포함된다. 우리의 몸이 없으면 이런 것들은 다 우리에게 무의미하고 무가치하며 없는 것과 같다. 몸을 하나님께 드리는 것은 우리의 모든 것을 하나님께 드리며 하나님의 뜻을 위해 온전히 순종하며 사는 것을 의미하는 것이다.

주 예수님의 제자들은 주님과 복음을 위해 집이나 형제나 자매나 어미나 아비나 자식이나 전토를 버린 자들이었다(막 10:29). 마게도냐 교인들은 먼저 자신을 주께 드림으로 성도 섬기는 헌금에 참여하기를 간절히 구했고 극한 가난 중에 풍성한 헌금을 넘치도록 했다(고후 8:2-5). 바울은 "나의 달려갈 길과 주 예수께 받은 사명 곧 하나님의 은혜의 복음 증거하는 일을 마치려 함에는 나의 생명을 조금도 귀한 것으로 여기지 아니하노라"고 말했다(행 20:24).

성도는 그리스도의 대속으로 말미암은 구원의 은혜 때문에 헌신한

결론

다. 헌신은 하나님의 구원의 은혜를 감사하는 우리의 응답이다. 로마서 12:1, "그러므로 형제들아, 내가 하나님의 모든 자비하심으로 너희를 권하노니, 너희 몸을 하나님께서 기뻐하시는 거룩한 산 제사로 드리라." 고린도후서 5:15, "저가 모든 사람을 대신하여 죽으심은 산 자들로 하여금 다시는 저희 자신을 위하여 살지 않고 오직 저희를 대신하여 죽었다가 다시 사신 자를 위하여 살게 하려 함이니라."

이와 같이 성도의 헌신은 이방 종교의 금욕 행위처럼 구원의 방법이 아니고, 하나님께서 은혜로 주신 구원의 결과요 열매이다. 우리의 몸이 우리 것이 아니고 주의 핏값으로 사신 바 되었으므로, 우리는 하나님께 몸을 드려 그의 영광을 위하고 그의 뜻을 이루기 위해 살아야 한다. 고린도전서 6:19-20, "너희는 너희의 것이 아니라 값으로 산 것이 되었으니 그런즉 너희 몸으로 하나님께 영광을 돌리라." 로마서 14:7-8, "우리 중에 누구든지 자기를 위하여 사는 자가 없고 자기를 위하여 죽는 자도 없도다. 우리가 살아도 주를 위하여 살고 죽어도 주를 위하여 죽나니 그러므로 사나 죽으나 우리가 주의 것이로라."

하나님께 헌신하려면, 성도는 먼저 하나님의 뜻을 분별해야 한다. 로마서 12:2, "너희는 이 세대를 본받지 말고 오직 마음을 새롭게 함으로 변화를 받아 하나님의 선하시고 기뻐하시고 온전하신 뜻이 무엇인지 분별하라." 우리는 하나님의 뜻의 한 부분만 아니라 그 전체를 분별하도록 힘써야 한다. 하나님의 모든 뜻이 성경에 기록되어 있으므로, 우리는 성경을 읽고 배우고 묵상하며 바르게 이해함으로써, 즉 성경에 정통함으로써 하나님의 온전하신 뜻을 분별할 수 있고, 또 그렇게 할 때, 하나님의 뜻에 일치하는 삶을 살 수 있다. 디모데후서 3:16-17, "모든 성경은 하나님의 감동으로 된 것으로 교훈과 책망과 바르게 함과 의로 교육하기에 유익하니 이는 하나님의 사람으로 온전케 하며 모든 선한 일을 행하기에 온전케 하려 함이니라."

성화와 상

성도의 선한 인격은 하루아침에 이루어지지 않는다. 성화는 점진적이다. 중생은 영적 출생이며 성화는 영적 성장이다. 사람이 출생한 후 자라듯이, 성도는 영적으로 중생한 후 점점 성화된다. 중생(重生)과 회개와 칭의는 단회적(單回的)이며 즉각적이지만, 성화는 중생에서 시작되어 일평생 동안 계속되는 점진적 과정이다. 야곱의 생애를 흔히 성화에 비교하듯이, 성도의 일생은 성화의 과정이다. 성도들의 성화는 오랜 기간과 많은 훈련들이 필요하다. 구원 얻은 성도가 점점 더 죄에 대해 죽고 의에 대해 살지만, 성화는 매우 더디어 보인다.

성화는 지상에서 불완전하다. 몸의 죄악성은 죽을 때까지 완전히 극복되지 않는다. 이것은 성경이 증거하며 우리가 경험하는 바이다. 그러나 감사하게도 성도의 구원은 불완전한 성화에 의존하지 않고 예수 그리스도의 완전한 단번 속죄의 의(義)에 의존한다.

성경은 중생한 그리스도인들에게도 끊임없는 내적 싸움이 있음을 증거한다. 로마서 7:22-24, "내 속사람으로는 하나님의 법을 즐거워하되 내 지체 속에서 한 다른 법이 내 마음의 법과 싸워 내 지체 속에 있는 죄의 법 아래로 나를 사로잡아 오는 것을 보는도다. 오호라, 나는 곤고한 사람이로다. 이 사망의 몸에서 누가 나를 건져내랴." 성도가 혹 의식적 죄들로부터 떠나는 성숙함을 가졌다 할지라도 미움과 마음의 음욕과 탐심 등의 죄를 떠나기는 쉽지 않고, 더욱이 온 마음과 뜻과 힘을 다해 하나님을 사랑하라는 제일 큰 계명과 네 이웃을 네 몸과 같이 사랑하라는 두 번째 계명을 지키기에 매우 미달된다.

성도는 죽을 때 그 영혼이 거룩함에 있어서 완전케 되어 즉시 영광의 천국에 들어간다. 히브리서 12:23, "하늘에 기록한 장자들의 총회와 교회와 . . . 온전케 된 의인의 영들과." 이 진리는 성도가 죽을 때 그 영이 즉시 천국에 들어갈 것을 가르친 성경에 당연히 내포되어 있다. 누가복음 23:43, "오늘 네가 나와 함께 낙원에 있으리라." 고린도후서 5:8, "우리가 담대하여 원하는 바는 차라리 몸을 떠나 주와 함께 거하는 그것이라." 빌립보서 1:23, "내가 그 두 사이에 끼였으니 떠나서 그리스도와 함께 있을 욕망을 가진 이것이 더욱 좋으나." 그러나 장차 몸의 부활 때, 성도는 비로소 영육으로 완전케 될 것이다.

비록 우리의 성화가 불완전하지만, 우리의 성화 과정에서의 선행들에 대해, 하나님께서는 우리에게 상을 약속하셨다. 상(賞)은 선행과 봉사의 정도에 따라 각각 다를 것이다. 마태복음 5:11-12, "나를 인하여 너희를 욕하고 핍박하고 거짓으로 너희를 거슬러 모든 악한 말을 할 때에는 너희에게 복이 있나니 기뻐하고 즐거워하라. 하늘에서 너희의 상이 큼이라." 요한계시록 22:12, "보라, 내가 속히 오리니 내가 줄 상이 내게 있어 각 사람에게 그의 일한 대로 갚아 주리라."

특히, 복음을 위해 수고하는 전도자들에게 각각 수고하고 충성한 만큼의 상이 약속되어 있다. 고린도전서 3:8, 14, "심는 이와 물주는 이가 일반이나 각각 자기의 일하는 대로 자기의 상을 받으리라," "만일 누구든지 그 위에 세운 일(성과)이 그대로 있으면 상을 받고."

그러나 우리는 우리의 선행이 하나님께 상을 받을 만한 공로가 되지 못하며 성도가 받을 그 상조차도 실상 하나님의 은혜라는 사실을 알아야 한다. 우리의 성화는 하나님의 은혜이며 우리의 선행은 예수 그리스도의 대속(代贖)과 성령의 역사로 말미암은 것이기 때문이다. 우리가 선을 행할 수 있는 능력은 우리에게서 나오지 않고 오직 성령에게서 나온 것이다. 또 우리의 선행은 하나님의 도덕적 기준에 비추어볼 때 여전히 부족하고 불완전하기 때문에 공로가 되지 못한다. 우리의 의(義)는 여전히 예수님의 보혈 공로밖에 없다. 우리는 하나님의 명령받은 것을 다 행한 후에도 "우리는 무익한 종이라. 우리의 하여야 할 일을 한 것뿐이라"고 말해야 마땅하다(눅 17:10).

복습 문제

1. 기독교 윤리의 목적에 대해 간략히 논하라.
2. 공예배의 요소, 목표, 방식에 대해 간략히 논하라.
3. 찬송의 정의, 이유, 방법에 대해 간략히 논하라.
4. 현대기독교음악(CCM)의 문제점에 대해 간략히 논하라.
5. 열린예배의 문제점에 대해 간략히 논하라.
6. 제사와 차례의 부당성에 대해 간략히 논하라.
7. 우상제물에 대해 간략히 논하라.
8. 현대적 우상에 대해 간략히 논하라.
9. 합법적 맹세와 서약에 대해 간략히 논하라.
10. 구약의 안식일 계명에 대해 간략히 논하라.
11. 성수주일의 근거에 대해 간략히 논하라.
12. 제4계명에 대한 도르트 대회의 견해는 무엇인가?
13. 성수주일의 방법에 대해 간략히 논하라.
14. 구약의 의식법들의 폐지에 대해 간략히 논하라.
15. 오늘날 십일조 생활의 정당성에 대해 간략히 논하라.
16. "너희 부모를 주 안에서 순종하라"는 말씀의 뜻은 무엇인가?
17. 효도의 내용에 대해 간략히 논하라.
18. 자녀 교육의 책임자에 대해 간략히 논하라.
19. 자녀 교육의 내용에 대해 간략히 논하라.
20. 자녀 교육의 방법에 대해 간략히 논하라.
21. 그리스도인의 사회적 책임에 대해 간략히 논하라.
22. 금주(禁酒)에 대해 간략히 논하라.
23. 낙태의 부당성에 대해 간략히 논하라.
24. 자살에 대해 간략히 논하라.

복습문제

25. 사형의 정당성에 대해 간략히 논하라.
26. 전쟁의 정당성에 대해 간략히 논하라.
27. 공산주의에 대해 간략히 비평하라.
28. 혁명에 대한 그리스도인의 태도에 대해 간략히 논하라.
29. 결혼의 의미와 목적에 대해 간략히 논하라.
30. 부부의 의무에 대해 간략히 논하라.
31. 성관계에 대해 간략히 논하라.
32. 이혼, 재혼, 별거에 대해 간략히 논하라.
33. 동성애의 부당성에 대해 간략히 논하라.
34. 산아제한의 부당성에 대해 간략히 논하라.
35. 배아줄기세포 연구에 대해 간략히 논하라.
36. 인공 수정에 대해 간략히 논하라.
37. 대리모에 대해 간략히 논하라.
38. 인간 복제에 대해 간략히 논하라.
39. 몸의 단장(머리, 화장, 옷)에 대해 간략히 논하라.
40. 그리스도인의 직업에 대해 간략히 논하라.
41. 구제에 대해 간략히 논하라.
42. 경제제도에 대해 간략히 논하라.
43. 거짓말의 부당성에 대해 간략히 논하라.
44. 금욕주의에 대해 간략히 논하라.
45. 질병에 대해 간략히 논하라.
46. 성도의 윤리적 생활을 요약하는 단어들을 열거하라.
47. 말에 대한 잠언의 교훈들을 요약하라.
48. 기독교 윤리의 원동력에 대해 간략히 논하라.
49. 헌신에 대해 간략히 논하라.
50. 성화와 상에 대해 간략히 논하라.

저자 소개

연세대학교 문과대학 철학과 졸업 (B.A.).
총신대학 신학연구원[신학대학원] 졸업 (M.Div. equiv.).
미국, Faith Theological Seminary 졸업 (Th.M. in N.T.).
미국, Bob Jones University 대학원 졸업 (Ph.D. in Theology).
계약신학대학원 교수 역임, 합정동교회 담임목사.
[역서] J. 그레셤 메이첸, 신약개론, 신앙이란 무엇인가? 등 다수.
[저서] 구약성경강해 1, 2, 신약성경강해, 조직신학, 기독교교리개요, 기독교 윤리, 현대교회문제, 자유주의 신학의 이단성, 에큐메니칼운동 비평, 복음주의 비평, 현대교회문제자료집, 천주교회비평 등.

기독교 윤리

2002년 4월 21일 1판
2019년 1월 25일 6판
2023년 11월 30일 7판

저 자 김 효 성
발행처 **옛신앙 출판사**
Old-time Faith Press
www.oldfaith.net
서울특별시 마포구 독막로 26 (합정동)
합정동교회 내
02-334-8291, 팩스 02-337-4869
oldfaith@hjdc.net
등록번호: 제10-1225호

ISBN 978-89-98821-91-3 03230   값: 5,000원

옛신앙출판사는 이익을 추구하지 않으며 출판권은 저자에게 있습니다.

♣ '**옛신앙**'이란, 옛부터 하나님의 선지자들과 주 예수 그리스도의 사도들이 가졌던 신앙, 오직 정확 무오(正確無誤)한 하나님 말씀인 신구약 성경에만 근거한 신앙, 오늘날 배교(背敎)와 타협의 풍조에 물들지 않는 신앙을 의미합니다.

"여호와께서 이같이 말씀하시되 '너희는 길에 서서 보며 **옛적 길** 곧 **선한 길**이 어디인지 알아보고 그리로 행하라. 너희 심령이 평강을 얻으리라' 하나, 그들의 대답이 '우리는 그리로 행치 않겠노라' 하였으며"(렘 6:16).

옛신앙 출판사 서적 안내

1. 김효성, 현대교회문제. [6판]. 204쪽. 4,000원.
2. 김효성, 자유주의 신학의 이단성. [2판]. 170쪽. 4,000원.
3. 김효성, 교회연합운동 비평. [2판]. 146쪽. 4,000원.
4. 김효성, 복음주의 비평. 193쪽. 6,000원.
5. 김효성, 천주교회 비평. [2판]. 97쪽. 3,000원.
6. 김효성, 이단종파들. [6판]. 70쪽. 700원.
7. 김효성, 공산주의 비평. [6판]. 44쪽. 2,000원.
8. 김효성, 조직신학. [2판]. 627쪽. 6,000원.
9. 김효성, 기독교 교리개요. [10판]. 96쪽. 2,500원.
10. 김효성, 기독교 윤리. [6판]. 240쪽. 4,500원.
11. 김효성, 신약성경 전통본문 옹호. 166쪽. 4,000원.
12. 김효성, 기독교 신앙입문. [10판]. 34쪽. 600원.
14. 김효성, 창세기 강해. [4판]. 356쪽. 7,000원.
15. 김효성, 출애굽기 강해. [2판]. 204쪽. 4,000원.
16. 김효성, 레위기 강해. [3판]. 164쪽. 4,000원.
17. 김효성, 민수기 강해. [2판]. 182쪽. 4,000원.
18. 김효성, 신명기 강해. [2판]. 184쪽. 4,000원.
19. 김효성, 여호수아 사사기 룻기 강해. [3판]. 216쪽. 4,000원.
20. 김효성, 사무엘서 강해. [3판]. 233쪽. 5,000원.
21. 김효성, 열왕기 강해. [3판]. 217쪽. 5,000원.
22. 김효성, 역대기 강해. [3판]. 255쪽. 6,000원.
23. 김효성, 에스라 느헤미야 에스더 강해. [3판]. 132쪽. 4,000원.
24. 김효성, 욥기 강해. [2판]. 195쪽. 4,000원.
25. 김효성, 시편 강해. [3판]. 703쪽. 10,000원.
26. 김효성, 잠언 강해. [3판]. 623쪽. 10,000원.
27. 김효성, 전도서 강해. [3판]. 84쪽. 3,000원.
28. 김효성, 아가서 강해. [3판]. 88쪽. 3,000원.
29. 김효성, 이사야 강해. [3판]. 406쪽. 8,000원.
30. 김효성, 예레미야 및 애가 강해. [2판]. 359쪽. 6,000원.
31. 김효성, 에스겔 다니엘 강해. [2판]. 293쪽. 6,000원.
32. 김효성, 소선지서 강해. [2판]. 318쪽. 6,000원.
33. 김효성, 마태복음 강해. [2판]. 340쪽. 6,000원.
34. 김효성, 마가복음 강해. [4판]. 224쪽. 5,000원.
35. 김효성, 누가복음 강해. [3판]. 363쪽. 7,000원.
36. 김효성, 요한복음 강해. [3판]. 281쪽. 5,000원.
37. 김효성, 사도행전 강해. [3판]. 236쪽. 5,000원.
38. 김효성, 로마서 강해. [3판]. 145쪽. 4,000원.
39. 김효성, 고린도전서 강해. [3판]. 120쪽. 4,000원.
40. 김효성, 고린도후서 강해. [3판]. 100쪽. 3,000원.
41. 김효성, 갈라디아서 에베소서 강해. [2판]. 169쪽. 4,000원.
42. 김효성, 빌립보서 골로새서 강해. [2판]. 143쪽. 4,000원.
43. 김효성, 데살로니가전후서 빌레몬서 강해. [2판]. 92쪽. 3,000원.
44. 김효성, 디모데전후서 디도서 강해. [2판]. 164쪽. 4,000원.
45. 김효성, 히브리서 강해. [3판]. 109쪽. 3,000원.
46. 김효성, 야고보서 베드로전후서 강해. [2판]. 145쪽. 4,000원.
47. 김효성, 요한1,2,3서 유다서 강해. [2판]. 104쪽. 3,000원.
48. 김효성, 요한계시록 강해. [2판]. 173쪽. 4,000원.

☆ 주문: oldfaith.net/07books.htm   전화: 02-334-8291
☆ 계좌: 우리은행 1005-604-140217 합정동교회